ZHILI YU ZHIHENG

XUEXIAO FAREN LUN

新世纪教育管理与学校发展丛书

范国睿◎主编

治理与制衡：
学校法人论

杨琼 著

教育科学出版社
·北京·

目　录

第一章 绪 论

本章共包括四小节。第一节分析了学校法人治理问题研究的时代背景。第二节从理论和实践两个维度分析了学校法人治理问题研究的价值。第三节是对相关的研究进行综述分析。第四节则是对研究框架、研究的创新之处以及研究的限度进行探讨。

第一节 问题的提出

一、学校教育改革实践的困境

20 世纪 80 年代以来，中国的社会生活发生了急剧的变化。为了更好适应这种社会变革，教育领域也开展了一系列的教育变革，并出台了一系列教育政策法规，以规范教育事业的发展。《中共中央关于教育体制改革的决定》实施以来，我国教育体制改革的重心之一一直是试图理顺政府与学校的关系，即政府简政放权，扩大学校的办学自主权，推进学校本位的变革，力图构建政府宏观管理、社会参与、学校自主发展的运行机制。但是从当前的教育改革实践来看，存在的问题仍然集中在制度问题上。大家已经达成共识：

制度障碍是学校发展的瓶颈。[1] 此外，从30多年的改革历程来看，学校在整个改革过程中的主体地位不清晰。改革的主体仍然是政府，因此，基于改革的主体来看，我国教育改革仍然是政府主导型的改革模式。这种改革架构的直接原因或者说直接根源是我国教育管理体制一直是政府主导的行政化管理。

行政化管理是我国计划经济体制下的产物。行政化管理强调的是教育行政管理部门在学校发展过程中的主导作用。学校发展过程中诸多问题的解决都可以通过行政手段加以解决。学校发展主要依靠政府或者教育行政管理部门的领导。这种管理模式在计划经济时期促进了我国教育事业整体发展，发挥过巨大作用。但是，随着我国经济体制的改革，即由计划经济体制向社会主义市场经济体制转轨，我国社会生活发生了深刻的变化。其中教育领域中的各种社会关系也正在发生深刻的变化：一些旧的社会关系消失了，一些新的社会关系产生了，还有一些社会关系虽然还存在，但其性质却发生了深刻的变化。在这一社会大分化、大改组的过程中，学校发展过程中的行政化管理模式引发了一些比较突出的问题。一是学校的法律主体地位不明。尽管《中华人民共和国教育法》（以下简称《教育法》）、《中华人民共和国高等教育法》（以下简称《高等教育法》）、《中华人民共和国民办教育促进法》（以下简称《民办教育促进法》）等相关法律已经规定我国学校的法人地位。但是在实践中，学校的法人主体地位在教育管理中并没有得以体现。事实上，市场经济体制下学校法人面临的问题很多，比如学校依法行政、学校法人与

---

① 改革开放以来，特别是由计划经济体制向社会主义市场经济体制转轨以后，中国的社会生活发生了急剧的变化。教育为了适应这种变革并促进社会发展，也进行了一系列的改革。《中共中央关于教育体制改革的决定》（以下简称《决定》）拉开了教育体制改革的序幕。《决定》指出：要从根本上改变这种状况，必须从教育体制入手，有系统地进行改革。改革管理体制，在加强宏观管理的同时，坚决实行简政放权，扩大学校的办学自主权。尽管随着我国教育法制建设步伐的加快，颁布了《义务教育法》、《教育法》、《高等教育法》、《民办教育促进法》等一系列重要教育法律法规，在一定程度上运用法律手段促进我国教育事业的健康快速发展，但是，由于这些法律法规仅仅规定学校享有哪些权利，并没有相应规定政府应该承担的义务或者说担当的责任，致使我国30多年教育管理体制改革一直在探讨如何贯彻落实《决定》中有关教育体制改革的要求。因此，当前学校教育改革实践中，突出的问题仍然是制度性障碍，到了必须扫除教育制度性障碍的关键时期。这种制度性障碍主要表现在两个方面：一是政府如何管理学校，二是学校如何有效运作。参见：冯志军．试论我国教育法中的办学自主权及其实现［J］．湖南教育，2003（18）：16－18．郝志军，金东贤．基础教育现代学校制度研讨会综述［J］．教育研究，2003（10）：93－94．熊庆年．抓住机遇创新制度［J］．上海教育，2003（06A）：12．

学校办学自主权的关系等问题，这些问题的解决都需要再次在理论上加以研究，实践中加以明确。二是政府、学校和社会在学校发展过程中的责、权、利不清晰。政府过多干涉教育发展的微观层面——学校的事情，直接影响了学校主体地位作用的发挥。三是学校办学自主权在实践中并没有得到贯彻落实。

解决这些问题的关键就是要转变行政化管理模式，贯彻落实学校的法人地位，走向法人治理。法人治理就是指学校作为独立的法人组织，依据相关的教育法律法规，自主决策、自主管理、自我发展的一种机制。因此，学校走向法人治理，需要理顺政府、学校、社会在学校发展过程中的责、权、利，明确学校的法律主体地位，重点解决学校发展过程中的法人治理结构、权力制衡、自主办学等与学校法人主体地位相关的法律问题，在此基础上，实现学校自主发展、主动发展、多元发展，更好地满足人们对优质教育的多元需求，更好地为人民服务。

二、教育理论研究的深入

理论是为实践服务的，随着实践的发展而发展。国内外教育理论工作者和教育实践工作者都比较关注学校治理问题，甚至可以说，学校治理问题是当前教育理论研究的热点问题之一。

在全面推进小康社会、和谐社会发展的今天，如何更好地满足人民接受教育，尤其是优质教育的要求，是当前政府、教育工作者和教育研究者的重要责任。更好地贯彻落实教育为人民服务、教育为现代化建设服务的关键是进行教育制度创新。制度创新包括宏观层面和微观层面的创新。改革开放后我国教育改革的中心议题之一就是理顺政府与学校的关系，改革学校的宏观管理体系，力图实现政府宏观管理、学校自主发展、社会参与的学校发展机制；微观层面就是学校。学校制度创新是当前教育理论研究的热点，也是难点；同时学校制度改革也是教育实践者关注的焦点。学校制度创新的前提或者说基础就是要明确学校自主办学的主体地位。尤其是在社会转型过程中，学校内外的社会关系已经变得更为复杂和多元，并且已经分化和改组成政府、市场和社会三种左右教育发展的力量。2010 年发布实施的《国家中长期教育改革和发展规划纲要（2010—2020 年）》（以下简称《教育规划纲要》）提出建设现代学校制度，并指明："随着国家事业单位分类改革推进，探索建立符合学校特点的管理制度和配套政策，克服行政化倾向，取消实际存在的行政级别和行政化管理模式。”由此可知，学校行政化管理模式改革势在必行。

教育是一个国家提升综合国力的根本途径和重要保障。特别是 20 世纪 90 年代以来，世界各国纷纷对教育进行大刀阔斧的改革。不论我们提出什么样的改革目标和改革策略，它们最终都将影响到学校中学生和教师的生活。因此，学校变革一直是教育改革的焦点，是当前世界各国都极为关注的问题；同时，学校变革过程中出现的一些问题，也是世界上很多国家教育改革过程中共同面临的问题。从当前一些发达国家的教育改革发展趋势来看，也都把如何更好地理顺学校、政府、社会之间的关系，学校内部如何治理，更好地提高学校教育质量问题作为学校改革的核心问题。① 当然，尽管同样是关注学校治理问题，但是由于国别、教育文化传统、教育发展现状以及教育的需求不同，学校治理的重心以及学校治理过程中的难点必然也会有所不同。2004 年 4 月 27—30 日，APEC 21 个成员中 19 个经济体的教育部长在智利召开了第三届教育部长会议，“教育治理与体制改革”即是此次会议四大重点议题之一。由澳大利亚起草的分议题报告从东方与西方比较的角度分析了教育改革对教育治理和教育效果的影响，其研究认为，一般而言，东方国家的教育改革可能更多由实用主义所驱动；而西方国家教育改革的指导思想则更多是为了追求更大程度的自治。另一方面，东西方教育改革的某些推动力量是共同的，如面临同样的资源紧缺、希望提高教育服务的质量、出于为政治和政党服务的需要等。②

---

① Fim C E, Jr, and Rebarber T. 1992. Education Reform in the’90s. New York: Macmillan Publication Company, 1992. Conley, D T. Who Governs Our Schools? : Changing Roles and Responsibilities [M]. New York and London: Teachers College Press, 2003. Knight J, Lingard B. and Porter P. Restructuring Schooling towards the 1990s [G] //Bob Lingard, John Knight and Paige Porter. Schooling Reform in Hard Times London · Washington, D. C.: The Falmer Press, 1993: 3 - 22. O’Brien T V. Educational Reform Movements Among the States in the Last Ten Years [G] //Charles E. Greenawalt, II. Educational Innovation: An Agenda to Frame the Future. University Press of America, Inc., 1994: 31 - 53. Bush Tand Heystek J. School Governance in the New South Africa [J]. Compare, 2003 (33): 127 - 138.

② 国家教育发展研究中心. 2004 年中国教育绿皮书：中国教育政策年度分析报告 [M]. 北京：教育科学出版社，2004：237 - 238.

第二节　研究的意义

一、理论价值

（一）系统梳理和分析学校法人问题研究中存在的问题

有关学校法人问题的研究，是在我国由计划经济体制向社会主义市场经济体制转轨的背景下，对教育规律的不断认识和深化的基础上提出来的。通过对文献的梳理发现，从研究的过程来看，有关学校法人问题的研究大致可以分为三个阶段。第一阶段主要研究的是有关学校法人问题形成的背景和基本含义；第二阶段，随着《教育法》和《高等教育法》的颁布和实施，更多从法律文本加以阐释，再加上这一时期有关学校法律诉讼的逐渐增多，有关学校法人的基本性质成为论争的焦点；第三阶段，随着一些典型学校案件的出现（1999 年田永诉北京科技大学案及刘燕文诉北京大学案较为典型），有关学校法人的基本性质、学校法人与学校办学自主权之间的关系、学校治理问题再次成为社会关注的焦点，引起了教育界的讨论。《民办教育促进法》的颁布从法律角度对民办学校的法律主体地位给予了明确定位，但是也由此引发了教育界对公立学校和民办学校法人性质异同的探讨，如何保障学校的法律主体地位，完善学校法人治理结构等问题成为学者关注的问题。对这些研究文献加以分析，可以发现，一方面教育界对学校法人问题的研究是教育改革实践对理论诉求的回应，也出现了相关的研究课题和成果。但是这些研究尚没有对学校现在改革实践过程中有关学校法人治理的一些核心问题进行全面讨论。本书在对这些文献进行系统分析的基础上，着重对其研究过程中存在的核心问题进行探讨。

（二）研究我国学校法人治理中的一些核心问题并揭示其产生的根源

本书以当前我国社会转型为特殊背景，通过植根于我国学校教育改革实践的土壤，分析了我国学校法人治理现状。在对中外学校治理比较的基础上，研究了我国学校法人治理中存在的主要问题以及产生这些问题的根源。

综观世界各国，尤其是一些发达国家教育改革的发展路径，我们会发现，如何改进学校办学绩效，提高效能，提供优质教育是学校教育改革的主要价值取向。为达成这一改革目标，很多国家都“不约而同”地改革学校治理模式，[①] 重建学校体系，[②] 加大学校层面改革的力度，突出学校的法律主体地位，还权于学校。

改革开放以后，我国教育领域也进行了一系列的改革。为了更好地适应社会的发展、满足人们对教育的多元需求，我国当前学校改革面临的主要困境仍然是如何理顺学校与政府的关系，如何保障学校的自主办学权，完善学校的法人治理结构，并实行法人治理。

（三）探索法人治理的主要法律问题，建构学校法人治理模式

不管是从我国《教育法》、《高等教育法》、《民办教育促进法》等教育法律立法的意图，还是研究者对学校法人问题研究的目的来看，最终都是为了在确认并保障学校法律主体地位的基础上，实现学校的自主管理、主动发展、多元发展。所以，学校治理研究的重心应该是如何基于学校法人的法律主体地位，规制学校、政府和社会之关系，促进学校自主发展、主动发展、多元发展。这就需要转变学校的管理模式，由政府主导的行政化管理转型学校法人治理。而这方面的研究相对欠缺，亟待进行。本书在对我国学校法人治理现状进行分析的基础上，将结合学校教育改革实践，探索走向学校法人治理过程中需要解决的主要法律问题，进而建构促进当前学校发展的法人治理模式。

二、实践意义

当前有关学校法人问题的研究或者说关注国外大学法人化改革、现代学校制度建设问题都是对实践中学校的法律地位如何的深切关注。本书主要是研究学校的法律主体地位、学校法人治理结构、法人治理中的权力制衡以及基于法人治理基础上的自主办学，对这些问题的关注和研究正是对学校教育改革实践中遇到的一些困境的积极回应。

大家普遍认为，制度障碍是当前学校改革与发展的瓶颈。消除障碍的关

---

① Bush T and Heystek J. School Governance in the New South Africa [J]. Compare, 2003 (33): 127 - 138.

② Knight J, Lingard B and Porter P. Restructuring Schooling towards the 1990s [G] //Bob Lingard, John Knight and Paige Porter. Schooling Reform in Hard Times. London · Washington, D. C.: The Falmer Press, 1993: 3 - 22.

键是理顺政府、学校、社会在学校发展过程中各自的责、权、利。由行政化管理的调整走向法人治理的构造是学校管理体制改革的必然趋势。但是，由于我国相关的教育法律对学校法人治理相关的法律问题没有具体、明确的法律规定，学校法人的权利、义务都不是很明确，走向法人治理过程中必然会遇到一些需要从法律角度进行阐释和研究的核心问题。本书将为实践中如何更好走向法人治理、促进学校发展提供理论支撑。

第三节 研究综述

一、学校法人问题研究的进展

学校法人的问题，是在我国由计划经济体制向社会主义市场经济体制转轨的背景下，对教育规律的不断认识和深化的基础上提出来的，并在 20 世纪 90 年代初开始成为热点问题。

在计划经济时期，社会经济秩序依靠行政手段和指令性计划来维持，缺乏法人制度存在和发挥作用的社会环境。直到 1986 年颁布《中华人民共和国民法通则》（以下简称《民法通则》）对法人作了专章规定以后，我国才开始建立法人制度。学校法人的问题，是在我国由计划经济体制向社会主义市场经济体制转轨的背景下，对教育规律的不断认识和深化的基础上提出来的。从研究的文献来看，如果对研究过程进行阶段划分的话，学校法人问题的研究大致可以分为三个阶段。

第一阶段：1992—1994 年。《民法通则》仅仅是研究者关注学校法人问题的一个线索，并不是研究的一个直接动因。从根本上来说，学校法人问题的研究是与社会主义市场经济体制的建立紧密联系的。党的十四大明确提出我国建立社会主义市场经济体制。由计划经济体制向社会主义市场经济体制转轨，对我国社会生活的方方面面都直接产生了深远的影响。教育如何适应这种体制转轨，市场经济体制下政府与学校又是一种什么样的关系，这些问题都急需从理论上加以探讨，更需要有相应的教育法律法规来加以规范。因此，1992 年在起草和修订《中国教育改革和发展纲要》的过程中，形成了高等学校是“学校法人”的概念。它首先见之于 1992 年 7 月和 11 月国家教委召开的两次会议的报告中，又同时规定在国家教委当时颁布的两个行政规章里。[①] 当时所谓的学校法人概念仅仅是限制在国家教委的直属高校范畴，确切的书面表述是“逐步确立高等学校的法人地位”。1993 年中共中央和国务院发布的《中国教育改革和发展纲要》中更为具体地规定：“在政府和学校的关系上，要按照政事分开的原则，通过立法，明确高等学校的权利和义务，使高等学校真正成为面向社会自主办学的法人实体。”至此，基于当时的社会发展形势以及教育改革的需要，教育研究工作者最先关注并研究的就是高等学校的法人地位问题。确立高校法人地位在当时是一个新问题，引起了高教界的广泛关注，并成为当时教育研究的一个热点问题，出现了一些争议。[②] 争议的焦点有二：一是高等学校法人地位如何确立；二是高校法人地位与高校办学自主权之间的关系。这一时期，研究者关注的内容主要在高等学校法人地位的客观依据及现实意义、高校的法律地位、高校法人的基本性质、高校法人的自主权利、高校法人的内部管理、政府对高校法人的管理等方面。[③] 由于我们并不能从《民法通则》中直接推导出高等学校就是法人这样一个法律概念，因此，从当时高教界对高校法人地位研究的范围、内容、深度以及形成的研究观点来看，都是对学校法人问题的一些基本理论的初探。

第二阶段：1995—1998 年。1995 年《教育法》的颁布是我国教育史上具有里程碑意义的大事。《教育法》第三十一条规定：“学校及其他教育机构具备法人条件的，自批准设立或者登记注册之日起取得法人资格。”《教育

---

① 关于“学校法人”概念的出现，主要有两种说法。一种说法是，在起草和修订《中国教育改革和发展纲要》的过程中，形成了高等学校是“学校法人”的概念；另一种说法是，在我国“学校法人”是伴随着《教育法》的颁布才出现的。确切说，1992 年《关于国家教委直属高等学校内部管理体制改革的若干意见》中首次提出“国家教委直属高等学校是由国家教委直接管理的教育实体，具有法人地位”，同年 8 月 21 日国家教委发出的《关于国家教委直属高校深化改革，扩大办学自主权的若干意见》中再次强调“要逐步确立高等学校的法人地位”。《教育法》中是第一次以教育法律条文表述“学校及其他教育机构具备法人条件的，自批准设立或者登记注册之日起取得法人资格”，即首次从法律上明确了学校法人的资格。参见：邹渊．论“学校法人”［J］．贵州民族学院学报：社会科学版，1996（3）：8－15．胡劲松，葛新斌．关于学校“法人地位”的法理分析［J］．教育理论与实践，2001（6）：19－24．

② 争议文章见：劳凯声，李凌．关于高等学校法人地位问题探讨［J］．中国高等教育研究，1992（11）：15－17．王风达．确立高校法人地位与扩大高校办学自主权初探——兼与劳凯声、李凌两位先生商榷［J］．中国高等教育，1993（6）：30－31．

③ 王晓泉．关于“高等学校法人地位”问题的观点综述［J］．中国高等教育研究，1993（2）：35－36．

法》不仅第一次将学校法人地位上升到法律层面，以法律条文加以具体规定，而且将学校法人由高等学校拓展为具备法人条件的所有学校。因此，《教育法》中确立的学校法人制度是一个新的突破。1998 年颁布的《中华人民共和国高等教育法》第三十条规定："高等学校自批准设立之日起取得法人资格。高等学校的校长为高等学校的法定代表人。"这是对高等学校法人地位的再次确认。此后，基于法律条文研究学校法人问题有了新的进展，突出在两个方面。一是学校法人的问题成为我国教育法制建设和教育法学问题等方面立项研究的重要内容之一，有些相关的研究课题和成果；① 二是以学校法人为诉讼主体的纠纷案件不断出现，② 依据法律规定的学校法人性质对教育法律讼案加以分析和研究。尽管教育立法对学校法人问题有了规定，但是从《教育法》和《高等教育法》相关的条款来看，规定比较原则化，缺少操作性。这也是这一阶段研究学校法人问题争议的焦点之一：学校是什么性质的法人，学校法人的具体特征如何。第一种观点认为学校法人是指民法概念上的法人，仅限于民事范畴，即学校享有民事权利主体的资格；③ 第二种观点认为学校法人不能单纯理解为民法制度，也不能理解为行政法律制度，而是一项独立的教育法律制度；④ 第三种观点认为学校法人具有双重性，即学校既是民事主体，又是教育主体。⑤

---

① 邹渊承担的论"学校法人"是关于教育法学若干问题研究的一个子课题；劳凯声承担的全国教育科学"九五"规划教育部重点课题"中国教育法制建设的理论与实践"中的"学校法人制度问题"；胡劲松，葛新斌承担的国家哲学社会科学"九五"规划重点项目"珠江三角洲教育现代化的理论与实践研究"之子课题——"珠江三角洲地区教育现代化新体制研究". 参见：邹渊. 论"学校法人"［J］. 贵州民族学院学报：社会科学版，1996（3）：8－15. 劳凯声. 变革社会中的教育权与受教育权：教育法学基本问题研究［M］. 北京：教育科学出版社，2003：2. 胡劲松，葛新斌. 关于我国学校"法人地位"的法理分析［J］. 教育理论与实践，2001（6）：19－24.

② 以学校法人为诉讼主体的案件包括以学校为原告的案件和以学校为被告的案件. 参见：劳凯声. 变革社会中的教育权与受教育权：教育法学基本问题研究［M］. 北京：教育科学出版社，2003：2. 邹渊. 论"学校法人"［J］. 贵州民族学院学报：社会科学版，1996（3）：8－15. 申素平. 试论高等学校法人地位问题［J］. 高等师范教育研究，1997（4）：6－9.

③ 劳凯声，李凌. 关于高等学校法人地位问题探讨［J］. 中国高等教育研究，1992（11）：15－17. 劳凯声. 变革社会中的教育权与受教育权：教育法学基本问题研究［M］. 北京：教育科学出版社，2003：38.

④ 邹渊. 论"学校法人"［J］. 贵州民族学院学报：社会科学版，1996（3）：8－15.

⑤ 王晓泉. 关于"高等学校法人地位"问题的观点综述［J］. 中国高等教育研究，1993（2）：35－36.

第三阶段：1999 年至今。① 随着我国教育事业的发展，教育立法逐渐完善，尤其是《教育法》和《高等教育法》等一些法律法规的颁布和实施，使许多教育性质的纠纷可以通过法律途径加以解决，加之人们的权利意识不断提高，因此，有关学校法律纠纷案件与日俱增。1999 年田永诉北京科技大学案及刘燕文诉北京大学案较为典型，这两个案件吸引了媒体的广泛关注并引起了法学界极大的兴趣，法学界为此就学校的性质以及学校的法律地位等有关学校法人问题进行了深入探讨。② 2002 年 12 月颁布的《民办教育促进法》第九条规定："举办民办学校的社会组织，应当具有法人资格。"第三十五条规定："民办学校对举办者投入民办学校的资产、国有资产、受赠的财产以及办学积累，享有法人财产权。"至此，无论是官方的法律解释还是学者的讨论中，我国的各级各类学校，除村办简易小学之外，都具有了法人地位。这种法人地位就是事业单位法人地位。③ 尽管学校是事业单位法人已成定性，但是许多学者认为从学理和借鉴大陆法系国家学校法律属性来看，我国法人分类存在诸多问题。一是民办学校和公办学校法人分类问题；二是公办学校的事业单位法人定性问题。有研究者认为，学校作为事业单位，既享有一般民事主体的法律地位，又有区别于民事主体而近似行政主体的法律

---

① 《教育规划纲要》确定了未来 10 年我国教育的总体战略、发展任务、体制改革和保障措施，同时提出了 2010—2020 年组织实施的 10 组重大项目和 10 个方面改革试点。这是《教育规划纲要》一大政策执行亮点。《教育规划纲要》第六十七条规定："成立国家教育体制改革领导小组，研究部署、指导实施教育体制改革工作。根据统筹规划、分步实施、试点先行、动态调整的原则，选择部分地区和学校开展重大改革试点。"国务院办公厅为此出台了《国务院办公厅关于开展国家教育体制改革试点的通知》[国办发（2010）48 号]，根据该通知，北京市、黑龙江省、上海市、江苏省、浙江省、安徽省、湖北省、广东省、云南省将开展"探索高等学校分类指导、分类管理的办法，落实高等学校办学自主权"的试点任务。北京大学等 26 所部属高校将开展"推动建立健全大学章程，完善高等学校内部治理结构"试点任务。上海市、江苏省、浙江省、云南省、西安欧亚学院将开展"改革民办高校内部管理体制，完善法人治理结构，建立健全民办学校财务、会计和资产管理制度"的试点任务。由此可见，随着《教育规划纲要》的战略部署和分步实施的有效推进，有关学校法人问题的研究将会进入一个新的阶段。

② 在此之前，学校被认定为事业单位，不是行政诉讼的主体，很多问题都是通过教育行政部门内部解决。田永诉北京科技大学案及刘燕文诉北京大学案两案判决创新之处就在于以行政诉讼纠纷而立案的理由的阐述上。海淀区法院认为：在我国目前情况下，某些事业单位、社会团体，虽不具有行政机关资格，但法律赋予它们行使一定的行政管理权，这些单位、团体与管理相对人之间不存在平等的民事关系，而是特殊的行政管理关系。高军. 高校被诉问题背后的思考 [EB/OL]. http://article.chinalawinfo.com/article/user/article_display.asp?ArticleID=22016.

③ 申素平. 对学校法人地位的新思考 [J]. 中国高等教育，2005 (12)：23-25.

地位,[①] 有必要借鉴大陆法系将学校定位公务法人的法律规定重构学校的法律地位。[②]

如何借鉴日本大学法人化改革的改革举措推进我国大学现代制度建设、[③]如何建设现代学校制度是最近几年教育界关注的热点问题。[④] 学校法人制度是建设现代学校制度的基础。因此，有关学校法人的问题再度成为研究者探讨的热门话题之一。随着《教育规划纲要》的发布实施和试点改革的逐步推进，有关完善高校治理结构成为现阶段教育界的热点问题。这说明学校的内部法人治理结构尚不完善。[⑤] 但是也有研究者根据考察发现，大陆法系的一些国家中小学如果根据我国的《民法通则》定义加以考量的话，法、德、意三国公办中小学都不具备完整的法人地位。[⑥] 既然没有国外公立中小学法人制度设计的借鉴，如何根据我国基础教育发展的现状界定公立中小学学校的法律属性似乎是当前迫切需要研究的课题之一。

二、存在的问题

通过对学校法人问题研究文献进行梳理，可以说，尽管关于学校法人问题的研究取得了一些成果，但是从当前的研究现状以及实践中存在的问题来看，有一些问题迫切需要从理论上加以解决并为实践改革提供理论支撑。这些问题集中在关于学校法人的基本性质、学校法人与学校办学自主权的关系以及学校法人治理结构等方面。

（一）学校法人的基本性质

学校是不是法人？有研究者认为学校是法人，法律有明文规定[⑦]；有研

① 马怀德．行政法制度建构与判例研究［M］．北京：中国政法大学出版社，2000：303．

② 马怀德．公务法人问题研究［J］．中国法学，2000（4）：40－47．申素平．对学校法人地位的新思考［J］．中国高等教育，2005（12）：23－25．

③ 徐盛林．日本国立大学的行政法人化改革［N］．中国教育报，2003－05－25（6）．吴琦．日本国立大学法人化改革中的人事制度改革［J］．外国教育研究，2003（9）：5－7．

④ 郝志军，金东贤．基础教育现代学校制度研讨会综述［J］．教育研究，2003（10）：93－94．

⑤ 范国睿．让学校组织焕发生机与活力［N］．中国教育报，2005－02－05（3）．

⑥ 郑增仪，李继星．法、德、意三国基础教育管理体制调研报告［J］．教育发展研究，2005（2B）：55－65．

⑦ 申素平．对学校法人地位的新思考［J］．中国高等教育，2005（12）：23－25．

究者认为学校不能认定为法人，只有符合《教育法》规定条件的学校才具有法人资格。[①]这与另一个问题密切相关：学校法人的基本性质，有研究者认为学校是事业单位法人；[②]有研究者认为，不同类别的学校法人性质不同，比如公办学校和民办学校、高等学校和中小学学校的法人性质就不同。也有参照国外学校的法人性质分类，认为高等学校是公法人中的特殊法人。[③]但是也有研究者认为，将公办学校按照事业单位法人登记，民办学校按照“民办非企业单位法人”登记，民办学校和公办学校在法人登记上没有被同等对待，这带有典型计划经济体制遗留下来的对事业单位的理解，也不尽符合《民法通则》法人的分类标准。应该确认公办学校和民办学校都是事业单位法人。[④]从这些分歧的观点来看，“学校法人”尽管早有定论，但是由于教育立法滞后，并没有对学校法人有一个清晰的界定。所以在遇到教育纷争的时候，仍然需要对学校法人性质先作一番考量，然后才能进行相关的研究。学校法人的基本性质是研究学校法人问题的基础，是进一步探讨学校法人其他问题的关键。

之所以对学校法人的基本性质问题一直争论不休，直接原因与我国法人分类的标准有关。在我国，依照《民法通则》的规定，法人分为企业法人、机关法人、事业单位法人和社会团体法人四类。企业法人中又以所有制性质和企业组织形式为标准进行了二次划分。有研究者指出，这种划分的缺陷是非常明显的，其主要表现为以下四点。(1) 没有明确公、私法人的分类，减弱了民法的社会功能。法人制度只有通过清晰的公、私法人分类，严格设定民事生活领域的准入规则，才能完成对公法人进入私法领域的限制，实现对私法领域实施自主行为的保障。(2) 受计划经济的影响，突出不同所有制企业的特殊性，已不能适应当前的经济生活。在市场经济条件下，决定法人分类的标准不是所有制身份，而是法人的组织结构和运行机制。(3) 事业单位法人包含的类型过于宽泛，既有国家拨款成立的兼有部分行政管理职能的公法人，又有依国家行政命令组建的公益法人，还有由自然人或法人组建并办理登记成立的私法人。这些法人没有按其特征抽象出同一类别的因素和基

---

① 胡劲松，葛新斌. 关于我国学校“法人地位”的法理分析 [J]. 教育理论与实践，2001 (6)：19－24.

②④ 申素平. 对学校法人地位的新思考 [J]. 中国高等教育，2005 (12)：23－25.

③ 王晓泉. 关于“高等学校法人地位”问题的观点综述 [J]. 中国高等教育研究，1993 (2)：35－36.

础。(4) 没有确认财团法人，不能包容我国现有的法人类型，如基金会、寺庙、捐赠财产构成的各类组织等。正是考虑到我国法人分类存在的缺陷，有研究者认为，以公法人、私法人二元论为基础，以社团法人、财团法人两分法为主体的法人分类是科学的。它被广泛肯认的事实，是顺应社会历史发展产生的法人类型获得立法尊重的结果。①

根据这种划分，学校法人可以以公法人、私法人二元论为基础，将学校分成社团法人和财团法人。社团法人是人们为了一定目的自愿地通过法定的方式，联合建立的长期存在并独立于其各成员个人的团体。社团法人最重要的特征是由一定的成员组成的，这些成员一方面在法律人格上独立于法人团体，另一方面在法人团体内部享有决定法人重大事务和取得收益的权利。事业单位法人和社会团体法人中以国家划拨的专用财产或以指定用途的捐赠财产为成立基础、且设有专门管理机构的法人，将构成财团法人。财团法人不是人的联合体，而是以设立人提供的一定财产为基础，为了实现一定目的成立的永久性团体。财团法人只有机关，没有其成员，所有的法人事务均由其机关执行和管理。因此，财团法人只能是公益法人。社团法人可以分为营利性社团法人、公益性社团法人。这种分类，既符合《教育法》、《高等教育法》以及《民办教育促进法》中有关学校法人的规定，也可以涵盖当前不同法人类型的学校。

(二) 学校法人与学校办学自主权的问题

学校法人与学校办学自主权的问题，实际上涉及确认学校法人地位的立法意图。关于确定学校具有法人资格是为了扩大学校自主权，还是为了明确学校的法律主体地位，主要有三种研究观点。第一种观点：确立学校法人地位并不等于扩大高校办学自主权，两者之间没有直接的因果关系，不能够画等号;② 第二种观点：确立学校法人地位，是落实学校自主权的基础和依据;③ 第三种观点：学校法人制度的确立有助于扩大学校办学自主权。④ 从

---

① 马俊驹. 法人制度的基本理论和立法问题探讨（上）[J]. 法学评论，2004 (4): 3-12.

② 劳凯声，李凌. 关于高等学校法人地位问题探讨 [J]. 中国高等教育研究，1992 (11): 15-17.

③ 李连宁. 高等学校法人地位初探 [J]. 中国高等教育研究，1992 (11): 20-22.

④ 王风达. 确立高校法人地位与扩大高校办学自主权初探——兼与劳凯声、李凌两位先生商榷 [J]. 中国高等教育，1993 (6): 30-31.

当前的一些相关研究文献来看，这三种观点都存在，所以有必要厘清学校法人和学校办学自主权之间的关系。事实上，在实践中由于学校法律地位的含混不清，已经导致了人们不少模糊的概念，并直接影响到人们正确处理学校与政府相互关系的可能性。从这个角度讲，弄清学校办学自主权的性质和来源，反过来有助于我国更深入地认识学校的法律地位问题。①

《教育法》第三十一条规定："学校及其他教育机构具备法人条件的，自批准设立或者登记注册之日起取得法人资格。学校及其他教育机构在民事活动中依法享有民事权利，承担民事责任。"从这些法律条文中，我们并不能必然推断出所有的学校都是法人资格，因为具有法人资格的学校首先必须是具备法人条件的。根据《民法通则》规定了法人应当具备四个条件：（1）依法成立；（2）有必要的财产或者经费；（3）有自己的名称、组织机构或者场所；（4）能够独立承担民事责任。《教育法》的这一规定，只是提供了学校法人注册登记的法律依据，并不等于自然地获得法人资格。那么，不具有法人资格的学校是否享有办学自主权呢？这就涉及学校办学自主权的性质和来源。学校办学自主权是指学校作为教育机构本身所享有的基本权利，是一种综合性的权利群，虽然包含有民事权利，但从本质上讲它不属于民事权利，而是行政权力，是政府的授权或委托。学校法人资格的有无，只是关乎学校参加民事法律关系时的独立性程度。②

（三）学校法人治理结构问题

研究学校法人治理问题，必然涉及法人治理结构。健全而又完善的治理结构是实施法人治理的必要前提。由于我国在计划经济时期一直实行的是政府治理，主要治理手段是行政化管理，因此，研究学校治理结构是一个崭新的话题，研究文献比较缺乏。学校治理结构很大程度上受到公司治理结构的影响。公司治理结构的研究萌芽于20世纪初，大规模的研究已经有20多年的历史。目前，已发展成为全球性的公司治理结构运动。但是，中国对于这个问题的研究刚刚起步，特别是对于公司治理结构模式的系统研究还是一片

① 胡劲松，葛新斌. 关于我国学校"法人地位"的法理分析［J］. 教育理论与实践，2001（6）：19－24.

② 司丽琴. 有关学校法人问题争议的辨析［J］. 当代教育科学，2003（21）：20－21.

空白。[①] 事实上，对学校治理结构问题的关注，在中国如同对学校法人治理问题研究一样，都仅仅是刚刚开始。国外对学校治理结构问题的研究，从国外博硕士论文的研究或许可以略知一二，这些论文是通过 PQDD 博硕士论文数据库检索的。PQDD 博硕士论文数据库教育网专线，输入关键词“school governance”共检索到 302 篇论文；输入关键词“school governance structure”共检索到 9 篇论文，其中 2004 年的两篇论文标题才开始出现“governance structure”即治理结构一词。这说明不仅仅在公司形成了全球化的公司治理结构运动，学校治理结构也成为学校治理过程中需要研究的一个重要问题。《教育规划纲要》第四十条指出：“完善中国特色现代大学制度。完善治理机构……加强章程建设。各类高校应依法制定章程，依照章程规定管理学校……探索建立高等学校理事会或董事会，健全社会支持和监督学校发展的长效机制。”因此，如何完善高校治理结构，建设中国特色现代大学制度，将是高校治理研究中亟待研究的重要问题。

（四）公立中小学学校的法律地位问题

基础教育是我国教育的重中之重。基础教育改革是一波又一波，研究基础教育改革的文献也非常多。但是关于中小学学校的法人地位很少有人专门研究。从研究文献来看，有关学校法人问题的研究集中在高等学校。《民办教育促进法》出台以后，研究民办学校法人地位问题也随之出现。为什么对公立中小学学校的法人问题研究较少呢？从文献分析来看，主要有两个方面的原因。

1. 如果根据我国《民法通则》对法人的界定，国外中小学学校大都不具备完整的法人地位。[②] 由于国外中小学并不是“真正意义上”的法人，进而限制了我们的研究范围。其实这是忽略了两个基本性的前提。一是不同法系的国家，即便是同一法系的国家，也同样会存在这样的问题，即由于法律体系的不同，法律术语内涵不同，诸如学校的法律地位，学校的办学自主权在不同国家，其法律的规定是不同的。二是不同国家，由于其政治体系、法律文化等方面的差异，同样的教育改革内容，但是其改革的路径会根据本国

① 田丽，吕传俊. 公司治理结构模式的比较研究（一）[J]. 中国纺织经济，2001（7）：33 - 37.

② 郑增仪，李继星. 法、德、意三国基础教育管理体制调研报告［J］. 教育发展研究，2005（2B）：55 - 65.

教育改革实践而有所不同。比如，美国在扩大学校的办学自主权方面，主要的举措是创建新型学校，其中影响最为广泛的特许学校本身就是一个具有自主权力的法律实体，创办人可以根据州法律选择任何组织来签订合同。学校是法人实体，有自己经选举产生的董事会。英国的直接拨款学校，也是由中央教育部拨款委员会将学校教学经费直接拨付给办学质量较好的学校，使他们脱离地方教育当局的控制，学校享有高度自治。①

2. 从法律的角度来说，中小学到底是不是法人？或者是什么性质的法人？从现有的法律规定来看，都非常模糊。如此“模糊”当然影响研究者探讨的兴趣。甚至有研究者从《教育法》规定的学校法人地位出发，认为应该赋予高等学校、职业技术学校以及相当一部分承担社会教育功能的学校教育机构以独立法人地位，而对于其他一些学校，诸如承担义务教育功能的学校，由于国家承担了主要的举办责任，因此，这类学校并不具备法人的条件。此外，2006 年修订的《中华人民共和国义务教育法》（以下简称《义务教育法》）强化了政府的义务教育责任，已经从实质上取消了义务教育学校的法人资格。② 对这两个原因稍加分析，我们会发现，这两个原因可以归结为一个问题：研究学校法人问题意欲何为？

1995 年颁布的《教育法》第三十一条规定：“学校及其他教育机构具备法人条件的，自批准设立或者登记注册之日起取得法人资格。”按照这条规定，具备条件的中小学都可以被赋予法人地位。然而，从目前我国的教育改革实践来看，学校法人制度的建设任务仍然艰巨。一方面，现有的法律对学校与政府、学校与社会等学校与外部诸要素的法律关系界定仍然不清晰；另一方面，学校的内部法人治理结构尚不完善。③ 这就需要我们在基于相关法律法规的基础上，研究不同类型学校的不同法律主体地位。在确立学校法律主体地位的基础上，依法理顺学校与政府、学校与社会、学校与市场的关系，建立民主科学的学校内部治理结构，实现学校的法人治理，促使学校自主办学，主动发展。

---

① Murphy J. Restructuring America's Schools: An Overview [G] //Finn C E, Jr., and Rebarber T. Education reform in the 90's. New York: Macmillan Publishing Company, 1992: 3 - 16.

② 劳凯声. 改革开放 30 年的教育法制建设 [J]. 中国人民大学报刊复印资料《教育学》，2009 (2): 27.

③ 范国睿. 让学校组织焕发生机与活力 [N]. 中国教育报，2005 - 02 - 05 (3).

第四节 研究框架、创新与不足

一、研究框架

本书主要研究我国学校管理体制如何由行政化管理的调整走向法人治理的构造，所以要解决的核心问题是学校法人的界定与分类、学校法人的基本性质、治理结构、法人治理中的权力制衡以及自主办学等主要问题，并在此基础上构建我国学校治理模式。因此，本书始终是基于走向法人治理的核心问题展开，由此展开的研究逻辑是中国行政化管理带来的诸多问题，这些问题的解决途径是学校治理转型，即走向法人治理。阐释法人治理的应然状态，并基于此分析我国学校走向法人治理转型过程中应该重点解决的问题。

依据这种研究逻辑，本书共分六章内容进行论述，基本框架如下。第一章，绪论。包括问题的提出、研究的意义、研究框架及其创新与不足之处。第二章，学校法人的界定与分类。包括学校法人的界定、学校法人的分类以及对我国学校法人分类的设想。第三章，基于学校类型的法人性质分析。从两个维度加以研究，第一个维度是从学校类型加以研究，研究公立学校和私立学校法人的基本性质；第二个维度是研究不同国家学校法人的基本性质。第四章，学校法人治理结构。不同类型的学校，其法人治理结构是不同的；不同国家的学校法人治理结构也是不同的。但是，从学校管理实践以及研究成果来看，学校法人治理结构的主要区别是高等学校和中小学学校的治理结构、中西学校法人治理结构的差异。第五章，学校法人治理中的权力制衡。主要研究学校法人治理过程中权力的制衡问题，包括学校内部权力和学校外部权力的制衡。内部权力制衡主要指对学校董事会或理事会权力的制衡、对校长权力的规制、对教师权利和学生权利的保障；学校外部权力制衡包括学校与教育行政主管部门以及学校与社区之间、学校与家长之间权力的制衡。第六章，基于法人治理的自主办学。学校自主办学是确认学校的法律主体地位以及实施法人治理的最终目的。所以，这一章主要包括三方面的内容：学校自主办学的现状、自主办学的核心问题以及学校自主办学的模式分析。

通过这些研究，希望阐明这样的观点：当前，研究学校法人治理不仅是教育理论工作者的使命，也是教育行政官员和学校教育实践工作者共同关注的问题。随着社会主义市场经济体制的不断完善，学校发展过程中亟待解决的问题与行政化管理模式密切相关。改革学校管理模式，走向适应市场经济体制模式下的法人治理是学校发展趋势的必然要求。在转型过程中，实现法人治理，关键是要解决学校法人治理过程中的几个核心问题。通过问题的解决，从理论上逐步理顺学校、政府、社会在学校发展过程中各自的权限和责任，提出学校治理转型的理论框架；并在理论指导下，基于改革实践，推进学校变革，促进学校自主发展、主动发展、多元发展，进而提高我国学校教育的质量，培养出适应未来社会发展的人才。

二、创新之处

（一）学校法人治理概念的阐释

尽管我国《教育法》、《高等教育法》都对学校的法人资格作出了明确规定，但对于为何要推行法人制度，即对于法人制度之目的，我国法律法规中还缺乏相应的规定，对学校法人性质的内涵揭示还不够。从立法意图来看，设立学校法人之目的是为了保障学校的独立法人地位，规范学校与政府、社会各方的关系，进而厘清学校相关利益主体的责、权、利，通过学校治理转型，实现法人治理，以促使学校自主发展、多元发展、主动发展，更好地为现代化建设服务，为人民服务。从研究文献来看，关于学校法人治理的研究文献比较少，对学校法人治理概念的界定也非常缺乏。本书基于中国学校改革之实践以及学校法人治理改革之意图，提出了自己的观点和对学校法人治理的理解。

在借鉴公司治理理论成果的基础上，根据学校法人存在之目的，作者认为，学校法人治理是指学校作为一个法人组织，如何通过一系列的制度安排，来更好地满足学校发展过程中不同利益主体的利益诉求，实现学校利益最大化。其中，需要把握好两个关键问题。一是法人组织与法人治理的联系与区别。法人组织是法律概念，是指具备法人资格的组织体，仅仅是具备了实行法人治理的可能性，因此，法人组织未必实行法人治理，法人治理是一种制度安排。法人组织只有发展到一定阶段并具备一定的发展规模和需求时，才有可能实行法人治理。二是学校法人治理比公司法人治理更为复杂，决不可简单理论移植。学校法人治理之所以比公司法人治理更为复杂，一方面体现在学校作为一个法人组织，如何在获取更多资源的基础上能够实现自主办学、自我管理和自我约束；另一方面体现在学校利益的最大化不仅表现在当下，更要对整个人类社会发展的历史长河负责，既要面对公共利益与个体利益，也要面对短期利益和长远利益以及不同个体的利益。当然，尽管学校法人治理比公司法人治理复杂得多，但是，学校法人治理与公司法人治理毕竟在治理理念和制度安排上具有某种共性，即主要是作为一个法人组织，在处理内部与外部关系的基础上，发挥法人主体地位，更好地实现组织利益最大化。对于学校法人组织而言，关键是指如何发挥学校法人主体地位，通过自主办学，更好地实现学校组织利益的最大化。

（二）学校治理结构框架的构建

治理结构的理论源头是公司治理理论，但是学校法人治理与公司法人治理在很多方面有着重要区别。学校组织与企业组织不仅在组织的使命、目标等方面有本质的区别，而且学校组织的多元利益主体的价值取向也未必趋同，甚至可以说存在价值冲突。因此，如何在我国教育法律法规的框架下，再造学校法人治理结构，实现学校发展的多元价值目标，并最终实现学校利益的最大化，是学校实现治理模式转型的核心要素之一。学校法人治理结构包括学校内部治理结构和外部治理结构两个方面，具体如图 1.1 所示。

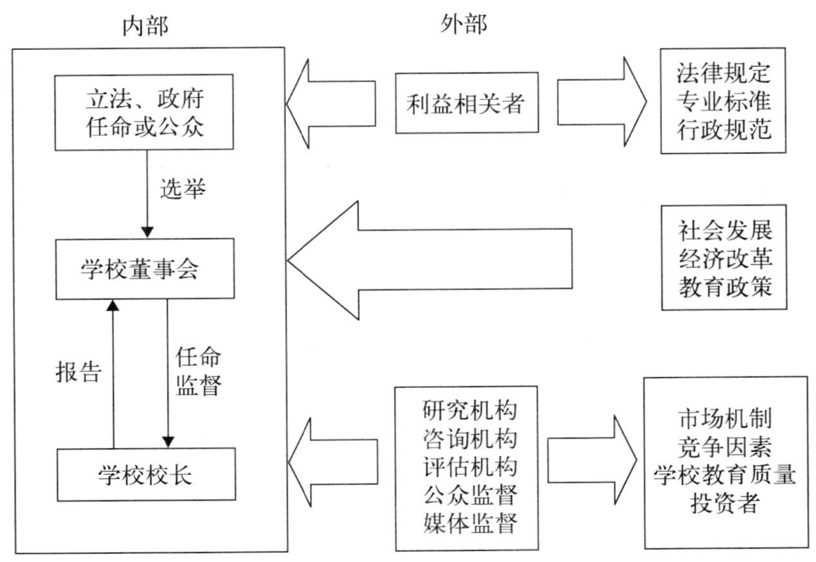

图 1.1　学校治理结构框架

从图 1.1 中可以看出，在学校内部治理结构中的学校董事会成员由立法、政府任命或者公众选举产生。学校董事会选聘校长，校长对学校董事会负责。学校内部治理结构还受到学校外部治理结构的影响。学校外部治理首先要受到学校利益相关者的影响，包括政府、家长、投资者等，利益相关者通过制定法律法规、专业标准以及对行政规范的制定而影响立法、政府对学校董事会成员的任命和公众对董事会成员的选举。另外，学校内部治理结构还要受到许多社会专业机构和组织的影响，这些组织也受到市场机制、竞争因素、学校质量和投资者等因素的影响。当然一个国家或者地区的教育政策、经济改革和社会发展对学校内部治理结构也会有深刻的影响。

（三）学校法人治理核心问题的深度分析

现有的研究很少对学校法人治理[①]以及学校法人治理的核心问题进行深度分析。本书对我国学校法人治理过程中的一些核心问题，包括学校法人的基本性质、学校法人治理结构、学校法人治理中的权力制衡以及基于法人治理基础上的自主办学问题进行了深度分析。这种深度分析体现在两方面。一方面是本书对法学以及经济学相关的文献作了分析，并基于教育改革实践所需以及教育理论发展的需要，作了大胆的借鉴；另一方面，在对中西学校法人治理加以比较和分析的基础上，结合中国教育改革实践，尤其是推进学校管理体制改革、完善学校治理结构提出了一些合理的政策建议和改革路径。

三、不足之处

本书主要是着眼于不同类型学校以及不同教育阶段的学校在学校治理模式转型过程中，即实现法人治理过程中面临的共性问题。这些是学校治理转型必须首先要研究和加以解决的问题。当然，不同阶段的学校以及不同类型

① 《教育规划纲要》向社会征求意见及发布实施后，有关“高校去行政化”问题成为社会广泛争议的热点问题，其中，高校治理及其治理结构不仅成为研究者关注的领域，也成为推进现代大学制度建设的突破口。2011 年 6 月在中国知识资源总库［包括中国期刊全文数据库、中国期刊全文数据库（世纪期刊）、中国博士学位论文全文数据库和中国优秀硕士学位论文全文数据库］中进行检索，以“高校法人治理”为题名，从 2008 年开始有 39 篇相关文献；以“高校治理结构”为题名，从 2005 年开始共有 29 篇相关文献；以“高校去行政化”为题名，共有 44 篇相关文献，发表时间集中在 2010 年。从中可以看出，《教育规划纲要》的发布与实施将是我国有关学校治理，尤其是高校治理相关研究进入一个新阶段的重要分水岭。

的学校在具体的教育教学过程中所面临的问题不同。因此，不同学校的法人治理应该是各有自己的治理机制和要着重解决的治理问题，比如公立大学和民办大学的法人治理、中小学和大学的法人治理、公立中小学和民办中小学学校的法人治理等。遗憾的是，本书没有对此作出这种“分门别类”的研究。

这主要有两个方面的原因。一方面，学校由行政化管理转型为法人治理是一个很复杂的问题，需要有理论基础和配套的制度环境。学校治理模式转型不仅是学校内部的事情，而且是调整和规范学校与政府、社会各方利益的关系问题。在这个过程中，学校治理模式转型显然会受到政府与社会的改革进程，特别是政府职能改革进程的影响。因此，在研究学校法人治理问题时，首先是，也只能是论述学校法人治理过程中所面临的一些共性问题，而后在此基础上再“分门别类”地加以研究。另一方面，学校法人治理研究是教育领域中一个新兴的研究领域，不仅可供参考的相关文献有限，而且中西相关法律术语在表述上也存在差异，需要透析理解和把握其本质内涵。但是，对学校治理研究的兴趣，将会促使作者作进一步的深入研究，这也是作者下一步努力的方向。

第二章 学校法人的界定与分类

学校法人的基本性质是研究学校法人治理问题的前提。学校是否具备法人的条件？不同国家的学校法人性质是否不同？如何根据不同类型学校的法律定位对其进行管理，等等。这些问题是我们认识学校法人以及研究学校法人治理问题中不得不首先予以关注的问题。本章第一节从教育改革的发展变化分析了学校法人问题提出的时代背景；第二节主要研究了学校法人的界定；第三节主要探讨了我国及国外学校的法人分类；第四节则是研究如何完善我国的学校法人分类，并基于此提出了我国学校法人分类的设想。

第一节 问题的提出

学校法人的问题，一方面是在我国由计划经济体制向社会主义市场经济体制转轨的背景下，对教育规律的不断认识和深化的基础上提出来的，是对社会主义市场经济体制改革的回应。另一方面是随着生活水平的改善和提高，人民群众对优质教育和多样化教育需求的反映。本节主要是从教育改革的宗旨和方向变化、教育管理方式的变革和学校发展的未来发展趋势三个方面论述改革开放后我国教育改革，尤其是教育管理体制改革的内容和方向，这是学校法人问题提出的改革背景和时代必然要求。

计划经济时期，我们国家的学校教育都是由国家统一管理。国家负责学校的一切事情，包括学校的教学、学校的人事工作、学校的具体管理等工作，基本上可以说学校的大大小小的工作都由国家来决定，学校的工作人员、教师以及校长都是国家教育政策和具体教育行政部门命令的执行者，在具体的工作中很少具有工作的主动性和创造性。尽管如此，由于新中国成立以后，主要接受教育的大众是千千万万的人民大众，是千千万万的劳苦百姓，所以学校教育的主要服务对象是人民，即教育要为人民服务，为大众服务。为此，国家的教育体制是集权式管理，通过发布行政命令以及红头文件等行政方式对全国的学校教育进行管理。这种管理方式比较适应当时的教育现状和具体的教育需求，发挥了巨大的作用，使得国家有限的教育资源能够集中利用，有效地为广大人民服务，提高了中国老百姓接受教育的水平，提升了国民整体素质。

改革开放以后，中国发生了巨大的变化。特别是 1992 年中共十四大确立中国实行社会主义市场经济体制改革以来，中国更是发生了翻天覆地的变化。社会生活的各个方面都发生了巨大的变化。学校教育也不例外。为了培养出更多适应社会主义市场经济体制改革的人才，更好地提升国民整体素质，促进人的全面发展，我国学校教育也进行了一系列的改革，其改革可以从以下几方面加以分析。

一、教育改革的宗旨和发展方向的变化

改革开放以后，从国家颁布的一系列教育法律法规以及一系列政策文件，我们可以发现，我国教育改革的宗旨就是教育要更好地为现代化建设服务，更好地为人民服务，在更高层次上整体提升国民素质，进而提高国家的综合实力。如何体现出教育改革的宗旨以及如何贯彻落实我国的教育改革目标呢？从 1985 年颁布的《中共中央关于教育体制改革的决定》到 1993 年出台的《中国教育改革和发展纲要》、1999 年的《面向 21 世纪教育振兴行动计划》和《中共中央国务院关于深化教育改革全面推进素质教育的决定》等一系列政策法规，都可以看出改革开放以后我国教育改革的重心之一就是一直在努力改革学校的教育体制，从根本上解决学校与社会脱节、与学生和家长的实际需求相去甚远等相关问题。

《中共中央关于教育体制改革的决定》指出："要从根本上改变这种状况（即我国教育事业落后和教育体制不适应社会发展等问题），必须从教育体制入手，有系统地进行改革。改革管理体制，在加强宏观管理的同时，坚决实行简政放权，扩大学校的办学自主权；调整教育结构，相应地改革劳动人事制度。还要改革同社会主义现代化不相适应的教育思想、教育内容、教育方法。经过改革，要开创教育工作的新局面，使基础教育得到切实的加强，职业技术教育得到广泛的发展，高等学校的潜力和活力得到充分的发挥，学校教育和学校外、学校后的教育并举，各级各类教育能够主动适应经济和社会发展的多方面需要。"《中国教育改革和发展纲要》针对教育要更好地适应社会主义市场经济体制改革的要求，而提出："教育体制改革要采

取综合配套、分步推进的方针，加快步伐，改革包得过多、统得过死的体制，初步建立起与社会主义市场经济体制和政治体制、科技体制改革相适应的教育新体制。只有这样，才能增强主动适应经济和社会发展的活力，走出教育发展的新路子，为建立具有中国特色的社会主义教育体系奠定基础。”1999 年《中共中央国务院关于深化教育改革全面推进素质教育的决定》指出：“面对新的形势，由于主观和客观等方面的原因，我们的教育观念、教育体制、教育结构、人才培养模式、教育内容和教学方法相对滞后，影响了青少年的全面发展，不能适应提高国民素质的需要。全党、全社会必须从我国社会主义事业兴旺发达和中华民族伟大复兴的大局出发，以邓小平理论为指导，全面贯彻落实党的十五大精神，深化教育改革，全面推进素质教育，构建一个充满生机的有中国特色社会主义教育体系，为实施科教兴国战略奠定坚实的人才和知识基础。”《教育规划纲要》在序言中指出：“面对前所未有的机遇和挑战，必须清醒地认识到，我国教育还不完全适应国家经济社会发展和人民群众接受良好教育的要求。教育观念相对落后，内容方法比较陈旧，中小学生课业负担过重，素质教育推进困难；学生适应社会和就业创业能力不强，创新型、实用型、复合型人才紧缺；教育体制机制不完善，学校办学活力不足；教育结构和布局不尽合理，城乡、区域教育发展不平衡，贫困地区、民族地区教育发展滞后；教育投入不足，教育优先发展的战略地位尚未得到完全落实。接受良好教育成为人民群众强烈期盼，深化教育改革成为全社会共同心声。”

从改革开放以来颁布的一系列重要教育法律法规和教育政策来看，都将改革教育体制，适应经济社会的发展和满足人民群众的教育需求和促进学校更好更快地发展作为重要内容，但是，从当前的学校教育改革实践来看，学校教育改革的主要问题仍然是制度问题。“现在教育发展中遇到的很多问题都是制度性障碍，不克服这些制度性障碍，教育就不可能有大的发展。比如说，推动学校自主办学，搞了多年，效果并不理想，问题在于现在主要靠的是政策性放权，而不是制度性建设。学校能不能作为一个法人独立办学，关键在于有没有制度保障。只给政策而不革新制度，是难以取得实质性进展的。不久前教育部公布的《从人口大国迈向人力资源大国》的报告提出建立现代学校制度，完善学校法人制度，都是着眼于克服制度性障碍，抓住了根本。"[①]《教育规划纲要》单列专章要建设现代学校制度，并对如何建设现代学校制度提出了明确的改革方向和具体要求。

二、教育管理方式的变革

教育管理方式在某种程度上反映的是学校与政府之间的关系。在计划经济时期，由于学校是由国家统一管理，隶属于政府机关管辖，因此，学校与政府之间的关系是管理者与被管理者之间的关系，政府主要通过行政命令手段对学校进行管理。学校管理者实际上的主要职责就是执行上级的命令，完成上级机关交给的各项任务。随着社会主义市场经济体制的不断完善，政府对学校的管理职能需要重新定位，学校的管理模式需要重新设计，这样才能有利于各级各类学校的发展以及更好地体现出为人民服务的时代发展要求。同时，我国教育改革取得了令人瞩目的成就，但在改革与发展的过程中也出现了许多新的问题，诸如广为关注的校本管理、农村义务教育实行"在国务院领导下，由地方政府负责、分级管理、以县为主"的体制，以及高等教育扩大办学自主权、自主招生等，这些问题都涉及政府与学校的关系定位问题。只有理顺政府与学校的关系，明确各自职责，完善学校法人制度，具体落实学校的法人主体地位，才能真正体现出学校主体运行实质，也才能为学校推行素质教育提供一个广阔的发展空间。《教育规划纲要》明确提出："适应中国国情和时代要求，建设依法办学、自主管理、民主监督、社会参与的现代学校制度，构建政府、学校、社会之间新型关系。适应国家行政管理体制改革要求，明确政府管理权限和职责，明确各级各类学校办学权利和责任。探索适应不同类型教育和人才成长的学校管理体制与办学模式，避免千校一面。""转变政府教育管理职能。各级政府要切实履行统筹规划、政策引导、监督管理和提供公共教育服务的职责，建立健全公共教育服务体系，逐步实现基本公共教育服务均等化，维护教育公平和教育秩序。改变直接管理学校的单一方式，综合应用立法、拨款、规划、信息服务、政策指导和必要的行政措施，减少不必要的行政干预。"由此可知，教育管理方式的变革方向是在构建新型政府、学校、社会之间新型关系的基础上，转变政府职能，落实和扩大学校的自主办学，鼓励特色办学，更好地适应经济社会发展的变化和人民群众的多样化教育需求。

---

① 熊庆年. 抓住机遇　创新制度［J］. 上海教育，2003（06A）：12.

三、学校教育的未来发展趋势

计划经济时期，我国推行的是国家办学，学校由国家承办，由国家具体负责，由国家管理。尽管我国地域辽阔，各地社会经济条件差距很大，但是全国各地的学校教育仍然是由中央统一管理，统一考核，统一布局，这样尽管发挥了“穷国办大教育”的优势，但是也引发了一系列的问题，比如千校一面，学校缺乏灵活性难以适应当地的社会发展现状，无法满足不同地区、不同家庭、不同学生的不同教育需求。随着社会主义市场经济体制的不断完善，以及人民生活水平的不断提高，人民对教育的需求更加呈现出多元化。上述矛盾就显得更加突出。为此，国家出台了一些教育法律法规以改革学校的办学体制，加大社会办教育的力度，鼓励人民办学校，力争形成公办学校和民办学校良性竞争的发展态势，更好地满足人民的多元教育需求。这些政策的具体实施的一个根本性的前提就是要明确学校的法律地位，保障不同的投资主体能够自主办学，能够真正调动各种教育资源，举办不同类型的学校，满足人民的教育需求。随着 2001 年我国加入世界贸易组织（WTO），一个开放的教育春天已经到来，如何保障国家投资办学的利益，如何调动社会各界投资办学的积极性，如何保障人民的受教育权，在很大程度上都需要首先落实学校的法律主体地位，保障学校的自主办学权利。随后我国出台了《民办教育促进法》、《教育规划纲要》等政策法规，明确了学校教育的未来发展趋势，指明了学校教育改革的未来发展方向。

第二节　学校法人的界定

本节主要对学校法人相关概念进行了界定，包括法人、中西法人内涵的差异以及学校法人概念的界定。厘清学校法人相关概念的内涵，是理解学校法人性质的基础，也是对学校法人进行分类的基本前提。

一、法人

（一）法人是法律关系中的主体

法人和自然人都是法律概念，是法律所赋予的人格，是法律关系中的主体。[①]法人，相对于自然人而言。自然人是以生命为存在特征的人。“附着于团体上的法律人格则基于自身的法理念以及存在的实际价值，已经无法再回还到生物人那里。团体的人格已经与生物人的人格完全分离，它是一种具有独立社会价值的主体，是一种与自然人决然不同的主体，即法人。”[②]所以，“法人制度的出现纯粹是经济发展的需求导致法律技术进步的结果，是一种经济生活的客观现实与法律技术运用相结合的产物”[③]。因此，法人概念的出现体现了立法者的价值取向，是法律对社会政治经济结构的反映，是社会经济发展的产物。正如江平教授所概括的那样：“法人的本质特征有二：一是它的团体性，二是它的独立人格性。前者说明它首先是一个团体，一个组织，一个人的集合体，而不是一个个人，这是它有别于自然人的特征。后者说明它具有独立的民事权利主体和行为能力、能够独立享受民事权利并承担民事责任，因而它具有独立的民事主体资格，这是它有别于非法人团体的特征。这两个特征汇合在一起，就可以用最精练、最概括的语言给法人下一个定义：法人者，团体人格也。”[④]

（二）法人成立的四个要件

《民法通则》第三十六条对此作了明确的界定：“法人是具有民事权利能力和民事行为能力，依法独立享有民事权利和承担民事义务的组织。”《民法通则》第三十七条规定了法人成立的法律要件有四项：依法成立；有必要的财产或者经费；有自己的名称、组织机构和场所；能够独立承担民事责任。

第一，依法成立。依法成立有两重含义。（1）有成立法人的法律规范。如设立公司，要依《中华人民共和国公司法》；办大学，要依《普通高等学校设置暂行条例》和《高等教育法》。如果法人没有据之成立的法律规范，除依政府特许成立外，不得设立。（2）符合设立法人的法定程序。即法人的成立要合乎法律规定的设立程序，如社会团体法人须遵循《社会团体登记管理条例》规定的程序。法人设立程序的效果，就是法人成立的公示，一如自然人的出生。

---

① 江平. 法人制度论［M］. 北京：中国政法大学出版社，1994：2.

②③ 马俊驹. 法人制度的基本理论和立法问题之探讨（上）［J］. 法学评论，2004（4）：3－12.

④ 同①：1.

第二，有必要的财产或者经费。拥有独立的财产，是法人参加民事活动、承担民事责任的物质基础，故法人成立必须有财产或经费。这里的财产，是对企业法人的要求，经费是对非企业法人的要求。经费一般以货币形态表现，在本质上仍属于财产。

第三，有自己的名称、组织机构和场所。(1) 名称。名称是表示法人特征的文字符号。法人的名称是法人参与民事活动的表征，犹如自然人的姓名，受法律保护。法人名称的命名，须符合法律的规定，例如机关法人起名称通常由法律直接规定，而企业法人的名称就必须符合《企业名称登记管理规定》的规定。(2) 组织机构。法人的组织机构也称法人机关。机关一词源自拉丁文，原意是“器官”。法人是拟制的人，本无“器官”可言，但法人要独立参与民事活动，就必须有行为的实施者，这一实施者就是法人的机关，属于“人造器官”。法人机构可由自然人一人担任，例如法定代表人；也可以由自然人集体组成，例如董事会。(3) 场所。场所是法人所在的空间位置，包括法人办事机构的所在地和法人活动场所所在地。由于法人的活动设施属财产的范围，故这里的场所专指法人的住所。《民法通则》第三十九条规定：法人以它的主要办事机构所在地为住所。

第四，能够独立承担民事责任。民事责任就是对于民事义务的清偿责任。法人作为民事主体，不仅享有权利，而且还要承担义务。所谓独立承担民事责任，是法人要以自己的财产去承担这份责任。①

二、法人内涵的中西比较

(一)“法人”的英文含义

法人在不同语言体系中表达是不同的，法律用语中的含义也是有差异的。有学者认为，我国自1974年以来，《中国英汉法律词典》中关于“法人”翻译错误达15年之久（其著作再版时为1998年）。他以《新英汉词典》(1974年)、《英华大词典》(1984年)、《英汉大词典》(1989年以来)、《英汉海洋化和海洋事务词汇》、《英汉法律词典》、《英汉法律词汇》、《英汉法律词典新编》（香港）众多词典为例，指出这些词典将“body corporate (corporate body or a body corporate)”均译成“法人团体”是错误的，可以译

① 国家司法考试中心. 国家司法考试辅导用书［M］. 北京：法律出版社，2005：20－21.

成“法人实体”或“法人组织”。其还以英英（以及英外）法律辞书为参考，认为译成“法人”较为清楚。为此，他以英英（以及英外）法律辞书举例有二：（1）corporation（body corporate）n. An entity that has legal personality，i. e. if it is capable of enjoying and being subject to legal rights and duties（see juristic person）. It may be either a corporation aggregate or a corporate sole…—A Concise Dictionary of Law（2）Body corporate（法人）—日本《英美法词典》。他还指出《中国大百科全书法学卷》中将“法人”译为“legal person”有失片面，建议翻译为“artificial person，body corporate，corporate body，corporation，juristic person”。①

凯特林（Ketleen Florestal）和罗波（Robb Coopper）在《教育的分权：法律问题》（*Decentralization of education：legal issues*）一书中，涉及学校法人问题时，均使用 corporation 或者 legal entity。② 的确，根据法人的定义，法人是和自然人相对应的一种法律主体，是一种法律上的概念，是一种法律上拟制的人，所以法人的一般英文表达为 corporation 或 artificial person 等。

（二）法人为大陆法系民法所特有的制度体系

“法系”③ 是比较法学的一个重要概念。世界各国、各地区被称为法的东西成千上万，但是这些法都不是孤立存在，相互之间都有一定的联系或者说都有一定的相似性。正如法国比较法大师勒内·达维德所言：“‘法系’的概念没有与之相对应的生物学上的实在性；使用它只是为了便于讲解，为了强调在各种法之间存在的相似之处和区别。”④ 基于此，当代主要有两大法系：大陆法系和英美法系。大陆法系又被称为罗马日耳曼法系、罗马法系、

---

① 陈忠诚. 法窗译话［M］. 北京：中国对外翻译出版公司，1998：124.

② 作者在该书中首先声明，书中涉及的法律术语，由于每个国家的法律不同，在一个国家使用的法律术语在其他国家或许有不同的界定，但是作者说他们是力图尽可能地在一般意义上讨论法律问题，当然，他们主要是基于西方国家的法律体系。参见：Florestal K，Coopper R. Decentralization of education：legal issues［M］. Washington D. C.：WordBank，1997：3. 在该书中“法人”的原文是：Corporation：An artificial person or legal entity created by or under the authority of the laws of a state. Corporations have a legal personality and existence distinct from that of its members or officers. Florestal K，Coopper R. Decentralization of education：legal issues［M］. Washington D. C.：WordBank，1997：31.

③ 法系是由于历史的原因而在不同的国家、地区之间形成一定亲缘关系的法律的一种称谓。参见：刘作翔. 法理学［M］. 北京：社会科学文献出版社，2005：287－288.

④ 勒内·达维德. 当代主要法律体系［M］. 漆竹生，译. 上海：上海译文出版社，1984：24.

成文法系、民法法系等，是指以罗马法为基础发展而来的法律制度。大陆法系国家法律除了继受罗马法传下来的概念、体系等之外，还继受了其基本精神。一般而言，大陆法系体现了理性主义的精神，法律适应强调逻辑演绎，法官被限制在成文法之下，只能是“法律的宣誓者”（孟德斯鸠语）。大陆法系以法国、德国法律为代表，分为法国和德国两个支系。英美法系又称为普通法系、英吉利法系，它是以英国中世纪以来的法律特别是它的普通法为基础发展起来的、与以罗马法为基础的大陆法系相对比的一种法律制度，它包括仿效英国法的其他国家和地区的法律制度。英美法系以英国、美国两国法律为代表，分为英国法和美国法两个支系。

由于法人为大陆法系民法所特有的制度体系，因此在英美法系国家中，最主要之不同是英美法系的国家没有制定统一民法典，因而也无关于一般法人之统一规定，更无法人形态法律上的明确划分，但这并不等于说英美法系国家没有法人之立法。事实上，英美法系的国家也承认自然人（natural）与法人（artificial）之间的区别。① 英美法系国家中所言的法人主要是指与自然人相对应的实体或组织，无论是 individual（自然人），还是 entity（实体）或者是 organization（组织），都是受宪法所保护之“person”（人）。很显然，实体与组织之中，实际已完全包含了大陆法系所区分的公法人、社团、财团以及其他法人之种类。② 另外，在英美两国，团体及事业机关组织，完全依某些特别法上的特殊规定，如果符合这些法律，就当然取得法人的法律人格。③

从上述分析可知，虽然法人是大陆法系中民法所特有的法律制度，但是，并不是说法人仅为大陆法学所独有，而是两大法系中关于法人的含义及其分类有所不同，其相应的法律依据和法律规范也有所区别，这是相关研究的理论基础，不得不加以分析。

三、学校法人

法人实际上是社会经济高度发展的产物。在商品经济早期，只有自然人才具有民事主体资格，随着社会经济的发展，自然人之间的交易已经不能满足社会经济发展的需要，就出现了自然人组成的团体概念，尽管最初团体概

---

① 阿瑟·库恩．英美法原理［M］．陈朝壁，译注．北京：法律出版社，2002：108．

② 虞政平．法人独立责任质疑［J］．中国法学，2001（1）：126－139．

③ 同①：110－111．

念如同罗马法学者在古罗马时代指出的那样，团体人格和自然人人格不同。但是真正具有现代法意义上的法人概念是1900年的《德国民法典》规定的。至此，法人制度才正式确立，此后在其他各国民商法中得到普遍确认，成为社会经济生活中的一项十分重要的制度。当然，现代法律意义上的法人并不仅仅限于参与经济生活，而且也体现了参与政治生活的需要，是实现人们自身各种利益的工具和手段。

现代社会中，自然人从出生到死亡都毫无例外地具有独立的人格。如果人被剥夺了人格，人就失去了生存的能力。但是团体并不如此，团体可以具有人格，也可以无人格，在此时具有人格，而很有可能在彼时不具有人格。也就是说，团体与人格是分离的。当团体被剥夺了人格，它只是从法人团体变为非法人团体，失去了法人资格并不意味着失去其他资格，比如存在资格、活动资格、经营资格等。现实生活中存在大量非法人团体，包括各种合伙、分支机构，但它们照样可以依照营业执照从事经营活动。

学校也是一种团体，是一种社会组织。但是学校并不是必然具有法人资格。即使学校不具有法人资格，但是学校仍然可以购买教学仪器、对外签订合同、与其他民事主体发生相邻权的关系，以及接受捐赠等。我国也有立法承认非法人团体的权利义务能力。如《中华人民共和国著作权法》规定的主体就有自然人、法人和非法人单位三种。尽管如此，不具有法人资格，非法人团体的活动会受到很大的限制和约束。如果不具有法人资格，学校就不能拥有独立的财产，就不能以自己的名义进行起诉和应诉，就不能独立承担民事责任，因而大大限制了学校的活动范围，影响了学校及时、有效地进行民事往来。

计划经济时期，学校是政府机关的下属单位，隶属政府管辖，不需要独立和社会发生关系，学校所有的责任都由政府承担，学校仅仅是完成政府规定的任务，执行政府的行政指令。这种情况下，学校进行的民事活动有限。学校是否具有法人资格问题没有考虑的必要。随着社会主义市场经济体制的转轨，政府的职能在不断调整和改变之中，政府与学校的关系发生了变化，在政府下放权力的同时，学校需要承担更多的职责，与社会打交道的计划和要求迅速增加，学校与社会之间出现的问题也急剧增加，需要学校处理和解决，这时学校是否具有法人资格问题，就变得很突出。

尽管学校是否具有法人资格这个问题，随着社会主义经济体制转轨变得越来越突出，即便1986年颁布了《民法通则》，但是仍然没有具体的法律规定学校是否具有法人资格，或者说学校是否具备法人资格不明确。1995 年《教育法》颁布之后，学校的法律地位得到了法律认可。《教育法》第三十一条规定："学校及其他教育机构具备法人条件的，自批准设立或者登记注册之日起取得法人资格。学校及其他教育机构在民事活动中依法享有民事权利，承担民事责任。学校及其他教育机构中的国有资产属于国家所有。学校及其他教育机构兴办的校办产业独立承担民事责任。"1998 年颁布的《高等教育法》第三十条规定："高等学校自批准设立之日起取得法人资格。高等学校的校长为高等学校的法定代表人。"至此，高等学校的法人地位比较清楚，其他学校的法人资格根据《教育法》第三十一条推定，具备法人条件的学校自批准设立或者登记注册之日才能取得法人资格，由此可以推定，并不是学校必然具备法人资格。但是从《民法通则》规定的法人必备的法律条件来看，即《民法通则》第三十七条之规定："法人应当具备下列条件：（一）依法成立；（二）有必要的财产或者经费；（三）有自己的名称、组织机构和场所；（四）能够独立承担民事责任"。此外，根据学校的设立条件来看，即《教育法》第二十六条之规定："设立学校及其他教育机构，必须具备下列条件：（一）有组织机构和章程；（二）有合格的教师；（三）有符合标准的教学场所及设施、设备等；（四）有必备的办学资金和稳定的经费来源"。应该说，学校具备法人资格。

《中华法学大辞典·民法学卷》是这样界定"学校法人"的：以招收学员、兴办教育为目的，依法取得法人资格的社会组织。在中国，学校属于事业单位法人。由国家拨款兴办的，为国家事业法人；由集体集资兴办的，如农村或城镇街道民办学校，为集体事业法人。在国外，学校为公益法人或中间法人，但不得为营利法人。学校法人一般以财团法人居多。学校法人的设立，多采许可主义和准则主义。若为公益法人，其于注册登记前须取得主管机关的许可；若为中间法人，则只须符合法定条件，无须主管机关的许可，便可取得法人资格。学校成为法人，并非法律的强制，学校如未进行法人登记，便为非法人团体。

学校法人是具备主体资格的组织体，能够独立地享受权利，承担义务和责任。但是由于《教育法》和《高等教育法》以及 2002 年颁布的《民办教育促进法》对学校法人具体享有哪些权利和义务规定不明确，或者说学校法人享有的权利和应当承担的义务比较模糊，以至在教育实践中学校仅仅是名义上的学校法人，是非实际的法人，所以需要进一步探讨学校法人应该具体享有哪些权利和应该承担哪些义务。

第三节　学校法人的分类

英美法系和大陆法系中法人的分类是不同的。本节主要研究了大陆法系国家民法典中的法人分类、我国学校法人的分类、国外学校法人的分类，并在此基础上提出了完善我国学校法人分类的设想。

一、法人的分类

（一）大陆法系国家民法典中的法人分类

对于法人，法律是采取分类管理的。因此，根据分类管理的需要，要对法人按一定标准进行分类。学校具备法人资格，根据法人的分类应该属于哪类法人呢？首先，我们先要了解法人的分类。

世界各个国家、地区的法律尽管具有一定的差异，但是基本上都属于大陆法系的国家或者属于英美法系的国家。因此，探讨法人的分类，我们可以从两大法系对法人分类开始。① 在英美法系国家，由于其判例法传统，没有像大陆法系国家那样在民法典中对法人制度作出一般规定，有关法人的规定主要见于其公司及其他组织的立法中。而大陆法系国家的民法典在法人分类问题上保持了高度的一致性。由《德国民法典》确立的将法人在性质上分为公法人、私法人两部分，然后将私法人划分为社团与财团，继而又将社团法人分为营利法人和公益法人的划分方式为大多数国家所接受。公法人是指以公共利益为目的，即以提高政府效能、满足公众需要和改善公共福利为目的而设立的法人。私法人是指以私人利益为目的，即以其成员的财产利益或其他利益为目的而设立的法人。② 就私法人而言，社团法人和财团法人的划分

---

① 依据不同的标准法人可以有多种分类。比如在江平主编的《法人制度论》一书中就罗列了如下几种分类：a. 根据法人设立的目的，可以分为公法人和私法人；b. 按法人成立的基础不同，分为社团法人和财团法人；c. 按法人成立或活动的目的所作的划分，可以分为公益法人和营利法人；d. 根据法人资格的享有者是由若干成员组成的集体还是担任某一特定职务的个人，可以分为集体法人和独任法人；e. 依法人的国籍，可以分为本国法人和外国法人。参见：江平．法人制度论［M］．北京：中国政法大学出版社，1994：41－61．

② 江平．法人制度论［M］．北京：中国政法大学出版社，1994：41．

是大陆法国家民法典最具特色和应用价值的分类方式。社团法人是人们为了一定目的自愿地通过法定的方式，联合建立的长期存在并独立于其各个成员个人的团体。社团法人最重要的特征是由一定的成员组成的，这些成员一方面在法律人格上独立于法人团体，另一方面在法人团体内部享有决定法人重大事务和取得收益的权利。财团法人不是人的联合体，而是以设立人提供的一定财产为基础，为了实现一定目的成立的永久性团体。财团法人只有机关，没有成员，所有的法人事务均由其机关执行和管理。[①]

自《德国民法典》正式区分社团法人和财团法人以后，此种法人分类方法很快被大多数国家所借鉴和吸收，进而成为大陆法系关于法人最重要的分类方法。社团法人和财团法人因设立的基础不同，前者以自然人为基础，后者以特定财产为基础，因此形成了两者制度上的重大差别，归纳起来有如下几点。（1）设立方式之差异。社团设立须由数名设立人共同完成订立社团章程的法律行为；财团法人设立须由设立人完成财产的捐助和订立捐助章程的行为。（2）治理关系之差异。社团成立以后，设立人和依据社团章程的参加者，即成为社团成员，享有社团成员的各项权利，直接决定或者影响着社团的发展或者变动；财团成立后，因设立人的意思已经体现在财团章程中，设立人在法律上已经与财团相分离，而具体事务由其聘任的执行者或管理者实施，只有在财团遇有重大变动或解散时，才须由法定机关进行处理。（3）组织结构之差异。社团因由成员组成，其成员大会为权力机关，并设执行机关，有的社团还须设立监察机关；财团的意思由设立人决定，所以只设执行机关。[②]为此，清华大学法学院马俊驹教授认为："社团和财团作为民法的基本概念，虽是德国法学家们抽象思维的结果，但却是社会经济实践的产物，完全是社会发展规律作用的结果，所以大陆法系国家尽管法人分类的具体规定上有些差异，然而都无法摆脱社团和财团的基本分类标准。应该认为，以公、私法人二元论为基础，以社团法人、财团法人两分法为主体的法人分类是科学的。它被广泛肯认的事实，是顺应社会历史发展产生的法人类型获得尊重的结果。"[③]大陆法系国家的民法典关于法人的分类大致可以用图 2.1 来表示。

---

①② 马俊驹．法人制度的基本理论和立法问题之探讨（上）［J］．法学评论，2004（4）：9－10.

③ 同①：11.

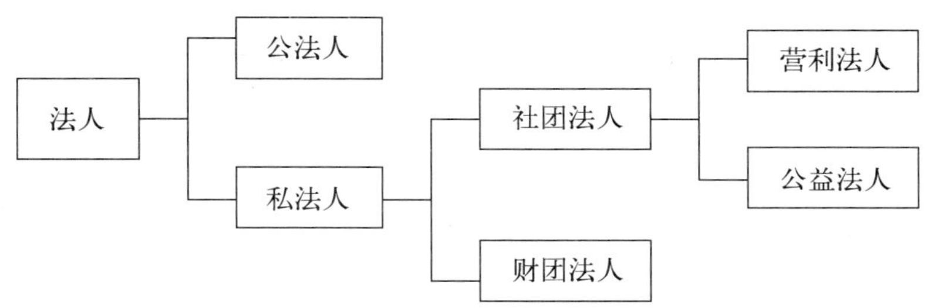

图 2.1　大陆法系国家民法典的法人分类

（二）我国《民法通则》中的法人分类

我国的法人分类并没有采取大陆法系普遍的分类标准，而是依据 1986 年制定的《民法通则》，根据法人所从事的业务活动分为四类：企业法人、机关法人、事业单位法人、社会团体法人。其中，企业法人是以营利为目的、从事经济活动的法人，是法人数量最多、参与民事活动最普遍、财产流转数额巨大的一种，是社会经济活动的最主要的主体，在市场经济体制中，是最活跃的，也是法律最要费心去规范的。机关法人、事业单位法人和社会团体法人，又统称为非企业法人，是主要从事非经济活动，并不以营利为目的的法人。非企业法人从事国家行政管理、社会政治、经济、文化等各种事业和社会活动，同时也进行某些必要的民事活动，也是民事活动的主体。

机关法人是获得法人资格的国家机关，是依法直接设立的。如人民法院就是根据《中华人民共和国人民法院组织法》设立的。认定国家机关是否属于法人，应视其有无独立的财政预算经费和是否有行使《中华人民共和国人民法院组织法》赋予的国家权力为标准确认。国家机关只有在参加民事活动时，才被视为法人；国家机关具有法人的特征，只是在承担行政管理职能时不能视为民事主体。根据《中华人民共和国宪法》的规定，机关法人通常指中央及地方各级人民代表大会、国务院和地方各级人民政府、各级法院和检察院、中央军事委员会和独立编制的各级军事组织。

事业单位法人是被赋予民事主体资格的事业单位。所谓事业单位，以往是指由国家财政拨款、从事公益事业的社会组织，如剧团、学校、图书馆、医院、报社、电台等单位。这些单位一般不从事商业活动，即使取得一些收益也是带有辅助性质。不过，随着社会主义经济体制的改革，有些事业单位已经不再享有财政拨款，改制为自负盈亏或实行企业化经营，如有些科研院所、出版社、赢利医院等，这使事业单位与企业的界限日益模糊。尽管如此，必须注重事业单位的目的事业是公益，这对事业单位法人从事商业活动时，判断其行为的合法性，有重大的法律认识价值。例如，一所学校、医院收费是否合理，并不完全以市场供需状况来认定其合理性，而首先要以其公益性作为判断的标准。

社会团体法人是由法人或者自然人组成，谋求公益事业、行业协调或同道志趣的法人，如协会、学会、研究会、基金会、联谊会、促进会、商会等团体。《社会团体登记管理条例》第二条规定：本条例所称社会团体，是指中国公民自愿组成，为实现会员共同意愿，按照其章程开展活动的非营利性社会组织。依《社会团体登记管理条例》第三条的规定，社会团体区分须登记和免于登记两种。免于登记的团体有三类，即"参加中国人民政治协商会议的人民团体""由国务院机构编制管理机关核定，并经国务院批准免于登记的团体"和"机关、团体、企事业单位内部经本单位批准成立、在本单位内部活动的团体"。因此，我国关于法人分类的基本结构如图 2.2。

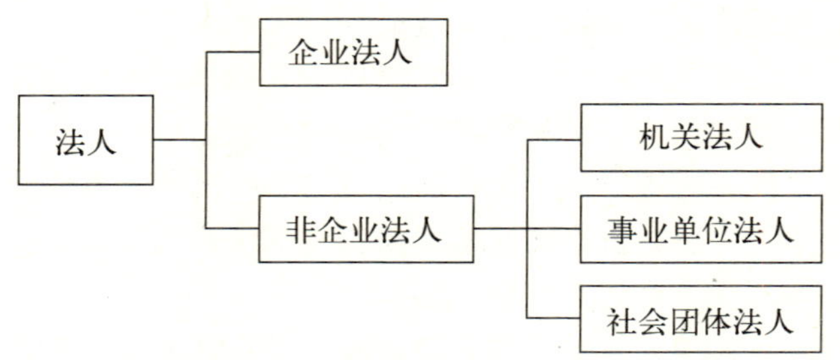

图 2.2　我国《民法通则》规定的法人分类

我国 20 世纪 80 年代，设置法人制度的直接目的在于推动经济体制改革，实现企业的自主经营、自负盈亏，所以把企业法人作为规范的重点。但是我们对于法人的其他形式却很少关注和研究，如《民法通则》中规定的事业单位法人、社会团体法人、国家机关法人各自的特征和承担责任的方式，并没有作出明确的规定，因而给司法实践带来许多不便。[①]《民法通则》的规定，主要是针对企业法人，这在当时对于促进我国社会经济发展，特别是

① 马俊驹．法人制度的基本理论和立法问题之探讨（上）[J]．法学评论，2004（4）：31.

改革企业管理制度，是有现实意义的，但是如果从整个法人制定设计来看，这种设计是有缺陷的。因为企业法人和非企业法人在设立、性质、特征、权利和义务方面有很大的差异，就其存在的目的来说，甚至有本质的区别。一个主要以从事民事活动为目的，另一个却主要不是以民事活动为目的。对这样两类非常不同的法人，我国的立法却很少关注后者，仅仅注意到非企业法人参与民事活动的一面，简单地将两者一并予以规范。但是我们必须注意到，从事民事活动仅仅是非企业法人活动中的一部分，如果对非企业法人的关注仅仅止于此，难免会一叶障目，忽视了非企业法人的其他一些重要的特征。

当然，由于我国目前民法典尚在制定之中，法人制度尚须不断完善，关于法人制度是否只是民法中的一项制度，法人地位是否只是一种民事主体地位，目前存在分歧，尚未达成共识。传统上我国法学界的通说认为："法人的概念只有作为民事法律的概念，才具有理论和实践的价值。"① 但也有人认为，尽管法人制度起始是位于民法之中的，但是法人制度是一种基本的法律制度，在经济法、行政法、甚至刑法中，法人也都是法律关系的主体。但是由于非企业法人不是以民事活动为主，在民事活动中居于次要地位，而《民法通则》对此并没有作出明确的规定，法学界对此研究也比较薄弱。因此，法人制度作为一项基本的法律制度，其相应的概念、特征、内涵等一些具体问题都亟待研究。

二、目前法人分类的缺陷

我国 1986 年制定的《民法通则》，是根据当时社会经济发展的需要，主要意图是改革企业的管理制度，促进社会经济发展，但是毕竟 20 多年过去了，社会生活发生了巨大的变化，特别是社会主义市场经济体制的转轨，具有法人资格的许多社会团体和组织的内涵和形式都发生了变化。根据当前社会发展的现状，我们发现我国法人的四分法存在一定的缺陷。正如马俊驹教授所概括的那样：（1）没有明确公、私法人的分类，减弱了民法的社会功能。法人制度只有通过清晰的公、私法人分类，严格设定民事生活领域的准入规则，才能完成对公法人进入私法领域的限制，实现对私法人实施自主行为的保障。（2）受计划经济的影响，突出不同所有制企业法人的特殊性，已

① 佚名. 外国民法资料选编［C］. 北京：法律出版社，1983：214.

不能适应当前的经济生活。在市场经济条件下，决定法人分类标准的不是所有制的身份，而是法人的组织结构和运行机制。（3）事业单位法人包含的类型过于宽泛，既有国家拨款成立的兼有部分行政管理职能的公法人，又有依国家行政命令组建的公益法人，还有由自然人或法人组建并办理登记成立的私法人。这些法人没有按其特征抽象出同一类别的因素和基础。（4）没有确认财团法人，不能包容我国现有的法人类型，如基金会、寺庙、捐赠财产构成的各类组织等。[①]

的确，随着我国社会主义经济体制的发展和不断完善，有法学专家认为我国法人分类的缺陷会越来越明显，明显滞后于社会经济发展的现实，在一定程度上已经不能真正涵盖和反映社会经济发展的现状，到了不得不改的时候了。比如，企业法人的二次分类是根据企业法人的所有制性质来划分。所有制性质在改革开放前的中国，曾是任何企业组织不可忽视、生死攸关的身份标记。然而，经济改革后，市场经济所要求的地位平等、公平竞争、横向经济联合形成的不同所有制间的融合和交叉，使得企业所有制的色彩日益淡化，而按所有制性质对企业分类的法定分类及相应的立法越来越受到人们的诘难。[②]

但是，如何根据我国社会经济发展的现实对法人进行分类，目前也没有达成共识。马俊驹教授认为，我国未来的民法典首先应将法人划分为公法人和私法人，在严格限制公法人进入私法领域的范围的基础上，将私法人划分为社团法人和财团法人，并将社团法人再划分为营利法人、公益法人和中间法人的立法模式。不过目前民法学说对于是否存在中间法人存在很大分歧。大多数学者不承认中间法人的存在，而只认为法人依其设立目的可以分为营利法人和公益法人。不承认中间法人存在的学者中一种观点是承认社会上存在这样的组织，但是不承认其法人资格；另有观点认为，没有必要单独承认中间法人，只要将“公益”作广义解释即可。也有学者认为，营利和公益并非截然对立的概念，人类的组织体不以此类为目的的组织体也不少见，因此选择“非营利法人”来包含公益法人和中间法人，显得更为周密和严谨。[③]作者赞同此类观点。这种分类标准一方面比较更贴近现实，而且将更有利于

① 马俊驹．法人制度的基本理论和立法问题之探讨（上）［J］．法学评论，2004（4）：11.

② 江平．法人制度论［M］．北京：中国政法大学出版社，1994：79.

③ 金锦萍．非营利法人治理结构研究［M］．北京：北京大学出版社，2005：22－23.

非营利组织的发展。在我国社会转型过程中，政府职能转变与改革的成效很大程度上要与我国非营利组织的培育与发展密切相关，同时如何规范非营利组织的发展也是我国法治建设进程中需要进一步加以完善之处。

三、我国学校法人的分类

根据我国关于法人的分类，学校应当属于事业单位法人。事业单位法人是指从事社会各项事业、拥有独立经费或财产的各种社会组织。其主要特点是从事广泛的以社会利益为目的的活动；拥有独立的经费和财产；依照法律或行政命令成立。根据有关事业单位法人的规定，不仅公办学校应该属于事业单位法人，民办学校也应该属于事业单位法人。因为民办学校同样是为了社会利益，同样是拥有独立的经费和财产，并依照相关的教育法律成立。但是由于我国在计划经济时期，学校作为事业编制的机构，是政府的下属机构，一直由政府举办，因而事业单位被认为是政府举办的单位。

目前，公办学校进行的是事业单位法人登记，而民办学校进行的是“民办非企业单位法人”登记。民办学校和公办学校在法人资格上没有被同等对待，这明显带有计划经济体制遗留下来的对事业单位的理解。不仅不符合《民法通则》中关于法人的分类，[①] 而且也不符合民办学校也是为社会利益服务的本质。所以首先应该将民办学校与公办学校在法人资格上一视同仁，将其同样视为事业单位法人。

如同前面分析的一样，即便将所有不同性质和类型的学校都视为事业单位法人，但是这种分类仍然受到我国法人分类标准的局限，其缺陷在前面已经有所阐述。因此，学校法人分类的局限也就在所难免，并一时难以解决，但是这并不影响其研究的价值和意义。

根据我国目前法律的规定，学校的性质被定位为事业单位，[②] 属于事业

---

① 事业单位法人的特点是就我国当时绝大多数，即占主导地位的全民所有制和集体所有制事业单位而言。然而，除此之外，我国还存在一些由公民或者社会组织自行创办的事业单位，即所谓的民办事业单位，这种事业单位具有不同于一般事业单位的特点，如其财产来源于公民或者社会组织捐助，其设立非以法律或行政命令而由设立人决定等。一般认为，民办事业单位数量不多，地位微弱，因此不太被立法和理论研究所注意。参见：江平．法人制度论［M］．北京：中国政法大学出版社，1994：68.

② 根据1998年10月25日国务院公布的《事业单位登记管理暂行条例》规定，事业单位是指国家为了社会公益目的，由国家机关举办或者其他组织利用国有资产举办的，从事教育、科技、文化、卫生等活动的社会服务组织。

单位法人。但是在我国，由于没有公法和私法之分，也就没有公法人和私法人之指称，所以学校事业单位法人实际上处于模糊的法律定位。这种模糊的法律定位更是由于一些引起广泛关注并热烈讨论的学校诉讼案而成为学界关注和争论的热点。① 争论的焦点是学校的性质和法律地位如何？学校与教师、学生的法律关系如何？等等。当然，由于这些案件的一方当事人是公立高等学校，所以研究者关注的目光也主要集中在公立高等学校。从当前的研究文献来看，法学界的学者大多认同学校是公法人的地位。②

应该说，较早关注学校的公法人地位的是中国政法大学马怀德教授。他认为大陆法系国家公务法人的概念以及建立在公私法二元化基础上的特有司法救济制度为我们解决事业单位的定性及救济问题开辟了新的思维空间。同

① 最近几年比较受人关注的学校作为被告的诉讼案有：田永诉北京科技大学拒绝颁发毕业证书、学位证书案，刘燕文诉北京大学学位评定委员会案等，当然也有一些引起社会广泛关注的案件中，学校属于原告的，如北京联合大学建材轻工学院诉北京市宣武区物价检查所违法行政处罚案等。这几个案件分别参见北京市海淀区人民法院行政判决书（1998）海行初字第142号，载于《最高人民法院公报》1999年第4期，第139－143页；北京海淀区人民法院行政判决书（1999）海行初字第104号；南京市玄武区人民法院行政判决书（1999）玄行初字第007号。林准．行政案例选编［M］．北京：法律出版社，1995：217－218.

② 罗豪才教授主编的《行政法论丛（第3卷）》（北京：法律出版社，2000年版）中在判例研究部分，不仅编辑了广为关注的“田永诉北京科技大学拒绝颁发毕业证、学位证行政诉讼案”案情以及审理该案件的法官文章，而且将学者从不同角度分析该案的文章进行了刊登。其中沈岿在《扩张之中的行政法适用空间及其界限问题——田永诉北京科技大学案引发的初步思考》一文中，认为“田永案”中是将公立高等学校看成“法律法规授权的组织”，这种看法似有自相矛盾之处，故而提出可以将学校理解为“准政府组织”。其认为以“准政府组织”取代“法律法规授权的组织”，目的在于表明：（1）现代社会中的非政府组织，无论是得到法律、法规的直接授权，还是接受政府机关的委托，只要其实际上履行公共行政职能，就可视为准政府组织而加以具体研究；（2）准政府组织代表着一个需要通过细致的个别化研究予以开发的新题域，法律界应该从各种准政府组织产生、发展和运作的实际情况出发，针对其所关涉的重要法律问题予以探讨，而不应该像传统行政法学研究那样只局限于确定组织的行政主体地位这一肤浅层面，更何况该层面的讨论已经陷入困局；（3）准政府组织代表着一种具有混合性质的领域，不能简单地以公私法二元论对其进行描述、诠释和规范，也就意味着探索该领域的路径不能简单地从行政法学或民法学出发，研究方法将具有非常重要的综合意义。有学者认为，社会生活中角色的多重性决定了高等学校在不同方面具有不同的法律身份，因而各自具有相应的权利（权力）和义务，对其不同性质的行为主体所作出的行为亦要承担相应的责任。因此，可以以行政法和民法为研究视角，从三个方面对高等学校的法律地位进行分析，作为行政主体的高等学校、作为行政相对方（或称行政相对人）的高等学校和作为民事主体的高等学校。参见：沈岿．扩张之中的行政法适用空间及其界限问题——田永诉北京科技大学案引发的初步思考［G］//罗豪才．行政法论丛：第3卷．北京：法律出版社，2000：406－421．湛中乐，李凤英．论高等学校法律地位［G］//罗豪才．行政法论丛：第4卷．北京：法律出版社，2001：496－527.

时他认为，将学校等事业单位定位为公务法人，并区分公务法人与其利用者之间的不同种类法律关系，提供全面的司法救济途径，绝不只是称谓的改变，而是在我国现有行政体制及救济制度下，更新行政主体学说，改革现行管理和监督体制，提供全面司法保护的一次有益探索。[①]

从研究的文献来看，对学校法律定位的研究一方面主要是结合当前比较引人关注的学校诉讼案进行，而且更多是基于学校与学生的维度来进行研究，进而将公立高等学校定位在公法人或者认为公立高等学校是法律法规授权的组织，具有行政主体资格。当然，在“达成共识”的基础上，在高等学校的法律地位内涵以及发展路径上又有不同的观点。事实上，不同类型、不同层级的学校其法律地位应该有所不同。下文将结合学校类型和学校层级进行具体分析。

四、国外学校法人的分类

（一）不同法系国家学校的法人分类是不同的

根据基于法系[②]的分类，即大陆法系和英美法系，我们不妨将属于这两种法系国家的代表国家学校法人分类进行简要的评析。对属于这两类法系代表国家学校法人分类进行分析之前，需要对这两类法系的主要特征加以概括，这是理解不同法系代表国家学校法人分类的重要理论基础。

1．大陆法系和英美法系的区别。大陆法系有公法和私法之分。公法是关涉公共利益的法律，而私法是关涉个人选择和个人利益的法律。在英美法系国家则没有这种法律上的划分，其最基本的分类是普通法和衡平法之分。大陆法系又称为成文法系，比较注重制定法；而英美法系又称为普通法系，判例法是英美法系的主要法律渊源，遵循先例是它的最主要特征。所谓判例，主要指判决中的判决理由，而不是它的处置意见。在英美法系中，一般来说，上级法院的判决对下级法院都有约束力。凡与先例相同的案件，应当作出相同的判决。英美法系的许多制度创新和社会变革都是通过司法而非立

① 马怀德．学校、公务法人与行政诉讼［G］//罗豪才．行政法论丛：第3卷．北京：法律出版社，2000：425－428．

② “历史原因”、“亲缘关系”是理解法系概念的关键。参见：刘作翔．法理学［M］．北京：社会科学文献出版社，2005：287－288．

法来完成的。在制度创新方面，比如信托制的产生、侵权行为归责原则的变迁、商法制度的引进等，都是法官通过具体的判例确立的，然后由后来者予以遵循。而在大陆法系国家，新法典的实施，代表一个新的开端，以前同类的法律自然失去效力。所以大陆法系国家比较注重法典的编纂，注重对法律基本问题、基本原则的研究，对法典的总则部分非常重视，规定也非常具体和明确；而英美法系对此不太重视，甚至法典之间缺少一种内在逻辑联系，也不完整。这种差别是一种治理观念和出发点上的差别："一个力图为每一种行为提供模式，另一个则将行为方式的选择权交给当事人自己而只在行为方式的选择发生偏差时予以纠正。"① 在这一法系中，英美两国的法律是核心。②

2. 英美法系国家学校的法人分类。我们不妨看看美国和英国的学校法人分类。我们重点分析美国的学校法人分类。在美国，没有把公法和私法作截然两分的传统，公立学校和私立学校受许多相同规则的约束，但是相对而言私立学校办学更为灵活，更多受到契约的约束。一个著名的案例就是美国的达特茅斯判决案。美国达特茅斯学院判决案是美国历史上第一桩关于高等教育的诉讼案。1817 年新罕布什尔州议会试图把该州历史最悠久的私立达特茅斯学院改建成为州立大学。达特茅斯学院的董事不服，上诉到州法院。州法院认为学院是公共机构，州议会有权修改其特许状，如果校董会不服，州政府将强行接管该学院。董事会不服州判决，将此案上诉到联邦最高法院。达特茅斯学院的辩护人丹尼尔·韦伯斯特在诉讼中论证了州的立法机关无权修改或者废除由英皇乔治三世为该学院颁发的特许状。他坚持认为特许状是一种契约合同，新罕布什尔州立法机关试图修改它是对契约承担的责任的单方面损害，是直接违背联邦宪法的。1819 年联邦最高法院以五票赞同，一票反对作出判决，"它是私人的慈善团体"，虽然与公共福利有关，但政府无权加以控制。③

3. 大陆法系国家学校的法人分类。在法国和德国等大陆法系国家，学校通常分为国立（公立）和私立两种。国立学校属于公营造物或者公共公益机构一种，属于公法调整的范畴。由于公营造物是德国法、日本法构建的概

① 刘作翔. 法理学［M］. 北京：社会科学文献出版社，2005：285.
② 同①：268－269.
③ 张维平，马立武. 美国教育法研究［M］. 北京：中国法制出版社，2004：12－13.

念，其名称直接从日本用语抄袭而来，极易被误认为物理层面上的建筑概念，将其称为“公共设施”“公共设备”又容易使人联想到类似交通标志、政府机构的建筑等公共建筑物上，所以也有人称之为“公务法人”“公共机构”。法国学者将其称为“公立公益机构”。[①]

（二）公务法人的特点分析

我国学者在介绍法国此类性质的组织时，称之为“公务法人”“公共机构”。公务法人是近代行政管理的一种新技术，是行政组织在新的历史条件下的一种扩张形态。之所以说它负担有特定目的，是因为公务法人通常为社会提供特定的服务，而且是通过人与物结合的方式提供服务，其服务的范围也十分广泛，主要包括科研、教育、文化等领域。所以说，公务法人不同于私法人，也不同于其他公法人，如公法社团。其主要特点如下。

1．公务法人是依照公法设立的法人，是公法人的一种。公法人是按照涉及公共利益的法律建立的，能够作为公权力主体行使权力课以义务的组织，它是为了公共利益而存在的主体。大陆法系国家通常将公法人分为公法团体、公共机构、公法财团三大类。公法团体是依据公法而成立的人的团体，其组成的目的，是追求和保障公共利益及成员利益，如各级国家机关、律师公会、县、市政府均属之；公法财团是指依照公法设立的具有财团性质追求公益为目的的法人，如公募基金等。公共机构（公务法人）则是依照公法成立的，由某些物及人组成的，以持续方式达成特定行政目的的组织体，如公立学校、公园、图书馆、博物馆、公立医院等。

2．公务法人是服务性机构。公务法人是国家行政主体为了特定目的而设立的服务性机构，与作为机关法人的行政机关不同，它担负特定的行政职能，服务于特定的行政目的，因而有别于“正式作出决策并发号施令之科层式行政机关”[②]。

3．公务法人享有一定公共权力，具有独立的管理机构及法律人格，能够独立承担法律责任。公务法人与其利用者之间存在丰富而特殊的法律关系，既包括私法关系即普通的民事法律关系，也包括公法关系即行政法律关系，而后者集中体现了公务法人与其他法人的区别。例如，公立学校与学生之间既有民事法律关系，也有公法关系，不同的法律关系则决定不同的法律

①② 马怀德．公务法人问题研究［J］．中国法学，2000（4）：40－47．

救济途径。[①]

比较之后，我们发现，不管是属于大陆法系国家还是属于英美法系国家的学校，其法人分类一方面会受到其法律传统的影响，以此决定是受到公法、私法约束还是由契约法规制。当然，这也是受到其教育发展的历史传统影响，比如在美国，教育一直都被看成是私人的事情，所以其私立教育非常发达，其法人地位当然更多受到基于合同或者说契约的保护，较少受到公权力的约束，拥有更多的自治空间。

第四节　对我国学校法人分类的设想

本节是在对目前我国法人分类存在缺陷进行反思的基础上，根据我国学校法人存在之价值以及学校未来改革和发展的趋势，借鉴了欧洲大陆法系中有关法人的分类理念，引入公法人和私法人的概念，提出了我国学校法人分类的基本构想。

在我国关于学校的性质，立法和实务界比较一致，将学校定位为事业单位法人，其主要依据是《民法通则》。通过上述对大陆法系公法与私法分类的分析，我们发现，我国的事业单位法人与大陆法系的公法人具有很多相似之处。如都是依法设立的公益组织，具有特定的行政上的目的，提供专门服务。但由于我国学校等事业单位实际上处于模糊的法律定位。因此，在实践和理论中我们会遇到这样的尴尬处境：一方面，在组织形态上，很多法律法规授权事业单位从事公共服务，行使公权力，有些事业单位实际上成为一类特殊的行政主体；另一方面，人们坚持事业单位和企业以及国家行政机关的区别，并习惯于将事业单位（除非获得法律法规授权）排除在行政主体之外。在司法救济问题上，面对事业单位与其利用者、所有者之间关系的特殊性，人们无法将所有事业单位与利用者之间的所有关系看成是平等主体之间的民事关系而纳入普通的民事诉讼；同时，事业单位与其成员之间的诉讼又被排除在行政诉讼之外。为解决这一矛盾，在行政诉讼实践中采用的是“法律法规授权组织”这一概念，尽管这一概念对于当前的学校诉讼来说是一个非常重要的司法实践创新，但是严格地说，这仍然仅仅是一个权宜之计。因

① 马怀德．公务法人问题研究［J］．中国法学，2000（4）：40－47．

为对于法律法规授权的组织相关基本理论问题尚需要加以研究。①

相比之下，我们不妨借鉴以公、私法人二元论为基础的法人分类体系对学校法人进行分类。将公立学校视为公法人，将私立学校（民办学校）② 视为私法人，由私法来加以调整和规范。当然，哪些类型的学校属于公立学校，哪些类型的学校属于私立学校或者说民办学校，值得我们进一步探讨。

计划经济时期，我国学校可以说是千校一面，都是由政府举办的学校，都是公立学校或者说是公办学校，没有所谓的民办学校或者说是私立学校。改革开放以后，特别是经济体制转轨以后，在国家鼓励社会力量办学的基础上，一些社会企业和组织以及个人开始兴办学校。随后，民办学校在中华大地迅速发展起来。从我国学校目前的发展状况来看，可以把学校分为公办学校、民办学校和混合制学校。所谓公办学校是指完全由国家出资举办的学校，学校的产权和经营权都属于国家，其资源配置主要是政府机制，但是在目前的实践中，有越来越多的公办中小学不再单纯依赖政府的资助，其资源配置的方式开始多元化。民办学校又可以分为两类，即举办者要求取得合理回报的民办学校和举办者不要求取得合理回报的民办学校。按照现行的法律规定，不要求取得合理回报的民办学校是指由企业、社会组织和个人捐资举办或者由社会公益组织出资举办的学校，出资者不享有学校财产的收益权，学校经营所获得的结余只能用于学校的发展，不能用于办学者的分配；而举办者要求取得合理回报的学校是指由企业、社会组织或者公民个人投资兴办

① 马怀德. 学校、公务法人与行政诉讼［G］//罗豪才. 行政法论丛：第3卷. 北京：法律出版社，2000：425－428.

② 国内对私立、民办学校是混用的，二者作为同义语作用。当前对其界定的标准不一样，概括起来，主要有三种观点。a. 以办学主体是不是政府为标准，将由各级政府举办的学校称为公立学校；将政府以外的其他一切社会力量所举办的学校称为私立学校或民办学校，包括具有法人资格的国家企事业组织、民主党派、人民团体、集体经济组织、学术团体以及公民个人举办的学校。b. 以所有制成分为划分标准，除全民和集体所有制即公有制学校外，其他非公有制学校举办的学校却称为民办学校，包括个体经济、私营经济、外资经济、民主党派、社会学术团体、公民个人等开办的学校。c. 以学校的资金主要来源为标准，凡属用国有资金办学的，包括来源于国家财政和全民所有制企事业学校的，都属于公立学校；否则为民办学校。上述三种定义，在逻辑上是矛盾的。按照第一种定义，全民所有制企事业组织和集体经济组织是非政府组织，它们举办的学校即归为民办学校。按照第二种定义，很明显这类学校又是公办学校。按照第三种定义，全民所有制企事业单位举办的学校为公办学校，而集体经济组织举办的学校为民办学校。显然，当前，给私立、民办学校理顺逻辑上的关系，分清其内涵和外延尤为急需。参见：冯建军. 私立、民办学校的概念、类型与特色［EB/OL］. http：//www. edu. cn/20010907/3000541. shtml.

的学校，投资者享有学校办学的收益权，可以在每个会计年度结束时，从民办学校的办学结余中按一定比例取得回报。不属于上述两种情况的学校属于混合制学校，其主要特点是由国家和民间力量合作办学，投资主体和经营主体不再是单一的，政府、社会和个人都可以在混合制学校资源配置中发挥作用，学校不同程度上存在营利行为。当前这种类型的学校主要包括中外合作办学等形式。

根据我国现有的法人制度，公办学校属于事业单位法人，民办学校由于不属于事业单位，只能注册为民办非企业单位法人。“这种关于学校法人制度的设计把各种类型的学校全部归属为非营利法人，政府举办的学校和民间力量举办的学校性质没有从法人制度的意义上作出明确的区分和规范。对混合制学校也缺乏相应的规范。”① 为了更好体现不同类型学校的性质以及学校的法律地位，规范学校与政府的关系，更好理顺学校、政府与社会的关系，需要对目前多样化学校类型进行法律上的定位，重新设计我国的学校法人制度。其中，我们在借鉴欧洲大陆法系中有关法人分类体系的基础上，在理论上我们需要先借鉴公法人和私法人的概念，明确公立学校和私立学校属于不同的法人类型。② 此外，需要完善关于学校法人的教育法律法规，区分公立高校和公立中小学校法人的不同权利和义务。根据当前的学校类型以及不同学校的办学目的和举办主体，我们以图 2.3 为例，具体阐释本书关于学校法人制度设计的构想。

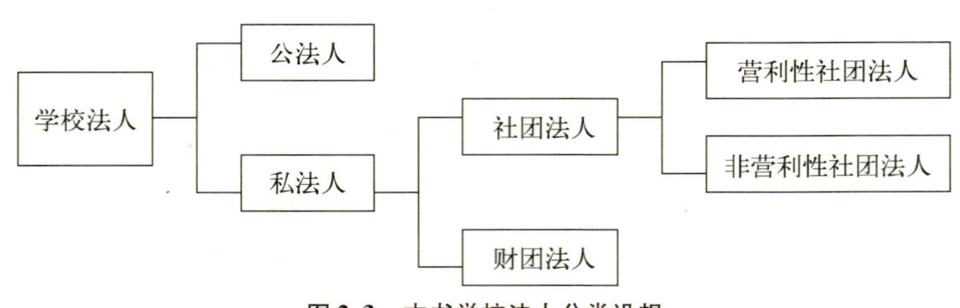

图 2.3　本书学校法人分类设想

① 中国教育与人力资源问题报告课题组. 从人口大国迈向人力资源强国［M］. 北京：高等教育出版社，2003：355.

② 公法和私法的划分一直是欧洲大陆法系的传统。公法奉行“国家或政府干预”的理念，私法遵循“私法自治原则”。在社会转型时期，随着我国法律法规体系的不断完善以及教育改革的深入，学校法人制度设计中引入公法人和私法人的概念显得越来越重要。

从公法和私法的法律适用范畴来看，公立学校属于公法人，私立学校可以纳入私法范畴。但是，由于当前私立学校界定比较模糊，所以私立学校应该作出具体的分析。一方面，私立学校应该根据其投资办学的主要目的进行划分，可以分为营利性私立学校和非营利性私立学校。营利性私立学校应该纳入营利性社团法人范畴，对其加以管理；而非营利性私立学校应该纳入公益法人管理；其中还有一部分学校是由于基金会或者其他社会组织或者公民个人捐资举办的学校，其捐资举办的学校应该归属财团法人，依据财团法人对其进行制度设计来加以管理。这种依据不同的法人制度进行分类管理的直接益处有两点。(1) 明确不同类型学校的法律主体地位，引导和规范其依照不同的法律要求办学。一方面，具有公法人地位的公立学校和私法人地位的私立学校与政府的关系将重新界定和规范；另一方面，不同法人地位的学校其规范的依据将有所不同，比如营利性法人的学校，其取得合理收益是其投资办学的合理要求，应该受到法律的保护。而尽管在当前由于教育经费紧张，一些公立学校变相收费以缓解学校办学经费的紧张局面，似乎表面上有其收费的理由，但是公立学校的公法人地位，要求公立学校必须首先是履行其法定义务，满足并保护受教育者的受教育权利。当然，公立中小学和公立高等学校会有一些差异。我们将在下文具体分析。(2) 财团法人的确认，是尊重个人权利和人本意识的体现。财团法人具有三个特点：其一，财团法人成立以后，设立人与其财团完全分离，有利于财团的自主发展；其二，财团法人的组织机构设置灵活，有利于治理结构的完善；其三，财团法人具有成熟的内外部监督机制，有利于督促其工作人员恪尽职守。可见，财团法人具有较强的适应性和针对性，它的引入将为我国解决和确立学校团体的法律地位提供一种新的思路。①

值得关注的是，本书研究的法人分类设想在教育教学实践中已经引起了政府的关注和重视。《教育规划纲要》第四十四条指出："教育行政部门要切实加强民办教育的统筹、规划和管理工作。积极探索营利性和非营利性民办学校分类管理。规范民办学校法人登记。完善民办学校法人治理结构。"这是政府首次在政策法规中提出要探索民办学校的法人分类管理。尽管上述规定是针对民办学校治理而言，但是，这种探索必将对我国学校实行法人治理和分类管理产生重要的影响。

---

① 马俊驹．法人制度的基本理论和立法问题之探讨（上）[J]．法学评论，2004 (4)：3－12.

第三章 基于学校类型的法人性质分析

不同类型的学校，其法人性质是不同的。本章共有四小节，主要研究了不同类型学校的法人性质及其区别。第一节研究学校类型分类的依据和公立学校、私立学校两种学校类型；第二节主要探讨了公立学校和私立学校的法人性质区别；第三节对国内学校与国外学校的法人性质进行了比较；第四节则是比较学校法人和非学校法人性质的异同。

第一节 学校类型的分类

在我国，学校类型非常重要。一所学校是公立学校还是私立学校，将直接影响到学校的资金来源、招生以及学生的升学、就业等许多关键环节。这种影响是我国长期实行计划经济，教育由国家统一管理的直接产物，学校的类型比较单一，属于公办学校或者说公立学校。[①] 随着我国经济体制转型以及人民群众对多元化教育需求的期盼，我国学校类型发生了变化，出现了国家机构以外的社会组织或个人举办的学校[②]，形成了公立学校（公办学校）和私立学校（民办学校）共同发展的格局。本节主要对公立学校和私立学校的法人性质进行分析和探讨。

---

① 公立学校和公办学校在内涵上并无多大的差异，所以在论及我国的学校类型时，公立学校与公办学校没有进行详细的区分。但是，根据我国出台的《中华人民共和国民办教育促进法》，与“民办”相对应的应该是“官办”或者“国办”，所以由政府统一投资和管理的学校，似乎称为公办学校更妥当。当然，公立学校和公办学校在其他一些国家内涵是有明确区分的。例如日本学校主要有三类：国家管理的国立学校、都道府县市町村政府管理的公立学校、学校法人管理的私立学校。

② 依据《中华人民共和国民办教育促进法》第二条：国家机构以外的社会组织或者个人，利用非国家财政性经费，面向社会举办学校及其他教育机构的活动，适用本法。本法未作规定的，依照教育法和其他有关教育法律执行。

一、分类依据

目前我国学校有哪些类型？到目前为止，学界尚没有达成共识，主要观点有三类：一类是认为我国当前学校类型主要有三类，即公办学校、民办学校和混合制学校；[①] 一类认为应将现有学校划分为三种类型，即公立学校、民办学校和私立学校；[②] 还有学者认为，我国的学校类型可归为四类，国立学校、公立学校、民办学校和私立学校。[③]

第一种分类主要是依据教育资源的配置机制进行划分，即在社会转型期，由于政府职能的转变和市场机制的介入，学校的资源配置方式发生了变化，完全由国家出资举办的学校，学校的产权和经营权都属于国家，其资源配置方式主要是政府机制，这类学校是公立学校。民办学校又分为两类：举办者要求取得合理回报的民办学校和不要求取得合理回报的学校，其中不要求取得合理回报的民办学校是指由企业、社会组织及公民个人捐资举办或由社会公益组织出资举办的学校，出资者不享有学校财产的收益权，学校经营所获得的结余只能用于学校的发展，不能用于办学者的分配；而举办者要求取得合理回报的民办学校是指由企业、社会组织或公民个人投资举办的学校，投资者享有学校资产的收益权，可以在每个会计年度结束时，从民办学校的办学结余中按一定比例取得回报。不属于上述两种情况的学校，可以都归结为混合制学校，其主要特点是由国家和民间力量合作办学，政府机制、市场机制和公民社会选择机制在学校资源配置中都可以发挥作用，学校不同程度上存在营利行为。

第二种分类的依据是综合考察办学主体和资金来源情况，认为应将现有学校划分为三种类型：公立学校、民办学校和私立学校。作者认为，凡由国家机关直接举办的学校（由国家财政直接拨款的学校）是公立学校；凡学校资金来源于非公有制资金举办的学校为私立学校；凡以全民或集体所有制性质的资金举办的学校为民办学校。

第三种分类是根据所有权和管理权相分离的原则，基于此而认定我国学

---

① 刘复兴．转型期我国中小学类型的多样化及其制度安排［J］．教育研究，2005（4）：17－21．

② 徐广宇．关于私立学校若干理论问题的探讨［J］．中国教育学刊，1994（3）：50－54．

③ 冯建军．私立、民办学校的概念、类型与特色［EB/OL］．http：//www.edu.cn/20010907/3000541.shtml．

校类型有四类：国立学校、公立学校、民办学校和私立学校。作者认为，区分公立学校和私立学校的关键，是看其设立者究竟是公共机构还是非公共机构。在我国，除了国家机关外，党团、社会组织、村民委员会或居民委员会以及油田、矿山等下属国营企业等社会组织均属于公共机构，它们所设立的学校，均属于公立学校。但从中又可以区分出国立学校、公立学校和民办学校三种。国立学校是由政府设立政府管理的学校，如北京大学，其全称应该是国立北京大学。从广义上说，国立学校也属于公立学校。是公立学校中的特殊类型。但公立学校不完全等同于国立学校。公立学校是全民或集体企事业组织经营的，是公立公办，而不是国办。民办学校隶属于公立学校系统，其产权为国家所有，社会团体或公民个人经营，例如城乡基层组织（村民委员会、街道居委会），国有民营企业举办的学校，均属于“公立的民办学校”，既不同于“公立的公办学校”，也不同于独立于公立学校系统之外的私立学校。目前我国把“民办学校”等同于“私立学校”，是不妥当的。私立学校在当前主要指由私营企业、社会团体和公民个人设立并管理的学校，它通常以非国家财政和非公有制资金维持。

从上面有关学校类型分类的依据来看，第一种分类比较结合中国现有的教育法律法规，比如其对两种性质的民办学校分类就是依据《中华人民共和国民办教育促进法》而划分。因此，这种分类比较具有代表性。但是如果对混合制学校加以分析的话，我们会发现，许多混合制学校（中外合作办学除外，须另外探讨），如果从学校法人性质来分析，其可以归到公立学校范畴，下文将会对此加以分析。第二种分类实际上是将第一种分类中的混合制学校加以细分，而后再次归类，将私立学校与民办学校区分。这对区分民办学校和私立学校概念会有所帮助。第三种分类，其逻辑比较严密，将国立学校和公立学校、民办学校和私立学校进行了分析。但在我们国家所谓的国立和公立并没有明确的划分，因为我们国家是单一政体的国家，各级政府所举办并加以管理的学校都是国立学校，不可能具体细分到国家投资举办的学校是国立学校，其他各级政府举办的学校就是公立学校，尽管这有利于和国际接轨。民办学校和私立学校的划分，确实很有必要，尤其是对二者概念上的区分应该是研究私立学校的理论基础。从我国现有的教育法律法规来看，对学校类型的分类主要是公办学校与民办学校。事实上，公办学校概念内涵很不清楚，而且与民办学校也非同一分类标准意义上的两分法。因此，本文主要研究两种学校类型：公立学校和私立学校。所谓公立学校包括我们通常意义上的公办学校，包括国家机构直接投资兴办的学校，也包括国家机构与其他社会团体和公民合作举办的学校以及国有企事业单位投资兴办的学校。私立学校是指非国家机构之外的企业、社会团体以及公民个人投资兴办、自主管理的学校。

二、公立学校

（一）公立学校内涵的变化

什么是公立学校？对这个问题的回答是我们理解公立学校法人性质的基础。从学校发展的历史来看，举办学校并不必然是国家的任务或者说是政府机构的使命，而是将其看成是私事。因此，最先出现的学校并不是国家举办的学校，而是私人、教会组织或者私人企业举办的学校，这类学校一般被认为是私立学校，因此较少受到政府的控制和管理。随着国家的日益发达以及国家对教育的干涉，学校逐渐发展成为国家干预教育、管理人民的重要工具，成为衡量政府业绩的重要指标之一，公立学校得到迅速发展。因此，从学校发展的历史来看，公立学校最初应该是指政府举办并管理的学校。这是最为传统的含义，正如美国学者指出："传统上，我们主要是根据所有权来区分：由政府开办与管理的学校为公立学校，由教会组织或私营企业来开办和管理的学校为私立学校"①。当然，在我国所谓的公立学校主要就是指国家投资兴办并由其管理和控制的学校。因此，学校在法律上的定位是事业单位法人，属于国家政府机关的下属机构，应该接受政府的管理和控制，根据政府的计划行事。这为学界和公众所普遍认同，并得到法律的认可。但是如果真正依据法律来界定公立学校，似乎又很困难。难处之一是并没有相关的教育法律条款规定何类学校为公立学校；之二是目前我国正处在一个教育改革飞速发展时期，社会组织、个人及其他团体机构都可以投资办学，而且现实中又出现许多和政府机构合作办学的学校，这些学校如何界定？是公立学校还是民办学校或者说私立学校，目前尚处在一个争论的阶段。争论的主要依据就是这些学校的产权不清楚或者说难以界定，而根据我们对公立学校的传统定义，这些学校到底是公立学校还是私立学校？或许还需要对不同类型的

---

① 季苹．公立学校等于公共教育吗？——公立学校再定义中的一个基本问题［J］．教育理论与实践，2002（9）：26－29.

学校进行具体的分析。

（二）转制学校的性质争论

公立学校转制问题在一定程度上反映出国人对待公立学校的态度以及对公立学校本质的认识。公立学校转制是我国进行学校办学体制改革所做的一种尝试和探索。改制的最初目的是扩大国家的优质教育资源，通过转换公立学校的运营机制，提升学校教育资源的使用效率。但事实上，这些探索在推进基础教育办学体制改革不断深化的同时，也几乎从一开始就引发争议。[①]争议最主要的问题就是转制后的学校到底是公立学校还是私立学校或者说民办学校。[②]

1993 年，中共中央、国务院颁布的《中国教育改革和发展纲要》提出："要改变政府包揽办学的格局，逐步建立以政府办学为主体、社会各界共同办学的体制。"在随后颁布的《国务院关于中国教育改革和发展纲要的实施意见》提出："基础教育主要由政府办学，同时鼓励企事业单位和其他社会力量按国家的法律和政策多渠道、多形式办学。有条件的地方，也可以实行'民办公助'、'公办民助'等形式。"此后，各地特别是一些大中城市根据《中国教育改革和发展纲要》及其实施意见的精神，采取了"公办民助"、"国有民办"、"名校办名校"等多种形式对公办中小学办学体制改革进行了积极的探索。此外，1996 年《全国教育事业"九五"计划和 2010 年发展规划》提出："现有公办学校在条件具备时，也可以酌情转为'公办民助'学校或'民办公助'学校。"《2003—2007 年教育振兴行动计划》提出"探索建立现代学校制度"，逐步形成学校"自主管理、自主发展、自我约束、社会监督"的机制。这从政策法规上为公立学校转制提供了依据。

目前，社会上一般把以"公办民助"、"国有民办"等方式进行办学体

---

① 王凤秋. 关于我国公立学校转制问题的思考［J］. 中小学管理，2005（10）：17－19.

② 亦可将其称为混合制学校。归之为混合制学校看起来似乎是一种符合中国人解决问题的思维习惯。因为既然无法归之为公立学校，划入民办学校似乎也不符合有关民办教育的法律要求。所以混合制称谓也在一定程度上表明了此类学校与公立学校和私立学校之间的关系。但是在我国教育法律法规体系还比较宏观、缺乏操作性和系统性教育法律的前提下，此类学校如何对其进行法律定位，并如何依据相关的法律法规对其进行管理？目前似乎还无法给出一个合理的答案或者一个看似合理的解释。解决的路径或者就是将其从法律上对其界定甚或将其合法化，或者提出新的改革方案，将此类学校重新进行归类改革。尽管前者看起来路漫漫，但后者似乎和当前的教育改革实践亦有距离。

制改革试点的公立中小学校称为“转制学校”或“改制学校”。从实践来看，公立学校转制主要指将公立学校交给企事业组织、社会团体或符合条件的公民个人，利用民办教育的部分政策，改办或另办一所不改变“国有”性质，却在一定程度上具有民办学校经营和管理机制的新型学校。[①] 转制学校，虽然名称各异，但大多具有“学校国有、校长（或社团）承办，经费自筹，办学自主”的特征。转制学校一度因其“可以为政府节省大量教育经费”而成为中央政策鼓励的办学体制改革方向之一。[②]

随着科学发展观和构建社会主义和谐社会理论的提出，随着义务教育经费保障机制的逐步建立，公办中小学办学体制改革的外部环境和形势发生了重大变化。同时，近年来，一些地方在公办中小学办学体制改革试验过程中，也出现了一些问题，比如，由于转制学校的高额收费，导致转制学校成为享受政府政策优惠的高收费民办学校、以致学校两极分化更为严重，进而带来教育上的权钱交易，引发教育腐败现象等，这些问题甚至有愈演愈烈之势，以至于引起部分人大代表呼吁要纠正公立学校转制做法，卖了的一定要追回，改成“国有民办”或者“民办公助”的也应当改回来。[③] 这些做法偏离了教育宗旨和办学体制改革的方向，引起了社会的广泛关注和人民群众的不满，必须坚决予以纠正。

从上述争论及人大代表要求取消这种转制做法的呼吁来看，问题就集中在对公立学校转制后学校性质的定位问题。转制后的学校到底是公立学校还是私立学校（民办学校）？如果是公办学校为何收取高额赞助费？如果是私立学校为何能够享受政府的特殊政策优惠？对这些问题进行回答，关键是对公立学校的性质理解。从公立学校的传统定义来看，公立学校应该是政府投资举办并加以管理的学校。而公立学校转制以后基本上都是按照私立学校运行机制进行运作并自主管理的学校，享有民办学校的经营和管理机制以及办学自主权。现实中这些转制后的学校变成了既可以通过考试选拔学生，又可以收取高额赞助费，学校资源两极分化极为严重，甚至导致国有资产大量流失。那么，人们不禁要问：既然是政府投资举办的学校，靠国家资金支持的学校为什么变成了部分有钱人的特权呢？这是人们对公立学校转制之后是否

① 王凤秋．关于我国公立学校转制问题的思考［J］．中小学管理，2005（10）：17－19．

② 文东茅．转制学校的合法性危机与重建［J］．教育发展研究，2008（7）：31－34．

③ 鲍东明．政协委员要求对公立学校转制亮“红灯”［N］．中国教育报，2002－03－07（1）．

仍然是公立学校最为直接的质疑。当然，根据公立学校的定义以及实际上转制后公立学校的资金来源以及转制学校与政府的关系来看，转制学校仍然应该说属于公立学校。

教育部等七部委在《关于2006年治理教育乱收费工作的实施意见》中明确指出，要“坚决制止以改制为名乱收费，进一步规范公办学校办学行为”，“加强对办学体制改革的领导，全面停止审批新的改制学校和新的改制学校收费标准。进一步规范义务教育办学行为，对以改制为名乱收费的学校进行全面清理。公办学校凡改制为民办学校的，必须符合‘四独立’原则，否则停止招生。严禁搞‘校中校’、‘一校两制’和以改制为名乱收费”。2006年6月29日修订后的新《中华人民共和国义务教育法》第二十二条明确规定：“县级以上人民政府及其教育行政部门应当促进学校均衡发展，缩小学校之间办学条件的差距，不得将学校分为重点学校和非重点学校。学校不得分设重点班和非重点班。县级以上人民政府及其教育行政部门不得以任何名义改变或者变相改革公办学校的性质。”至此，公立学校转制后的性质以及出路问题有了明确的法律规定和改革方向。

公立学校转制为此而受到了严格的规范和清理整顿。目前全国各地都已经停止审批新的转制学校，对于现有的转制学校，通常也是以“不进则退”为原则，即这些学校或者转为纯民办学校，或者退回为公办学校。转制学校，作为中国教育发展历程中的一个重要的、自发的改革现象，有其本身的价值，并对中国当前教育改革具有有益的贡献。①

（三）转制学校与特许学校的比较

从公立学校转制的发展过程来看，应该说我们国家的公立转制学校有点类似美国的特许学校。特许学校（charter school）是20世纪90年代以来在美国兴起的一种公办民营的学校类型。实质上，特许学校是指通过签约的形式，由政府委请民间代办的公立学校，由美国或州政府与一些团体、企业及教育工作者、家长、社区领导在内的个人签订合同、互相承诺的一种办学形式。因此，特许学校本身是一个具有自主权的法律实体。这些学校奉行公共教育的基本原则，如不收学费、不能挑选学生，不具有宗教性质，但不受地方学区及传统公立学校所要接受的规章制度的约束。具体说来，特许学校具

① 周国华，毛祖桓．我国中小学转制学校研究述评［J］．上海教育科研，2007（9）：25－28.

有如下一些重要特征。(1) 下放办学权。州授权一个以上的组织机构来着手办理本学区的特许公立学校，并撤销历史上州授予公立学区的教育专有权，当然其他公立学校仍然由学区负责管理。(2) 特许学校是公立学校。特许学校不属于任何宗教派别，也不收费。它们向各类学生开放，不得有任何形式的入学考试。(3) 特许学校要负责提高学生的学业成绩。每所特许学校要与主办组织机构协商并签订一份为期 3—5 年的合同或特许状。该合同或特许状具体规定了学生在各方面学习的程度及其测评的手段和工具，并负责提高学生的学业成绩。(4) 特许学校具有自治权。州特许这些学校除了要遵守有关健康、安全以及学校组织者与财政担保人之间签订的合约上的有关规定以外，可以免受州所有管理公立学校的规章制度之约束。(5) 特许学校是一种选择性学校。它任由教育工作者和学生家庭自由选择。(6) 特许学校是一个独立的实体。创办人可以根据州法律选择任何组织来签订合同。学校是法人实体，有自己经选举产生的董事会。(7) 特许学校像其他公立学校一样接受同样的生均经费。(8) 特许学校的教师会得到保护并给予新的计划。[①]

由此，我们可以发现美国的特许学校和我国的转制学校具有某些方面的相似性。但是，我们也同样可以发现，特许学校和转制学校的不同之处：一是，特许学校是依据特许学校法并和州政府签订契约而成立。其设立程序和转制学校的组建不同。应该说公立学校转制尽管有一些相关的教育文件为依据，但是转制之后的学校和政府之间是什么样的关系不明确，转制学校的法律定位不明确，没有具体的法律依据对其加以规范和管理；二是，尽管特许学校和转制学校都是公立学校，但是我国转制学校的公立学校性质并没有得到公众的认可。相反却被认为是国有资产的流失，引发教育腐败。将我国的转制学校与美国的特许学校加以比较后，我们认为不应该匆忙取消公立学校转制的做法，当然已经明显违法的除外。而应该是对转制学校进行定性并从法律上加以规范，更好发挥优质教育资源的辐射作用。事实上，在政策的规范和法律的规定下，各地纷纷采取强硬政策整顿高收费的改制学校，并根据相关法律法规的规定，对公立转制学校进行了整顿和调整。如以上海市为例，2006 年年初，上海市 20 所公办“改制学校”，10 所恢复为公办学校，2 所撤销建制并入公办学校，4 所改为民办，4 所结束办学。[②] 尽管公立学校转

① 张维平，马立武. 美国教育法研究［M］. 北京：中国法制出版社，2004：264－266.

② 文东茅. 转制学校的合法性危机与重建［J］. 教育发展研究，2008（7）：31.

制得到了清理和整顿，但是作为一个中国教育改革过程中的产物，是具有它的历史价值的。①

（四）现阶段公立学校的界定

尽管如此，我们仍然不得不思考这样一个问题：为什么改革目的相似，办学形式也比较接近，改革的效果却大为不同呢？这固然有我国目前现阶段教育现状的问题，有我国教育经费不足的原因，有公众对公立学校的理解差异，但是一个重要原因，是人们对公立学校的认识以及公立学校的界定标准问题。

公立学校依据传统被认为是由国家投资兴办并由国家管理的学校。随着社会发展以及人民群众对教育的多元化需求，公立学校的内涵以及界定公立学校的标准也发生了变化。在新中国成立初期，根据当时的国情以及工农群众对接受教育的渴望，当时国家的教育方针就是学校要为工农服务。1958年，党中央又进一步规定了教育为无产阶级政治服务、教育与生产劳动相结合的方针。教育为无产阶级服务，就是要使受教育的人具有社会主义觉悟，愿意为社会主义服务。② 教育如何为工农群众服务？教育如何为无产阶级服务？为此国家将私立学校全部改造为公立学校，学校教育由国家统一举办，由国家统一负责，最终形成了教育上的千校一面的学校发展状况。这种教育管理体制，尽管在今天看来有它的局限性，比如，在一定程度上导致教育管理体制僵化、学校缺乏活力、学生培养目标比较单一等，但是这种集权式管理体制也为将我国学校教育改造成科学的、民族的、大众的新中国学校教育奠定了坚实的物质基础，为提升整体国民素质，尤其是提高人民群众的文化水平作出了独特的贡献。改革开放以后，教育也迎来了一个改革的春天。教育体制上的改革就是鼓励社会力量办学，社会团体和个人可以投资办学或捐资助学。但是这一时期社会力量办学的力量是很小的。

直到1992年中共十四大召开，确立我国实行社会主义市场经济体制以后，经济体制的转轨在教育上的冲击，最为直观的方面就是各种私立学校如雨后春笋般迅速崛起。这时候人们之所以将这些社会团体或者个人举办的学

① 周国华，毛祖桓．我国中小学转制学校研究述评［J］．上海教育科研，2007（9）：25－28．

② 周恩来．全面发展，做有社会主义觉悟的有文化的劳动者［G］//何东昌．中华人民共和国重要教育文献（1949—1975）［M］．海口：海南出版社，2003：1197．

校称为私立学校，主要依据就是这些学校与公立学校是对应物。正是由于其是对应物，私立学校是非国家机构出资，非国家机构进行管理，属于社会团体、企业以及个人所有，学校可以收取一定数额的建校费或者教育储蓄费、赞助费等其他费用，所以能够上得起私立学校的基本上是改革开放以后先富裕起来的人们的孩子。这些学校又被社会戏称为“贵族学校”。从“贵族”称谓可以看出公立学校与私立学校的一些重要差别。

为了缓解日益加大的学校差距，国家推行的其中一项重要举措就是改革办学体制，鼓励多元化办学。“公办民助”学校、“民办公助”学校等转制学校就是在这种教育改革背景下应运而生。因此，公立学校转制有其时代背景和历史必然性要求。从这些学校发展的过程来看，它们仍然应该属于公立学校。这说明公立学校的内涵发生了变化。传统认为公立学校是由国家投资并管理的学校，这是从所有权的角度对学校进行的划分。事实上，现在这种划分的局限性已经受到现实的挑战。从我国的“公办民助”学校、“民办公助”学校以及美国的特许学校来看，公立学校首先应该是为了公共利益而设立，并接受国家的监督，是一种公共教育机构。现在，“更强调根据目的和最终责任来定义：在这种定义方法之下，任何学校只要它服务于公共利益并对公共机构承担最终的责任，便可以贴上‘公立’的标签”。“这样重新定义公立学校的最重要的结果是许多目前我们认为是私立学校的学校被称之为公立学校，而且许多并不牺牲它们的独立与自治。”① 因此，“判断一所学校是否是公立学校的新的标准是：（1）是否以满足消费者对教育的需求为目的并能否满足要求；（2）能否对公共机构即政府提出的要求负责，如特许学校是否能完成与政府签订的责任书中的任务。责任书中包括学生学业成绩的要求和其他种族融合、犯罪率、暴力事件等各方面的责任”②。

重新界定公立学校在我们国家当前也很有必要。一方面，教育实践中出现了与以往不同的学校类型，如何界定这些新型学校，将直接影响到其与政府、家长以及学生之间的关系；另一方面，重新界定公立学校将有助于人们认识到国家对教育的投资以及国家为了满足人们对教育多元需求所作出的种种努力，有利于得到人们的理解和支持。我国十六大提出教育为人民服务，为社会主义现代化建设服务。教育为人民服务的基本价值取向应该是为每一

---

① 季苹. 美国公立学校的发展研究［M］. 北京：高等教育出版社，2002：236.

② 同①：237.

个人服务，满足所有人的各种不同需要，从而让每个人都能得到他能够得到的，而且是其应该得到的益处。因此，教育为人民服务就是为每一位社会公民服务，办好让人民满意的教育，让人民从中受益的教育。在增加教育经费，提高教育资源使用效率的同时，合理配置教育资源应该作为践行教育为人民服务的战略重点。《国家中长期教育改革和发展规划纲要（2010—2020年）》第一章指导思想和工作方针第二条指出："把促进公平作为国家基本教育政策。教育公平是社会公平的重要基础。教育公平的关键是机会公平，基本要求是保障公民依法享有受教育的权利，重点是促进义务教育均衡发展和扶持困难群体，根本措施是合理配置教育资源，向农村地区、边远贫困地区和民族地区倾斜，加快缩小教育差距。教育公平的主要责任在政府，全社会要共同促进教育公平。"从中我们可以发现，基础教育是教育公平政策的重点保障对象，促进基础教育均衡发展将是未来10年我国基础教育发展的必然趋势。由此可知，基础教育均衡发展的价值导向将对我国公立学校的发展产生深远的影响。人们对公立学校的认识和界定也将随着国家教育政策法规的规范和引导，以及国家对公立学校的管理举措的变化而变化。

三、私立学校

（一）国外对私立学校的界定

关于私立学校的概念，中外有一定的区别。在美国，联邦教育部对私立学校主要从管理和资金两方面加以限定，它提出了三条标准：（1）由州或州的下属机构或联邦政府以外个人或机构所管理；（2）通常没有公共资金的援助；（3）私立学校不由公众选举或任命的官员进行管理。私立学校在英国被称为独立学校（independent schools）。独立学校是指那些不属于地方教育当局维持或不由国务大臣给学校负责人拨款，对五名或五名以上在义务教育年龄之内的学生施以全日制教育的任何学校。独立学校系统中实施初等教育的被称为预备学校，实施中等教育的被称为公学。在日本，根据《学校教育法》的规定，私立学校是指"由学校法人设置的学校"。而学校法人，则是以设置私立学校为目的，按照私立学校法所设立的法人，并规定学校的设置者须管理新设学校，负责其学校的经费。因此，私立学校的管理权属于学校法人，经费由捐款与学生的学费负担。在澳大利亚，私立学校往往被称为非国立（non-government）学校，通常是指不由各级政府所设立，而由私人或宗教团体创办的。由此可见，由于各国的教育体制不同、私立学校的界定有所差异。但是，它们仍具有某些共同点，这正如《国际教育百科全书》中所述的观点：也许最好将由私人创立、管理并获得至少部分私人经费的学校界定为私立学校。从这个定义来看，是否接受公共经费，已经不是划分公、私立的标准了，因为几乎所有国家的私立学校均接受来自政府的直接或间接的资助。从现实的情况来看，各国的私立学校主要是就创办者和管理两方面而言的，即不是由国家政府所创办，其管理方式也有别于公立学校。[①]

（二）我国私立学校与民办学校的区别

由于我国立法中并没有采用“私立学校”概念，立法中采用的是与之内涵较为相近的“民办学校”，所以有必要先对私立学校与民办学校概念加以比较。所谓私立学校，是针对公立学校而言。私立学校是独立的学校法人，由非政府部门投资兴办，并自主管理的学校。对此，我国法律并没有相应的规定，而对于“民办学校”作了相应的界定。《民办高等学校设置暂行规定》（1993 年 8 月 1 日国家教委发布）第二条规定：“本规定所指的民办高等学校，系指除国家机关和国有企业事业组织以外的各种社会组织以及公民个人，自筹资金，依照本规定设立的实施高等学历教育的教育机构。”2002 年颁布的《中华人民共和国民办教育促进法》第二条规定：“国家机构以外的社会组织或者个人，利用非国家财政性经费，面向社会举办学校及其他教育机构的活动，适用本法。本法未作规定的，依照教育法和其他有关教育法律执行。”从上述法律规定来看，《中华人民共和国民办教育促进法》的规定比《民办学校设置暂行规定》更为规范。但是从法律对民办学校的规定来看，民办学校与私立学校称谓在内涵上没有太大的区别。本书之所以使用私立学校概念而没有采用民办学校概念，主要有三方面的理由。其一，从语义上看，“公”对应的是“私”，而“民”对应的是“官”。私立学校和公立学校相对应，民办学校和国办学校相对应。但在我国，公立学校不完全等同于国立学校。集体经济组织和农村基层自治组织举办的学校属于公立学校，但不能视其为国办学校，可见私立学校与民办学校外延是不同的。其二，“私立学校的称谓是法制社会的反映。在法制健全的国度里，无论是社会团体还

---

① 冯建军．私立、民办学校的概念、类型与特色［EB/OL］．http：//www.edu.cn/20010907/3000541.shtml.

是个人为创设学校，必须首先获得法人（学校法人或公益法人）的资格。法人是‘自然人’的对称，系指依法成立的具有民事权利和义务主体资格的组织。这类法人又通常被称为私法人。因此，从法制的观点来看，由于这类学校是学校法人设置的，所以私立学校这个称谓本身还清楚地表明了设置主体的法律地位”[①]。其三，“私立学校的称谓利于国际接轨。目前世界上绝大多数国家在教育分类统计中都按其设置主体分为国立、公立和私立三类。如日本将所有的学校分为三种，即由日本政府设立的国立学校，由县市郡等地方各级政府设立的公立学校，由非营利社会团体和个人设立的私立学校。英国也有民办学校（voluntary schools）之称，但这种民办学校属于公立教育系统。因此，从教育的国际化角度看，采用私立学校的称谓可以避免在国际交流中因使用民办学校称谓造成的不必要的混乱与麻烦”[②]。

（三）我国现阶段的私立学校

历史上，我国私学是比较发达的。但是新中国成立以后，迫于当时的教育现状以及新中国建设的需要，教育政策发生了根本性的转变，将全国私立中小学全部接管改为公办，最终形成了全国“千校一面”的发展格局。改革开放以后，尤其是十四大确立我国实行社会主义市场经济体制以来，我国的教育事业发生了重大转变，其中之一就是出台了相关的法律法规鼓励并规范社会力量办学，鼓励各类社会团体和个人捐资办学、投资办学。形成多元办学体制的根本动力有两方面。一方面，是随着生活水平的提高，人民群众对教育的要求也在不断提高，而“穷国办大教育”的现状无法满足人民群众的多元化教育需求，需要社会力量参与其中，并充分发挥市场在教育发展的作用，依靠市场的力量来发展我国的学校教育事业；另一方面，一部分先富裕起来的人们以及有投资实力的社会团体热衷于投资教育事业。民办学校最先在东部沿海地方发展壮大就是一个非常好的例证和有力的说明。从我国私立学校在改革开放后再次兴起的动力以及我国教育法律法规鼓励社会力量办学的宗旨来看，私立学校（现实中，我国往往是将民办学校与私立学校混同）实际上就是政府机构以外的企业、社会组织和个人，利用非国家财政性经费投资兴办的学校。

①② 李守福．私立学校制度初探［J］．比较教育研究，1994（2）：10－15.

第二节　公立学校与私立学校法人性质比较分析

本节在探讨公立学校与私立学校性质的过程中，着重分析了两者法人性质的区别，包括法人定位的不同、法人地位的不平等和法人管理方面的歧视性规定。

一、公立学校与私立学校的法人定位模糊

研究者多数认可公立学校的公法人地位；而对私立学校法人性质研究非常少，法律定位比较模糊。尽管对学校法人问题的关注是随着我国市场经济体制转轨，以及教育事业发展而出现的，但是从研究的成果来看，主要是探讨公立高等学校的法律地位。[①] 主要研究成果可以从文章和著作分述。

有关的文章主要包括：劳凯声、李凌《关于高等学校法人地位问题探讨》（《中国高等教育研究》1992 年第 11 期）；李连宁《高等学校法人地位初探》（《中国高等教育研究》1992 年第 11 期）；劳凯声《高等教育改革与高等学校的法律地位》（《高等师范教育研究》1993 年第 1 期）；李连宁《我国教育法制建设的若干理论和实践问题》（《教育管理研究》1993 年第 3 期）；王风达《确立高校法人地位与扩大高校办学自主权初探——兼与劳凯声、李凌两位先生商榷》（《中国高等教育》1993 年第 6 期）；王晓泉《试论高等学校法律地位的演变》（《教育研究》1993 年第 9 期）；王晓泉、张瀛《学校法律地位及义务的思考》（《中国教育报》1993 年 10 月 19 日）；王晓泉、张瀛《学校法律地位刍议》（《光明日报》1995 年 2 月 4 日）；申素平《再论高等学校法人问题》（《高等师范教育研究》1997 年第 4 期）；申素平《高等学校法人与高等学校办学自主权》（《中国高教研究》2005 年第 5 期）。

著作主要有：劳凯声主编的《变革社会中的教育权与受教育权：教育法学基本问题研究》（北京：教育科学出版社 2003 年版）以及一些法学著作，主要包括马怀德的《行政法制度建构与判例研究》（北京：中国政法大学出版社 2000 年版）、罗豪才主编的系列《行政法论丛》中的第 3 卷和第 4 卷（北京：法律出版社 2000 年版和 2001 年版）、张驰、韩强合著的《学校法律治理研究》（上海：上海交通大学出版社 2005 年版）。

---

① 对学校法人问题研究文献的分析，具体内容见第一章绪论中的相关内容。

这些文章和著作从不同的角度分析和研究了公立学校，特别是公立高等学校法人的性质。从研究的结论来看，普遍认可的是公立学校是授权性行政组织，因此，公立学校更应该具有公法人的性质。在我国，现阶段对私立学校法人地位的研究相对来说比较薄弱。这一方面是因为我国关于私立学校的法律法规比较欠缺，尽管2002年颁布了《中华人民共和国民办教育促进法》，但是其操作性尚须进一步研究。如何从法律角度探讨私立学校的法人性质，的确需要法学专家和教育研究者一起努力。另一方面，在我国，私立学校和公立学校的发展很不平衡，私立学校的发展空间受到很大的局限。据报道，中国第一所私立学校——光亚学校，1992年办学，一直到1998年才取得合法地位，期间学校一直是属于“黑学校”。1998年后，学校似乎有了名分，但是私立学校仍然困难重重。大多数私立学校要么被“招安”，要么关门。在成都，只有一所光亚学校，其他“全垮掉了”。[①] 私立学校和公立学校发展环境很不平衡，社会、政府甚至对私立学校仍然存在一定程度的“歧视”。

二、公立学校与私立学校法人地位不平等

依据法律，公立学校和私立学校法律地位平等，事实上存在诸多不平等之处。

从私立学校的发展过程来看，私立学校和公立学校一样都是从事社会公益活动的组织。所不同的是，私立学校是社会组织、公民个人捐资或投资办学，利用非财政性经费。私立学校对于满足人民群众的多元教育需求、缓解我国教育经费的压力、提升国民素质方面都发挥了重要的作用，应该和公立学校拥有同等的法律地位。根据《中华人民共和国民办教育促进法》第五条规定：“民办学校与公办学校具有同等的法律地位，国家保障民办学校的办学自主权。国家保障民办学校举办者、校长、教职工和受教育者的合法权益。”但是如何才能保障民办学校和公立学校具有同等的法律地位呢？正是由于缺乏相应的保障措施，在实践中公立学校和私立学校不平等的现象非常多。最为直接的表现之一就是公立学校和私立学校设立程序和标准上的不平等。根据《民法通则》的规定，我国法人的类型有四类：企业法人、机关法人、事业单位法人和社会团体法人四个类型。但是国务院1998年10月25日

---

① 何三畏．中国第一所私立学校还能走多远［J］．中国改革，2004（12）：51－57．

发布的《民办非企业单位登记管理暂行条例》，确立了民办非企业单位登记管理制度。这一关于民办非企业单位一般法律问题的最重要的法律文件同样适用于民办学校的法人登记。这样，公立学校登记为事业单位法人，而民办学校却登记为非企业单位法人，同样是从事社会公益活动的教育组织机构，其登记和设立程序却不平等。

三、政府对私立学校的管理存在歧视

从管理和规范办学来说，私立学校的公益性和自治性并没有得到体现。政府对私立学校的管理存在某种程度的歧视。

《中华人民共和国民办教育促进法》第三条规定："民办教育事业属于公益性事业，是社会主义教育事业的组成部分。国家对民办教育实行积极鼓励、大力支持、正确引导、依法管理的方针。各级人民政府应当将民办教育事业纳入国民经济和社会发展规划。"因此，私立学校的公益性是一种法律性规定。所谓私立学校的公益性，是指私立学校在满足个人发展需要的同时，还要满足社会发展和国家发展的需要，同时也具有利他性。从这一点来说，教育服务作为一种产品，有两个消费者，一个是私人（家长或学生），购买教育服务是一种投资，可以提高个人的收益率；一个是国家，国家以各种形式（征地优惠、税费减免、直接投资、实物投资等）的投资购买教育服务，可以提高社会经济的发展水平，提高国家的综合竞争力。因此，无论是私立学校还是公立学校、无论是公办教育还是民办教育，其产品均具有公益性。从这一角度看，公立学校和私立学校应该享有完全平等的权利，从某种意义上看，私立学校不但不应该受到歧视，反而更应该"高看一眼、厚爱一层"。这是因为私立学校几乎没有接受国家的直接投资，而为社会提供的服务则完全等值。① 事实上，在管理和规范私立学校的办学行为过程中，政府对私立学校存在一定的歧视性行为，要么越位管理，要么政府管理缺位。所谓越位管理，是指政府对私立学校事无巨细都进行管理，严重忽视了私立学校的自主办学权利。所谓政府管理上的缺位是指，根据法律规定，私立学校应该得到政府的大力支持和鼓励，而教育实践中，往往会出现政府对私立学校发展是不闻不问，任其自生自灭。在一定程度上，政府的这种管理方式严重束缚了私立学校的发展，私立学校缺少和公立学校共同发展和形成良性竞

① 邵汗清．私立学校的定位［J］．湖南社会科学，2005（4）：157－159．

争的平台和发展空间。私立学校与公立学校的区别主要体现在三个方面。

1. 管理的自治性不同。私立学校与公立学校的一个重要区别就是私立学校管理的自治性程度更大。私立学校的自治性是学校办学主体私人化的必然结果。它意味着私立学校的管理权为国家或政府外的私人或社会组织所享有，政府不能像对待公立学校那样干预私立学校的内部行政。尽管私立学校的公益性决定了私立学校并非是私有学校，私立学校的产权不能归属于作为学校举办者的私人或社会组织。从这个意义上可以认为，私立学校并非是说明学校产权归属和所有制性质的一个概念，而是指一种办学的组织形式。但私立学校财产来源的非国有性，也要求政府不能以所有者的身份介入学校财产权利的行使。

2. 举办者不同。就学校组织机构而言，私立学校的举办者是政府之外的私人或社会组织，他们可以为实现特定目的或教育理念，通过筹集和利用教育资源举办学校，并通过制定学校章程自主经营、管理学校事务，独立开展教育活动，从而以其自主灵活的特点满足社会的需求。《教育法》第三十条规定："学校及其他教育机构的举办者按照国家有关规定，确定其所举办的学校或者其他教育机构的管理体制。"尽管国家可以基于公益性的要求对私立学校法人经营管理人员及教育教学人员的组成及其资格作出限制性规定，如要求学校董事会成员中须有一定比例的、具有教育教学经验的人员，董事之间、董事与校长之间实行亲属回避制度等，但就每一所私立学校而言，董事是由学校创设者通过章程选任的，校长、教师及其他工作人员也由学校自主地聘任、管理。政府（教育行政部门）并非是私立学校的主管机关，只能以教育管理者的身份对私立学校依法进行检查、监督，而不能以所有者或举办者的身份介入私立学校的经营管理活动。这与公立学校是有明显不同的。

3. 就学校产权运行而言，私立学校财产的非国有性，也决定了私立学校与使用国有财产的公立学校有着本质的区别。私立学校是一个法人实体，它对其所属的财产享有直接的支配、使用及处分的权利，同时还依法独立享有内部管理及对外进行民事活动的权利，并独立承担民事责任。因此，政府对私立学校产权行为的宏观调控而言，政府可以通过立法，对私立学校的组织机构及其行使财产权的行为作出一定的限制性规定，但这种规定应仅限于保证私立学校的公益性。此外，政府只能依法对私立学校活动的合法性进行监督、管理，而不能采取行政命令方式对私立学校的经营管理活动进行干预。①

第三节　我国学校法人与国外学校法人基本性质的比较分析

本节首先分析了中外学校法人性质比较的基本前提，在此基础上从学校类型视角探讨了中外学校法人性质的异同，包括分类标准不同、法律定位有别、管理举措不同。

一、中外学校法人基本性质比较的前提分析

将我国学校法人与国外学校法人基本性质加以比较是比较困难的，这种困难体现在两方面。一是不同法系国家的法人分类标准不同，比如大陆法系国家的法人分类是以公法人和私法人两分法为基础，并将私法人分为社团法人和财团法人，而又将社团法人分为公益法人和营利法人；英美法系国家的法人在概念和分类上则明显不同，英美法系的法人是指与自然人相对应的团体或组织，没有大陆法系国家的所谓法人分类。

二是即便是同一法系的国家由于其教育文化背景的差异以及国家教育化程度的不同，不同类型的学校的法律地位是不同的，很难在严格意义上加以比较。例如，日本、德国和法国是大陆法系的代表国家，但是它们的学校法人界定、分类和法律地位有很大的差异。德国公立学校在整个国民教育体系中一直都占据主导地位，在法律地位上归为行政法调整范畴，因此公立学校在法律定位上属于公法人，但是却不是严格意义上的公法人，不具有独立的权利能力；② 此外，公立学校之外的学校均被称为非公立学校，非公立学校在法律定位上具有不确定性，可以是独立法人，也有可能是法人的成员或组成部分。③ 日本则与此有较大的差异，首先必须是学校法人才能设置私立学

① 吴开华．论我国私立学校的法律性质［J］．教育科学，2001（2）：37－40．

② 胡劲松，周丽华．试析德国公立学校的法律地位［J］．华南师范大学学报：社会科学版，2002（3）：94．

③ 胡劲松．试析德国非公立学校的法律地位［J］．清华大学教育研究，2001（1）：63－68．

校，其次学校法人，特别是私立高等教育机构的设置者必须是公益法人。① 尽管在比较的过程中存在这种语境或者说法人具体理念和分类标准等方面的差异，但是并不表明没有办法比较，正如世界银行人力发展资源部教育小组推出的《教育分权化：法律问题》一书作者所指出的：“每个国家的法律不同，在一个国家使用的法律术语在其他国家或许有不同的界定，但是我们力图尽可能地在一般意义上讨论法律问题”②。

二、基于学校类型的法人性质比较分析

（一）分类标准不同

大部分国家的学校都可以分为公立学校和私立学校两种主要类型。不同国家对公立学校和私立学校的分类标准是不同的。英国的公立学校和私立学校区别的主要标准是学校经费是否来自公共经费。如英国的英格兰地区，学校主要有两类：公立学校和公营学校。私立学校的官方名称叫“独立学校”。私立学校再细分为三种：一种是最为人熟悉的私立学校，毫无疑问，是那些历史悠久，素来为经济和政坛精英服务的寄宿学校；第二种是公学（public schools），在英国的教育体系中，特指精英型的私立学校；另外，为 11 或 13 岁以下学童而设的私立学校，称为预备学校。③

美国的教育起源于私立学校。独立战争后，美国公立学校迅速发展，但政府同样给予私立学校充分的政策和法律保障，公立学校与私立学校齐头并进，形成各为权益主体的局面。④ 20 世纪 80 年代，美国联邦政府发布《国家处在危机之中：教育改革势在必行》的报告后，美国基础教育改革中比较引人关注的教育改革举措是公立学校的私营化管理和特许学校的产生。这种新型学校到底是什么性质的学校呢？公立学校的私营化管理是指私营公司通

---

① 中国驻日本大使馆教育处. 日本的公益法人制度与私立学校的运用［J］. 教育经济与就业，2004（1-2）：34-36.

② Florestal K，Cooper R. Decentralization of education：legal issues［M］. Washington，D. C.：World Bank，1997：3.

③ 杰弗里·沃尔福德. 英格兰私立学校分类及政府政策［J］. 教育发展研究，2005（5B）：43-47.

④ 许云昭. 美国私立学校的发展及其对我们的启迪［J］. 湖南教育学院学报，2000（3）：49-53.

过承包方式，接管公立学校。公立学校的性质并没有改变。特许学校是获得特别注册授权开设的一类新型公立学校。特许学校是由公共教育经费支持，由私人（一般是教育界人士）、教师、家长、社区组织、企业集团开办并管理，在相当程度上独立于学区的公立学校。① 因此，美国主要有两种类型的学校：公立学校和私立学校。其分类的主要依据也是办学经费是否来自公共经费。加拿大私立学校通常也称为“独立学校”，政府和民间对其下的定义是：不受联邦政府、省或地方公立学校委员会管理的学校。这一定义只从管理主体着眼，而不强调资金的来源途径。②

（二）法律定位有别

大多数国家公立学校和私立学校的法律定位是不同。大陆法系国家法人分类对学校法人分类产生了重要影响。日本学校法人类型有三种：国家管理的国立学校、都道府县市町村政府管理的公立学校、学校法人管理的私立学校。日本的私立学校，特别是私立高等教育机构的设置者，都必须是公益法人，只是所依据的法律由《民法》规定的公益法人——财团法人，变成了特别法《私立学校法》规定的公益法人——学校法人。③ 德国和法国的学校法律定位比较特别，特别是义务教育阶段的中小学校的法律定位比较有特点。在德国私立学校被称为非公立学校，是与公立学校相对应的概念和范畴。在德国公立学校占据主导地位，属于行政法调整的范畴，尽管各州学校法律不同，但是从各种学校法律规定来看，学校并不是严格意义上的公法人，只能称为准公法人。而私立学校的法律定位则不确定，这和其他大陆法系国家不同。在德国私立学校的法律定位可以是独立法人，也可以是法人的成员或组成部分。④

当然，不管是大陆法系的国家还是英美法系的国家，在学校法人定位上的共同点是这些国家普遍将公立学校定位在属于公法人范畴。英美法系国家的学校法律地位的规定，虽然没有大陆法系国家学校法律定位那样规范和具

---

① 张维平，马立武. 美国教育法研究［M］. 北京：中国法制出版社，2004：263－264.

② 冯建军. 私立、民办学校的概念、类型与特色［EB/OL］. http://www.edu.cn/20010907/3000541.shtml.

③ 中国驻日本大使馆教育处. 日本的公益法人制度与私立学校的运用［J］. 教育经济与就业，2004（1－2）：34－36.

④ 胡劲松. 试析德国非公立学校的法律地位［J］. 清华大学教育研究，2001（1）：63－68.

体，存在着不同的解释，甚至还有些模糊，但我们通过英国美国相关学校法律判例可以发现，英美法系国家的公立学校和私立学校法律定位还是不同的。例如公立高等学校，无论其在英国还是美国，也无论其在判例中被冠以什么样的名称，其基本的法律性质定位仍然是公共机构或公法人。而私立高等学校则被以私人机构对待，其法人地位也仅仅是私立意义上的法人，主要受普通法的约束，拥有更多的自治空间。①

（三）实行分类管理

学校法人的分类和学校法律定位的不同在某种程度上既反映出国家的法律体系上的差异，同时也说明不同国家在学校管理方面的差异。不管是大陆法系国家，还是英美法系国家，在学校管理方面体现出了一些共同点。

1．学校分类标准以及学校法律定位反映出国家对学校管理的要求。大多数国家将学校分为公立学校和私立学校，这正说明了学校发展对于综合国力和民族综合素质提升的重要性。因此，国家都极为重视学校教育，同时也比较重视政府主体办学之外的其他社会组织和公民举办学校对于国家学校发展的重要意义，所以一些发达国家政府会对私立学校进行经费资助，并给予相应的政策扶持。此外，还有一些国家会根据学校是否与公立学校保持一致，相应给予不同的补贴标准。②

2．学校法人分类不是目的，而是国家根据学校不同的法律定位对其进行管理，进而规范其办学的重要法律举措。由于义务教育和非义务教育在国民教育体系中所处的位置和作用不同，因此，大多数国家对义务教育和非义务教育不同阶段学校的管理手段是不同的；即便是相同类型的学校，由于所处阶段不同，其在整个教育发展体系中所处的位置不同，对社会发展的贡献不同，在法律中的地位以及法人管理的重心也是不同的。如，美国公立高等

① 张维平，马立武．美国教育法研究［M］．北京：中国法制出版社，2004：158．

② 德国各州法律均规定，非营利的并且能够承担与公立学校相同教学任务的私立学校可以向国家申请资助，资助的标准一般视相同规模的公立学校经费而定，但低于公立学校拨款数。因此，各州对私立替补学校的资助数额十分可观。个别州的资助款可占这类学校经常性支出的90%以上。按柏林州《私立学校法》的规定，国家参照公立学校的标准100%地承担国家承认其学历的私立学校的“人头费”，包括教师和其他工作人员工资。按1987年修改过的《巴伐利亚州学校经费法》规定，该州当年对私立学校的资助额高达9亿8700万马克，这意味着，巴州文化教育部每年预算的1/7直接或间接用于非公立学校。参见：姜锋．德国依法管理私立学校简论［J］．德国研究，1994（2）：48－52．

学校和公立中小学校尽管都属于公共机构或公法人地位，但是公立高等学校与政府的管理关系上享有更多的自治权，而中小学根据美国联邦宪法应该属于各州的管辖内容。但是，20世纪80年代以后，美国政府出台了一系列政策法规来加强联邦对基础教育的干预，包括推行的公立学校选择运动和创建诸如特许学校等一些新型学校来加强对公立学校办学的规范和管理。

3. 对学校实行分类管理。大多数国家都是根据学校法人的不同法律定位对学校实行分类管理。如德国对公立学校和非公立学校的管理是不同的。德国为了规范私立学校的办学，特别是保障其义务教育阶段私立学校的教育质量，对办学者以及办学条件严加限制，如规定必须在本地区尚无此类学校时才可批准办学等，反映出国家对义务教育负有责无旁贷的全责的原则，以及德国近现代以来国家唯恐教会染指学校教育的忧虑。这一限制使初等教育领域的私立学校为数甚少。[①] 在日本，国立学校、公立学校和私立学校，不同类型的学校设立标准不同，根据法律规定，规范其办学的举措和具体要求有很大的差异。事实上，很多国家为了依据学校不同的法律地位对其实施管理，制定了非常详细的学校法、学校设置法律以及学校经费法等具体规定学校法律地位和实施法人管理的明确规定，以此规范办学、提高教育质量。

4. 对私立学校法人的特别规定。在日本必须是学校法人才能设立私立学校。学校法人的具体要求是日本《私立学校法》规定的公益法人。公益法人在日本必须满足三个方面的条件：一是要从事有关公益事业；二是要不以营利为目的；三是要得到政府部门的批准。美国私立学校实行认可制。所谓认可，就是由政府和社会公认的认可机构对达到一定教育标准的学校和教育机构给予公开承认的制度。认可机构制定的标准包括学校的办学宗旨、目标；学校的安全、卫生、健康保障；学校的财务及其利用；学校的管理机制与运用；学校的课程设置、教学方法、教学水平、教师队伍建设、学校硬件建设等方面。只有达到了上述参照标准，才能获得认可证书。[②] 与美国和日本不同，德国设立私立学校非常严格，各州学校法律不仅规定了设置的标准和具体办学条件，而且对义务教育阶段的中学作出特别的限制，即在该地区尚无此类学校时才可办学等。至于对私立学校资助方面，大多数国家都资助私立学校，只是资助的标准和原则不同。比如，美国资助私立学校一个非常

---

① 姜锋．德国依法管理私立学校简论［J］．德国研究，1994（2）：48－52.

② 曲恒昌．认可制——美私立学校办学法宝［J］．教学与管理，2000（6）：76.

突出的特点是资助私立学校的学生，而不是资助私立学校。这是因为从联邦最高法院的判例来看，政府与私立学校的法律关系应遵循的基本原则为：尊重私立学校的自主权；政府可以使用公款补助私立学校的学生，但不得直接用于补助私立学校。[①] 法国对于私立学校的资助也比较特别，根据协议进行资助。为了更好管理和引导私立性质的基础教育学校，法国政府鼓励这些学校与政府签订协议，协议分为两种：一种称为“协作协议”，根据这种协议，国家负担协议所确定班级的“非寄宿”运转经费以及教师工资；另外一种称为“简单协议”，主要是针对私立小学而设立的，根据此协议，国家只负担有关班级的教师工资。[②] 与其他国家比较，我们会发现，我国对私立学校的资助非常薄弱。尽管在《中华人民共和国民办教育促进法》第四十四至五十条等条款中规定了我国政府以及相关部门应该通过减免税收、提供资助等方式来资助民办学校的发展，但是在教育实践中如何资助？相关的教育资助经费具体由哪一级政府提供？如何提供？这些问题都亟待研究，并在此基础上运用到实践中使其得到贯彻执行。

第四节　学校法人与非学校法人性质比较分析

从公立学校与私立学校发展的过程来看，公立学校的发展以及私立学校在改革开放以后重新兴起，既是学校教育适应社会发展以及满足人民教育需求的必然结果，也在一定程度上折射出人们对学校性质的新的认识。然而，把握公立学校以及私立学校法人的基本性质，或许还需要在多维比较中才能透析。本节主要对学校法人与企业法人、其他事业单位法人的法人性质区别进行了探讨。

一、学校法人与企业法人

（一）有营利性与非营利性之别

《民法通则》根据法人设立的宗旨和所从事的活动的性质，将法人分为两类：企业法人和非企业法人。非企业法人包括机关、事业单位法人和社会

---

① 吴开华．美国私立学校与政府关系之法理分析［J］．比较教育研究，2000（5）：30－33．

② 王文新．法国政府对私立学校的管理［J］．教育发展研究，2003（11）：79－81．

团体法人。企业法人是指以营利为目的、独立从事商品生产和经营活动的经济组织。非企业法人主要是从事国家行政管理以及社会政治、经济或文化等各种公共事业的组织，其活动具有公共性和非营利性。所以是否从事营利性的经济活动是企业法人与非企业法人的根本差异。企业追求经济利益最大化，正是由于资本的逐利性，才推动企业不断在市场经济大潮中优胜劣汰，逐渐发展壮大。但是，从现代学校发展的过程来看，一所学校的存在与否既需要根据市场需求来加以调整和规范，但是又不能完全由市场来决定，其主要根据就是人都有接受教育的权利，这既是宪法赋予人民不可剥夺的受教育权，也是衡量政府为人民服务水准的一个重要指标。因此，学校是具有公益性的公共机构，其存在价值多元，体现在国家相关的教育政策法规之中。

我国相关的教育法律法规也对教育的非营利性作出了规定，这一规定主要是指我国《教育法》第二十五条规定："任何组织和个人不得以营利为目的举办学校及其他教育机构"。《中外合作办学》第五条也重申了教育"非营利性"原则。尽管2002年出台的《中华人民共和国民办教育促进法》第五十一条规定："民办学校在扣除办学成本、预留发展基金以及按照国家有关规定提取其他的必需的费用后，出资人可以从办学结余中取得合理回报。取得合理回报的具体办法由国务院规定。"但是民办学校的合理回报与企业的营利性行为完全是两回事。正如人大教科文卫委员侯小娟在谈到民办学校的合理回报问题所言："公益性事业的民办学校能不能取得合理回报，是用'奖励'、'补偿'还是用'合理回报'更好？我们认为，'合理回报'应该看成是国家对民办学校出资人的一种鼓励、奖励措施，与允许其营利完全是两回事。'合理回报'与'奖励'和'补偿'相比，更能反映事物的本质特征，更能反映事物的本来面貌，更符合客观实际。法律对取得'合理回报'作了种种限制，取得'合理回报'是有条件的，一是取得回报是在合理的范围内，什么是合理的范围内呢？就是按照法律、法规的规定取得回报，有'度'的限制，不是随意的，这个'度'是由政府规定的。二是取得合理回报前先要将办学成本、预留发展基金和国家规定的必须提取的费用如公益金、公积金等扣除后，有了结余，从结余中取得'合理回报'，没有结余也就谈不上回报了。"①

从立法的宗旨和法人活动的性质将我国法人分为企业法人和非企业法

① 侯小娟. 民办学校的税收与合理回报［N］. 中国教育报，2003－05－12.

人，引起了学者的关注和争议。有学者认为我国法人应该根据国家与社会发展的趋势将法人分为营利性法人和非营利性法人更为妥当。非营利组织是企业的对称。而在我国，企业单位与传统上事业单位相提并论的。又由于国外的学校、医院以及各种基金会、社会团体等几乎都是非营利组织，而在我国诸如此类的机构大多属于事业单位。乍看上去，事业单位就是非营利组织，其实不然。首先，非营利组织概念是以市场经济为背景的，而事业单位是计划经济的产物，具有“中国特色”。“民办事业单位”在1998年改称为“民办非企业单位”。根据1998年10月国务院发布的《民办非企业单位登记管理暂行条例》，民办非企业单位是指企业事业单位、社会团体和其他社会力量以及公民个人利用非国有资产举办的，从事非营利性社会服务活动的社会组织。事业单位和民办非企业单位的“二分法”中隐含着一种“姓公姓私”的逻辑，所以事业单位首先还是所有制范畴。其次，事业单位又被当成一个行业范畴，包括教育、科技、文化、卫生等几个行业，尽管行业五花八门，包罗甚广，但是其共通之处隐含着“非生产性”，这和营利性也是风马牛不相及。①

（二）受公法与私法规范之分

从管理和规范的角度来看，学校法人与企业法人也有明显的区别。首先，对企业法人更多依据法律法规管理，而对学校更多实行的是行政化管理。我国20世纪80年代，设置法人制度的直接目的在于推动经济体制改革，实现企业的自主经营、自负盈亏，所以把企业法人作为规范的重点，以确认法人的独立财产和独立责任为制度的核心，这也为此后《公司法》的制定和实施奠定了基础，形成了法人独立责任及其成员有限责任的立法模式，成为我国建立和发展社会主义商品经济和市场经济的基础性法律制度。但是，我们对于法人的其他形式却很少关注和研究，如《民法通则》中规定的事业单位法人、国家机关法人等各自的特征和承担的责任的方式，并没有作出明确的规定，因而给司法实践带来许多不便。②

---

① 陈林，徐伟宣．从“非国有化”到“非营利化”：NPO的法人治理问题［J］．中国研究（香港），2002（8）．

② 马俊驹．法人制度的基本理论和立法问题之探讨（中）［J］．法学评论，2004（4）：28－39．

其次，企业法人更多依据私法规范从事经营活动，而学校更多受到公法调整和约束。在法律调整方面，企业法人的设立和活动主要由调整横向和纵向经济关系的《民法》、《经济法》予以调整。而非企业法人的设立和活动主要由各种行政法规予以调整和规范。学校的设立和活动主要受到相关的教育法律法规以及各种行政法规约束。《民法》、《经济法》等属于私法范畴；《教育法》、《行政法》属于公法范畴。公法与私法的区分标准，历来的通说，或认为公法关系是一种权力服从关系，国家处于权力者的地位去对付服从者的关系，而主张公法关系在这点和对等者相互之间的关系为私法关系；或以公法关系是以公益为主要目的的关系，而主张私法关系主要以私益为主要目的。[①] 学校属于事业单位法人。作为事业单位法人主要是从事社会公益活动，以社会公益为主要目的。即便是私立学校也同样如此。作为学校教育来说，学校在本质上是一个育人的场所，是师生共同成长的地方。公民的受教育权是公民的法定权利，由国家的强制力量加以保障实施，属于公法调整的范畴，以此确保公民可以接受基本的国民教育。在这个意义上学校的存在与发展是为了促进人的全面发展和社会的进步，这是一种公益性事业。而企业主要是受到市场规律的制约，其优胜劣汰主要由市场来决定，其存在的本质和运作的目的主要是为了私益，法律关系的主体在经济活动中处于平等的地位，以体现私法自治原则和契约自由精神。

二、学校法人与其他事业单位法人

学校与其他事业单位法人都属于从事某种社会公益活动的组织。这是它们的共性。但是由于我国事业单位法人种类繁多，因此学校与其他事业单位法人也具有一些差异。首先事业单位法人种类比较多。我国的事业单位按其所属部门的不同主要分为：农林、水利、气象事业单位；工业交通、商业事业单位；文教、科学、卫生事业单位；城市维护和其他事业单位。按所有制性质，事业单位可分为全民所有制事业单位、集体所有制事业单位和民办事业单位。按预算形式，事业单位可分为：全额预算事业单位——也称统收统支单位，即把事业单位的各项预算和支出，全部纳入国家预算，其支出全部由国家拨款；其收入全部上交国家；差额预算事业单位——也称差额补助或差额上交单位，即全面核算收入，以收抵支，收入不敷支出或收入大于支出

① 美浓部达吉．公法与私法［M］．黄冯明，译．北京：中国政法大学出版社，2002：104.

的差额列入国家预算，不足由国家不足，多余的上交国家；事业单位企业化管理——也称全收全支单位，即按企业办法实行管理，实行独立核算，自负盈亏；民办事业、国家补助——即国家对集体或民办的城乡文教卫生事业单位，在财力给予一定的补助。事业单位法人的分类与事业单位的分类和划分基本一致，大多数事业单位都具有法人资格，只有少数的事业单位依附于某个行政机关或其他组织，因而不具有法人资格。确定事业单位是否具有法人资格的依据和立法机关是相同的。① 从上述分类，我们可以看出，学校一般都具有法人资格。从所属部门来看，学校属于文教事业单位；从所有制分类来看，公立学校属于全民所有制事业单位，私立学校属于民办事业单位；从根据预算形式，公立学校应该属于全额预算事业单位，但是实践中学校多数属于差额预算事业单位，而私立学校属于民办事业单位。

"事业单位法人中由一种实行企业化管理，即使未实行企业化管理的事业单位，国家也在提倡和要求其逐步向企业化管理的形式转化。这对于调动事业单位积极性，促使其改善经营管理，减少国家财政负担扩大和发展各项事业具有重要意义。但这种事业单位仍与一般企业不同，其主要任务仍是完成其从事的事业。不得只片面地追求利润，不得改变其业务内容，而只是在管理方式上按企业对待。"② 尽管当前学校教育改革也有市场化倾向，但是学校市场化改革是有限度的改革。学校教育，尤其是基础教育阶段的学校教育是国家和社会发展的先导和基础性产业。由于市场的驱动机制是私益而不是公益，如果缺少对教育市场必要的限制，则对于私益的追逐就会演变成为一种无序状态，甚至改变教育的公益性质。因此，教育不能简单地等同于一般的商品，单纯依赖市场渠道不能平衡社会对教育的供求关系。为了保证教育的公益性质，必须对市场的介入作出必要的限制。③

---

① 江平．法人制度论［M］．北京：中国政法大学出版社，1994：69.

② 同①：71.

③ 劳凯声．教育市场的可能性及其限度［J］．北京师范大学学报：社会科学版，2005（1）：15－22.

第四章　学校法人治理结构

研究学校法人治理问题，必然涉及法人治理结构。合理、科学的治理结构是实施法人治理的必要前提。由于我国在计划经济时期一直实行的是政府治理，主要治理手段是行政化管理，因此，研究学校治理结构是一个崭新的话题，研究才刚刚起步。① 本章共七小节。第一节和第二节分别对法人治理结构和学校法人治理结构进行界定。第三节分析设计学校治理结构的依据。第四节探讨学校法人治理结构中相关的两个核心问题。第五节探讨设计学校治理结构的基本框架。第六节和第七节在对我国学校治理现状进行梳理的基础上，通过对西方主要发达国家学校治理结构进行评析，以期能对我国学校治理结构有所启迪和借鉴。

第一节　法人治理结构

本节主要对与学校法人治理结构相关的基本概念进行分析和探讨，包括治理、法人治理、治理结构的界定。

---

① 学校治理结构很大程度上受到公司治理结构的影响。公司治理结构的研究萌芽于21世纪初，大规模的研究已经有20多年的历史。目前，已发展成为全球性的公司治理结构运动。但是，中国对这个问题的研究刚刚起步，特别是对于公司治理结构模式的系统研究还是一片空白。参见：田丽，吕传俊. 公司治理结构模式的比较研究（一）［J］. 中国纺织经济，2001（7）：33－37. 事实上，对学校治理结构问题的关注，在中国如同对学校法人治理问题研究一样，都仅仅是刚刚开始。国外对学校治理结构问题的研究，从国外博硕士论文的研究或许可以略知一二，这些论文是通过PQDD博硕士论文数据库检索。在PQDD博硕士论文数据库教育网专线（具体网址：http：//0－wwwlib. global. umi. com. libecnu. lib. ecnu. edu. cn/dissertations/gateway），输入关键词“school governance”共检索到302篇论文；输入关键词“school governance structure”共检索到9篇论文，其中2004年的两篇论文标题才开始出现“governance structure”即治理结构一词。这说明不仅仅在公司形成了全球化的公司治理结构运动，学校治理结构也成为学校治理过程中需要研究的一个重要问题。

一、治理

英语中的“治理”（governance）一词源自希腊字“steering”，具有“掌舵、操纵、指导”的意思。[①] 长期以来它与统治（government）一词交叉使用，并且主要用于与国家的公共事务相关的管理活动和政治活动中。1989 年世界银行在概括当时非洲的情形时，首次使用了“治理危机”（crisis in governance）一词，此后“治理”便被广泛地用于政治发展研究中，特别是用来描述后殖民地和发展中国家的政治状况。

20 世纪 90 年代以后，治理的内涵发生了重大转变。西方学者，特别是政治学家和政治社会学家，对治理作出了许多新的界定。治理理论的主要创始人之一罗西瑙（J. N. Rosenau）在其代表作《没有政府统治的治理》和《21 世纪的治理》等文章中将治理定义为一系列活动领域里的管理机制，它们虽未得到正式授权，却能有效发挥作用。与统治不同，治理指的是一种由共同的目标支持的活动，这些管理活动的主体未必是政府，也无须依靠国家的强制力量来实现。[②]

研究治理理论的另一位权威人士格里·斯托克（Gerry Stoker）对目前流行的各种治理概念作了一番梳理后指出，到目前为止各国学者们对作为一种理论的治理已经提出了五种主要的观点，这五种主要观点概括如下。（1）治理意味着一系列来自政府但又不限于政府的社会公共机构和行为者。它对传统的国家和政府权威提出挑战，它认为政府并不是国家唯一的权力中心。各种公共的和私人的机构只要其行使的权力得到了公众的认可，就都可能成为在各个不同层面上的权力中心。（2）治理意味着在为社会和经济问题寻求解决方案的过程中存在着界限和责任方面的模糊性。它表明，在现代社会国家正在把原先由它独自承担的责任转移给公民社会，即各种私人部门和公民自愿性团体，后者正在承担越来越多的原先由国家承担的责任。这样，国家与社会之间、公共部门与私人部门之间的界限和责任便日益变得模糊不清。（3）治理明确肯定了在涉及集体行为的各个社会公共机构之间存在着权力依

---

① 也有学者认为治理一词源于拉丁语“gubernare”，意思是指“统治”或者“掌舵”。参见：梅慎实. 现代公司机关权利构造论［M］. 北京：中国政法大学出版社，2000：164.

② 罗西瑙. 没有政府统治的治理［M］. 剑桥大学出版社，1995：5. 佚名. 21 世纪的治理［J］. 全球治理，1995（创刊号）. 俞可平. 治理与善治［M］. 北京：社会科学文献出版社，2000：2.

赖。进一步说，致力于集体行动的组织必须依靠其他组织；为达到目的，各个组织必须交换资源、谈判共同的目标；交换的结果不仅取决于各参与者的资源，而且也取决于游戏规则以及进行交换的环境。（4）治理意味着参与者最终将形成一个自主的网络。这一自主的网络在某个特定的领域中进行合作，分担政府的行政管理责任。（5）治理意味着办好事情的能力并不仅限于政府的权力，不限于政府的发号施令或运用权威。在公共事务的管理中，还存在着其他的管理方法和技术，政府有责任使用这些新的方法和技术来更好地对公共事务进行控制和引导。①

全球治理委员会的定义或许具有很大的权威性和代表性。全球治理委员会于1995年发表了题为《我们的全球伙伴关系》的研究报告，对治理作出了如下界定：治理是各种公共的或私人的个人和机构管理其共同事务的诸多方式的总和。它是使相互冲突的或不同的利益得以调和并采取联合行动的持续的过程。这既包括有权使人们服从的正式制度和规则，也包括各种人们同意或以为符合其利益的非正式的制度安排。它有四个特征：治理不是一整套规则，也不是一种活动，而是一个过程；治理过程的基础不是控制，而是协调；治理既涉及公共部门，也包括私人部门；治理不是一种正式的制度，而是持续的互动。②

通过以上的文献分析，我们发现，不同的学者和专业委员会对治理的理解并没有完全达成共识，或者说到目前为止对治理一词并没有一个明确的界定。但是，我们同时也可以发现，尽管对治理的界定尚有分歧，但是学者对治理下定义的过程中都不同程度地涉及治理与统治的区别。这种区别主要体现在两个方面：主体的区别。统治的主体一定是社会的公共机构，而治理的主体是多元的，既可以是公共机构，也可以是私人机构，还可以是公共机构和私人机构的合作。其次，权力运行的向度不同。政府统治运行的权力主要是自上而下的方式，通过发号施令或者通过制定政策，对社会公共事务实施单一向度的管理。而治理则是一个上下互动的过程，主要通过合作、协商等方式，其权力运作是多元的、互动的。

---

① 格里·斯托克．作为理论的治理：五个论点［J］．国际社会科学：中文版，1999（2）．；俞可平．治理与善治［M］．北京：社会科学文献出版社，2000：3－4．

② 全球治理委员会．我们的全球伙伴关系［M］．牛津大学出版社，1995：23．俞可平．治理与善治［M］．北京：社会科学文献出版社，2000：4－5．

二、法人治理

法人治理到目前并没有一个明晰的概念说明或者达成共识的界定。法人治理当以法人存在为前提，主要目的是引入规范的法人治理机制，依照《中华人民共和国公司法》和章程，形成的一套经营和管理公司的管理机制。当然，有学者认为，传统理论中的法人治理和现代企业理论中的法人治理在目的上有所区别。传统理论一直因循新古典经济学的股东至上主义；现代企业理论认为，股东利益的实现或股东利益最大化并不是健全的现代企业治理的唯一目标，而只有在所有利益相关者共同参与治理、各自利益相对均衡的状态下，企业才能成为真正的具有独立经济利益追求的市场主体。因此公司法人治理强调利益相关各方的权责分配以及为处理公司事务所制定的一整套规则和程序。[①] 这实际上是从传统理论中的股东至上到共同治理的转变。这种转变一方面反映出法人治理目的发生了变化，另一方面正是由于法人治理的目的发生了变化，法人治理的机制也就发生了变化，由传统的股东至上转变为现代的共同治理。法人治理目的的重大转变必然要求治理结构重新进行设计或需要完善治理结构，以保障法人治理目的顺利达成。

三、法人治理结构

中外最先对法人治理结构进行研究的是经济学界。从经济学的角度来看，法人治理结构是指公司作为一个独立的法人实体，为保证正常运作，其自身所具有的一整套组织管理体系。按照国际惯例，这套组织管理体系大都是由股东会、董事会和经理层组成的一种组织结构。[②] 因此，在经济学界法人治理结构指的是公司治理结构。而在法学上，一般将治理与治理结构在同一意义上使用。如果从法学角度出发，公司治理所面对的主要问题是公司治理结构特别是利益制衡机制的架构。[③] 管理学所研究的法人治理结构主要是指为了有效达成法人治理目的而实施的一整套管理措施和机制。由此，我们会发现，治理与法人治理以及法人治理与法人治理结构的区别。治理要比法人治理和治理结构范畴宽泛，甚至有学者认为治理与治理结构是种属关系，

---

① 熊良俊．法人治理的“法治”与“人治”［J］．中国金融，2004（23）：64.

② 王海民．法人治理结构的涵义和核心特征［J］．经济学文摘，1997（11）：31.

③ 金锦萍．非营利法人治理结构研究［M］．北京：北京大学出版社，2005：34.

治理内涵比较宽泛，而治理结构相对比较封闭，强调的是法人利益制衡机制的构建。[①] 当然法人治理结构并不等同于法人治理，但是构建完善的法人治理结构是转向实现真正的法人治理的重要保证和根本性前提之一。

第二节　学校法人治理结构

本节首先对公司治理结构加以界定，基于此分析公司治理结构与学校法人治理结构的异同，进而探讨学校法人治理结构的内涵。

一、公司治理结构的界定

不同法系国家语境中的"corporate or corporation"对应的含义并不完全相同。在英美法的语境中"corporate"一词并不对应大陆法系国家语境中的"公司"。在大陆法中，公司本身就是指营利性的企业，而英美法中的"corporation"则兼有公司和法人的含义。[②] 因此，corporate governance 应该翻译成公司治理或者法人治理，而 corporate structure 翻译成公司治理结构或法人治理结构似乎更为妥当。大陆法系国家的公司治理结构多数指的是企业，特别是股份制公司的治理结构，更侧重的是公司的制度安排和组织架构；而英美法系的国家其公司治理结构既包括营利性的公司治理结构，也包括非营利组织的治理结构。

从研究的成果来看，无论是国内还是国外，首先对公司治理结构进行系统研究的是经济学者。经济学界对于治理结构，尤其是对公司治理结构的界定大致可以归为广义和狭义两种。广义说，以张维迎和李维安的观点最为典型。张维迎先生认为就经济学意义而言，公司治理结构是一种通过对剩余索取权和控制权的配置来解决经理激励和选择问题的机制。特别是资本家的控制对选择最有能力的企业家及监督和约束经理至关重要，因为资本家作为

---

① 金锦萍. 非营利法人治理结构研究［M］. 北京：北京大学出版社，2005：35.

② 关于 corporation 的解释：an entity（usu. a business）having authority under law to act as a single person distinct from the shareholders who won it and having rights to issue stock and exist indefinitely; a group or succession of persons established in accordance with legal rules into a legal or juristic person that has legal personality distinct from the natural persons who make it up, exists indefinitely apart form them, and has the legal powers that its constitution gives it. 参见：Black's Dictionary（Seventh edition），West Group，ST. PAUL. MINN.，1999，pp. 341－343.

“自然”的风险承担者，只有他们（作为股东或债权人）才有足够的激励去选择称职的经理，罢免不称职的经理及监督经理的表现。[①] 李维安先生认为公司治理结构是一组规范公司相关各方的责、权、利关系的制度安排，是现代企业中最重要的制度架构。它包括经理层、董事会、股东和其他利益相关者之间的一整套关系。通过这个架构，公司的目的和经理层去实现这些目标的手段得以确定。完善的公司治理结构可以激励董事会和经理层去实现那些符合股东、经营者和其他利益相关者利益的奋斗目标，也可以提供有效的监督，激励企业更有效地利用资本。[②] 狭义的公司治理结构仅仅是指股东即所有者（本人）确保经理（代理人）的行为能够为本人带来与其投资风险相称的投资回报的一系列措施或机制。[③]

法学界对治理结构的认识也是始于公司治理结构。法学上对公司治理结构的研究受到经济学的影响，但是毕竟不同于经济学。经济学上的治理结构着重于为保护股东或者利益相关者的利益而采取的一系列措施、程序、规则或者机制，而不去过问这些规则、程序、机制究竟是否属于法律规制的范围；而从法律视角审视公司治理结构无疑是着重于法律对公司治理结构的规制。此外，经济学上的公司治理结构主要关注通过治理达到股东权益最大化的目标，强调效益和效率；而法学上的治理结构则是以责任归属为必要，强调公司规制的底线，在价值目标上追求各方利益的协调和均衡。[④]

二、由公司治理结构到学校法人治理结构

1. 公司治理结构。英美法系中的公司治理结构，不仅包括营利性法人治理结构，也包括非营利法人治理结构。英美法系的一些发达国家，公司治理结构比较完善，除了与其健全的市场经济体制有关，与其法律制度、政治制度、经济体系和法律文化也有关系。

大陆法系中公司治理结构指的是企业法人治理结构。我国经济学界多数探讨的都是企业法人治理中的治理结构问题，尤其比较关注的是股份制公司

① 张维迎．企业理论与中国改革［M］．北京：北京大学出版社，1999：113.

② 李维安．现代公司治理研究——资本结构、公司治理和国有企业股份制改造［M］．北京：中国人民大学出版社，2002：13.

③ 梁能．公司治理结构：中国的实践与美国的经验［M］．北京：中国人民大学出版社，2000：106.

④ 金锦萍．非营利法人治理结构研究［M］．北京：北京大学出版社，2005：37.

法人治理结构问题。在第七届中国资本市场论坛上，学者们几乎一致认为中国企业改革中的一个重要难题就是企业法人治理结构问题，甚至认为法人治理结构竟然是一个难以说清的概念。① 这种难以说清主要就是因为我国企业法人治理结构非常不完善，诸如股权结构、谁来控制公司等一些核心问题在目前都尚处在亟待研究和加以规范的阶段。这从另一个侧面也说明法人治理结构对于推进我国当前的企业改革向纵深发展又极为关键。公司治理结构从狭义来说，只是关注所有者和经营者之间的利益均衡机制，从而把公司治理结构定义为股东、董事会和高级经理人三者之间的一种组织机构和制衡机制；而从广义来说，还包括其他利益相关者的权力和责任，以及他们之间的关系协调和管理。因此，不管是从狭义还是广义来看，法人治理结构指的是以处理公司中的各种合约，协调和规范公司中各利益主体之间关系的一种制度安排。当然，从更广泛的意义上看，它是各类利益相关者和要素投入者对公司战略方向与管理的参与和影响，是组织战略管理，即公司组织对其各类要素提供者和利益相关者关系的协调与管理。②

2. 非营利性法人。一方面，由于我国长期以来一直将法人分为企业法人和非企业法人两大类，在法律上并无营利性法人和非营利性法人之说；另一方面，计划经济时期国家对包括机关法人、事业单位法人和社会团体法人等组织机构实行统一管理，所以，有关非营利性法人及其治理结构问题都处在研究的初期阶段，特别是非营利性组织的法人治理结构在我国甚至可以说才刚刚起步。③ 但是，从我国对机关法人、事业单位法人和社会团体法人分类标准和界定来看，这些非企业法人的一个共同特征都是从事非经济活动，并不以营利为目的。由此，根据我国的相关法律，企业法人和非企业法人在设立条件和程序、法律调整范围和权利能力等方面都明显不同。其在法人治

① 周明生. 法人治理结构一个难以说清的概念［J］. 中国改革，2003（4）：36－37.

② 陈东升. 构建科学的、与国际惯例接轨的法人治理结构［J］. 中国金融，2002（2）：45－52.

③ 有学者撰文指出，在当前条件下研究非营利组织法人治理，有如20世纪80年代研究公司治理，彼时中国尚无真正意义上的公司，市场经济也未成型；而今天我们同样缺乏真正意义上的非营利组织，多元社会正待来临。就现代社会的三大部门而言，第一部门与第二部门的分野（政企分开）尚且还是个问题，况乎第三部门（非营利组织）的独立地位呢。由于这种研究的前瞻性所导致的研究的困难性。该学者指出其只能作出一些初步的探讨，为以后的后续研究提供一个基础平台。陈林，徐伟宣. 从“非国有化”到“非营利化”：NPO的法人治理问题［J］. 中国研究（香港），2002（8）.

理结构上也应该与企业法人或者说公司治理结构有明显的不同。到底企业法人治理结构和非企业法人治理结构在哪些方面应该有所区别？到目前为止，相关的研究较为缺乏。

研究上的缺乏与非企业法人生存和发展的社会环境密切相关，在中国真正的公民社会并没有发育成熟，在此社会背景下探讨非营利法人问题的困难是可以想象的，确实是属于前瞻性的研究。“目前国内非营利法人的发展也受到其内部管理机制和运行模式的限制，大多数非营利法人的运作在很大程度上依赖于其负责人本人的兴趣和信念。机构设置简单、董事会（或者理事会）的职责不明甚至虚设、负责人权限过大、监督机制失灵等问题也同时困扰着非营利法人。于是，对于非营利法人的治理问题浮出水面：应该如何建构合适的并有利于非营利法人发展的治理结构？非营利法人在这一问题上与营利性法人究竟存在什么区别？可以在多大程度上借鉴现有的公司治理经验和成果？非营利法人中缺少剩余利益的分配者，也就缺乏利益激励的可能，因此对其治理结构问题的研究也就更为重要和迫切。”①

我国目前正在编纂《中华人民共和国民法典》（以下简称《民法典》）。从《民法通则》颁布实施至今，社会已经发生了翻天覆地的变化，《民法通则》中对于法人的一些原则性规定已经远远不能适应社会发展现实的需要，改革现有的《民法通则》，推行一部中国的现代的《民法典》是众望所归。“对于立法者来说，一项法律制度的设置肯定有其产生的背景和价值上的考虑，但这并不能从理论上完全说明问题。”② 有许多学者对新的《民法典》提出了各自的构想。其中关于法人的分类是有关法人规定的重要内容之一。有学者建议吸收大陆法系中的以公法人、私法人二元论为基础，以社团法人和财团法人两分法为主体的法人分类；③ 也有学者认为在法人分为营利性法人和非营利性法人基础上继续保持我国《民法通则》中原有的法人分类。④ 这些有关法人分类的观点在一定程度上都试图体现出现实社会生活中的法人类型的差异，并反映不同类型的法人在社会经济生活和政治生活中的价值与

---

① 金锦萍. 非营利法人治理结构研究［M］. 北京：北京大学出版社，2005：3.

② 马俊驹. 法人制度的基本理论和立法问题之探讨（中）［J］. 法学评论，2004（5）：36.

③ 马俊驹. 法人制度的基本理论和立法问题之探讨（上）［J］. 法学评论，2004（5）：11.

④ 梁慧星教授在将我国法人分为营利性法人和非营利性法人的基础上，将营利性法人分为公司法人和公司之外的营利性法人；将非营利性法人分为机关法人、事业单位法人、社会团体法人和捐助法人。参见：梁慧星. 中国民法典草案建议稿［M］. 北京：法律出版社，2003：13－14.

作用。不管我国民法典最终采用哪种法人分类，都无法回避我国现实社会生活中不同类型法人存在的一个本质区别就是其存在是否以营利为目的。根据这一区别，同时也是为了和不同法系国家中的法人分类标准更为一致，将法人分为营利性法人和非营利性法人更有利于对其实施分类管理，也更贴近社会发展中法人分类的整体趋势。

3．非营利性法人治理。非营利性法人是与营利性法人对应的概念。非营利性法人是指为社会公益或者其他非营利目的而成立的法人。[①]西方研究视野中，在非营利组织的研究中治理的概念主要萌芽于20世纪60年代的高等教育先例中。当时，治理意味着教授团与行政人员二元一体的组织。在此结构下，教授团享有安排课程的控制权，而行政人员则负责行政事务。当行政政策或决定可能触及到教育方案的精神时，行政人员便应向教授团协商咨询。根据伍德（Wood）的研究，当学校的行政人员未能解决其与教授团、学生或与其他利害相关者之纷争时，学校的治理董事会通常有权介入其中，并以最后仲裁者的身份解决纠纷。由此推知，治理所隐含的意味远超过行政、管理以及执行。今日治理的概念更扩展为行政人员及治理董事会与各类利害相关者将决定权保留给治理董事会，并由其充任重要的角色。[②]国外非营利组织包含的范围非常广泛，诸如国外的学校、医院以及各种基金会、社会团体等几乎都是非营利组织。而在我国诸如此类的机构大多属于事业单位。有学者认为，非营利组织和事业单位是完全不同的概念范畴。非营利组织的概念是以市场经济为当然背景的，而事业单位作为计划经济的产物，具有“中国特色”。[③]因此，非营利法人治理与非营利组织治理有一定程度的区别。

根据我国非营利法人治理的现状，有学者提出如何对我国非营利组织法人进行治理的研究论纲：（1）所有权、控制权和受益权分离是非营利组织法人治理的基础。（2）无论对于企业还是非营利组织来说，在所有权与控制权“两权分离”或者所有权、控制权与受益权“三权分离”的条件下，就必然存在着委托代理关系。非营利组织董事会之所以享有决策主导权，正是源于“委托代理理论”。所谓代理问题（principal-agent problem or agency problem），就是如何使自身具有独立利益的代理人来最大限度地维护委托人之利益的问

① 梁慧星．中国民法典草案建议稿［M］．北京：法律出版社，2003：14．

②③ 陈林，徐伟宣．从“非国有化”到“非营利化”：NPO的法人治理问题［J］．中国研究（香港），2002（8）．

题，这是公司治理要解决的中心问题，也是贯穿非营利组织法人治理的主线。由此，委托代理关系是非营利组织法人治理的主线。（3）由于非营利组织的先天的“所有者缺位”，就特别需要主张利害相关者通过各种途径全面参与的“协同治理”（co-governance），利害相关者协同成为非营利组织法人治理的重心。（4）不特定的利害相关者意味着一般意义上的公共责任（accountability）。非营利组织具有服从公众的使命，其资金来源和运作成本依赖于社会财富的二次分配，并往往在法律上享有一定的减免税待遇。因此相对于企业组织来说，非营利组织的公共责任更为突出。因此，非营利组织法人治理，是以所有权、控制权与受益权分离为前提，以委托代理关系为主线，以利害相关者协同为重心，以公共责任为依归。所有权、控制权与受益权的分离必然引出委托代理关系，多重委托代理关系要求利害相关者协同，而不特定的利害相关者协调意味着更多的公共责任。就我国目前的事业单位、民办非企业单位和基金会的实际而言，当务之急是确立能够体现非营利组织法人治理思想的董事会制度。①

在当前我国学界对于事业单位是否属于可以归属到非营利组织范畴中也并没有达成共识。有学者认为非营利组织主要是指民办非企业组织，事业单位向非营利组织转化是符合社会转型与公共事业发展趋势。② 当然，在我国非营利组织主要包括社会团体与民办非企业单位。前者属于互益性成员组织，后者属于公益性服务实体组织，是民间力量提供公共事业服务的典型组织。改革开放以来，伴随社会转型与公共事业体制改革不断深入，事业单位改革成为公共事业体制改革的重要内容之一，即如何提高事业的管理效益，更好地为公共服务。事业单位改革的一个必然趋势就是由国家统一垄断到国家、社会和公民共同兴办非营利组织，调动社会的所有资源，推动社会公共事业发展。从这一改革趋势来说，事业单位属于非营利组织关注的范畴是应有之义。问题是在我国目前非营利组织发育还很不健全的情况下，我国正处在社会转型时期，许多意识领域的问题都处在探讨之中，都亟待澄清阶段，由此我们可以推断，我国不可能将所有的事业单位一股脑儿地推入社会，由

① 陈林，徐伟宣．从“非国有化”到“非营利化”：NPO 的法人治理问题［J］．中国研究（香港），2002（8）．

② 赵立波．论事业单位向非营利组织转化——现实描述与理论探析［J］．中国行政管理，2005（2）．

利益相关者协同治理，而是实行事业单位分类改革，进行新的制度设计。

三、学校法人治理结构的界定

（一）学校治理结构的特征

从非营利性法人的定义及我国设置学校组织存在的目的来看，学校无疑是属于非营利性法人。在研究如何体现学校法人存在之价值，更好地发挥学校法人治理效果时，就必须研究学校法人治理结构问题。

学校法人治理结构是学校法人治理的核心问题，健全而又完善的法人治理结构是实现法人治理的关键和前提。学校法人治理结构与公司治理结构应该有重要的区别，这种区别主要体现在学校法人与公司法人存在之根本目标与终极价值追求之差异。学校是非营利性法人，不以追求资本利润为目的，更关注的是人身心的和谐发展和国民整体素质的提升，是提升国家综合国力的重要途径，是引领人们幸福生活的一种有效方式。因此，学校治理比公司治理要复杂得多，因为其不仅关涉个人福祉，而且利及国家和民族大业的发展；不仅关涉个人利益，还更多涉及公共利益。由此，学校治理过程不可能像公司法人治理过程那样更多关注公司内部各权利主体之间的利益均衡问题，更多体现出资人的股权利益，更多关注公司法人的发展目标。学校在发展过程中，不仅需要考虑到举办人的利益，也需要考虑到学校发展过程中诸如教师和学生等其他利益相关者的利益，以及国家的整体利益。因此，学校法人治理结构到目前为止并没有一个非常明确的界定，应该说是教育法学和教育管理学研究中一个非常新鲜并值得研究和分析的概念。对学校法人治理结构的界定既需要借鉴公司法人治理结构概念的精髓，但是又必须体现出学校法人治理过程中的权利冲突和价值诉求，体现出学校法人治理过程中的独特机制和内在规律。

（二）学校法人治理结构

从目前我国学校类型来看，主要包括公立学校和私立学校。不同类型的学校，由于其投资主体不同，其在法人治理结构方面也应该有所不同，以体现出学校利益相关人的目标追求和利益均衡。不同层次的学校，由于其办学目标和追求理念的不同，其法人治理结构也会有所区别。不管是公立学校还是私立学校，是高等学校或者是中小学校，首先其治理结构必然要体现出学校法人治理结构的内在规律和自身发展的管理机制，需要对学校发展过程中的各个利益相关者的权利配置，并规范其权利运行机制。由于学校在发展过程中不仅要考虑到学校内部各利益相关人的利益均衡问题，而且需要对政府、公众以及学校外部其他相关利益人对学校发展要求在制度层面上作出回应。因此，学校法人治理不仅包括学校内部的法人治理，还应该包括学校外部的法人治理。学校内部法人治理结构，就是要对学校法人的内部运行机制做出全面的界定，使其内部能够达到一种相互的制约和平衡，因此，学校法人内部治理结构应该包括内部组织机构的设置以及组织机构的运行规范。学校法人外部治理结构侧重在协调和规范学校与政府、社会之间的权利配置关系。通过学校内部治理结构和学校外部治理结构完善学校法人中各权利主体在学校发展过程中的责、权、利，实施法人治理，进而理顺学校与政府、社会之间的关系，促进学校自主发展。

第三节　学校法人治理结构的依据

学校治理结构反映出学校各利益主体在学校发展过程中的责、权、利。因此，如何设计和完善学校治理结构必然会引起学校相关利益主体的高度重视。我国对学校治理结构的规定，不仅体现在教育政策法规中，而且学校章程也对此作出了规定。本节主要对教育法律、《教育规划纲要》和学校章程中有关学校治理结构的相关条款进行分析，并基于此提出政策法规中需要进一步完善之处。

一、政策法规依据

（一）《教育法》和《高等教育法》的原则规定

《教育法》第二十八条和第二十九条规定了学校及其他教育机构的权利和义务；第三十条规定了学校的管理机关应当符合法律规定的形式，并规定了学校或其他教育机构的管理体制；第三十一条规定了学校及其他教育机构的法人资格条件。《高等教育法》第三十条规定：“高等学校自批准设立之日起取得法人资格、高等学校的校长为高等学校的法定代表人”；第三十九条至第四十四条规定了校长、校长办公会、学术委员会、教职工代表大会和教育行政部门等机构的基本权限。这些法律规定不仅是学校应该推行法人治理的法律依据，也是学校如何建构治理结构的法律基础。在构建学校法人治理结构的过程中，不仅要依据《教育法》和《高等教育法》等相关法律法规对学校法人的性质进行定位，而且要依据法律法规保障学校内部和外部相关权力主体的权利和义务得到合理配置和均衡，促进学校协调发展。

然而，从《教育法》和《高等教育法》相关的法律规定来看，学校内部和外部的权利主体在学校发展过程中的具体法律职责和义务并不明确，或者仅仅是一些原则性的规定，非常笼统。比如《教育法》第三十条规定：学校及其他教育机构的举办者按照国家有关规定，确定其所举办的学校或者其他教育机构的管理体制。学校及其他教育机构的校长或者主要行政负责人必须由具有中华人民共和国国籍、在中国境内定居并具备国家规定任职条件的公民担任，其任免按照国家有关规定办理。学校的教学及其他行政管理，由校长负责。学校及其他教育机构应当按照国家有关规定，通过以教师为主体的教职工代表大会等组织形式，保障教职工参与民主管理和监督。这些条款实际上是规定了学校的内部管理体制以及对学校校长的任职条件和教职工代表大会进行了概括。这些规定还称不上对学校法人组织形式的规定，其并未对学校法人的组织成员、机构设置和权利配置以及学校的运行机制作出规定。

（二）《民办教育促进法》的相关规定

除了《教育法》和《高等教育法》对学校法人治理结构作出过一些原则性的规定外，《中华人民共和国民办教育促进法》（以下简称《民办教育促进法》）对民办学校的法人治理结构作出了相关规定。《民办教育促进法》第十九条到第二十四条以及第二十六条对此作出了具体规定。第十九、二十和二十一条规定了民办学校应当设立学校理事会、董事会或者其他形式的决策机构，并对其组成成员以及理事会或者董事会的职权作出了规定。第二十二条至第二十四条规定了民办学校的法定代表人可以由理事长、董事长或者校长担任，并规定了校长的任职资格以及权限。最后，第二十六条对教职工代表大会作了规定。从《民办教育促进法》上述相关条款来看，《民办教育促进法》在法律规定上受到了《公司法》相关法律条款的影响。学校法人治理结构要比公司法人治理结构复杂得多，但是，《民办教育促进法》仍然是着眼于学校内部治理结构，没有对学校外部法人治理结构作出规定，这不能不说是一个局限。事实上，学校内部法人治理结构的运行很大程度上要依赖或者说要得益于合理的学校外部治理结构。

（三）《教育规划纲要》的战略部署

《教育规划纲要》第三十八条指出，“适应中国国情和时代要求，建设依法办学、自主管理、民主监督、社会参与的现代学校制度，构建政府、学校、社会之间新型关系”，“随着国家事业单位分类改革推进，探索建立符合学校特点的管理制度和配套政策，克服行政化倾向，取消实际存在的行政级别和行政化管理模式。”第四十条规定：“完善中国特色现代大学制度。完善治理结构。”完善中国特色现代大学制度，并非创立一项新的制度，而是以按照《高等教育法》运行已久的制度为基础，沿着新确定的现代学校制度建设方向，进行深刻反思与全面改进。上述规定的政策含义就是要立足构建政府、学校、社会之间新型关系这一核心环节，重点解决好三大问题，即政府怎么依法管学校办学校，学校怎么形成好的治理结构，社会怎么对学校参与和监督。[①] 这些规定对新形势下如何设计和完善高校治理结构指明了具体的改革方向，这其中既指出了高校与政府和社会之间外部关系的重建，同时也对高校内部治理结构作出了具体的部署。

尽管完善中国特色现代大学制度并非是一项新的制度，但“完善大学治理结构、探索教授治学的有效途径”则是《教育规划纲要》新列入的改革事项。《教育规划纲要》将完善大学治理结构作为一项与现代大学制度建设密切相关的改革事项提出来，这一提法本身足以表明，对于这一问题的关注已从10多年前学术界将其作为一个学术话题的探讨，到逐渐引起高校、媒体和公众的注意，直至政府认同并积极介入。经过各界长时间的认识互动，它已成为一个具有公共政策意义的问题，明确进入了我国教育政策制定者的视野。

建立现代大学制度试点学校和地区已经公布，北京大学等26所部属高校将推动建立健全大学章程，完善高等学校内部治理结构。如北京师范大学开展了“完善大学治理结构、建设现代大学制度”的改革试点。其主要改革措施包括：对国内外知名大学制度建设成果进行比较研究，制定并完善章程，对学校规章制度进行梳理和清理，依照章程规定管理学校，规范大学治

---

① 张力. 完善中国特色现代大学制度的政策涵义［EB/OL］. http：//www. moe. edu. cn/publicfiles/business/htmlfiles/moe/moe_1485/201012/112745. html.

理行为；以教育学部为试点，理顺学校与各建制性学术机构以及相关主体之间的责、权、利关系，构建以学科为基础的数量适当、分布合理、运行高效的学部制实体单位布局；创新高等学校与其他资源主体合作共建的模式，探索高校发挥学科人才优势，与各类资源主体合作办学、联合科研、协同服务，建立健全高校民主管理体系。[①] 从中可以看出，完善学校治理结构不仅是一项渐进式的改革过程，而且需要相关配套的政策法规加以引导和规范。我们相信，随着《教育规划纲要》的贯彻实施和试点成果的逐步完善和推广，有关学校治理结构的相关规定会更加科学、合理和可行，从而更好地推动学校依法办学和自主发展。

二、学校章程

（一）章程是学校办学的纲领性文件

章程是一个组织体的宪法性文件。我国《教育法》以及《高等教育法》、《民办教育促进法》等相关法律法规都对学校章程作出了具体规定。《教育法》第二十六条将学校章程规定为设立学校及其他教育机构必须具备的基本条件之一，并赋予学校行使“按照章程自主管理”的权利。《教育法》颁布后，1995 年 8 月，国家教委下发了《关于实施（中华人民共和国教育法）若干问题的意见》，进一步指出：“各级各类学校及其他教育机构，原则上应实行‘一校一章程’。”1999 年 12 月，教育部在《关于加强教育法制建设的意见》中也指出，各级各类学校要“依据法律、法规的规定，尽快制定、完善学校章程，经主管教育行政部门审核后，按章程自主办学”。《民办教育促进法》第二十一条规定：学校理事会或者董事会负责“修改学校章程和制定学校规章制度”。因此，学校章程是学校办学的纲领性文件，是学校法人建立时必须具备的法律文件，是在法律规定范围内对其成员有拘束力的内部规范，除确定的名称和办学宗旨、办学门类、学科门类的设置、教育形式等以外，章程还要对内部管理体制、经费来源、财产和财产制度、举办

① 李玉兰．建立现代大学制度试点学校和地区公布［N］．光明日报，2010－12－17（01）．

者与学校之间的权利、义务以及章程修改程序等事项作出具体的规定。[1]因此，学校章程是指为了保证学校工作正常运行，就办学宗旨、内部管理体制及财务活动等重大的、基本的问题，作出全面规范而形成的自律性基本文件。[2]

学校法人治理结构很大程度上应该是在法律划定的框架内由章程来自由架构。这既可以弥补法律刚性规定之不足，也可以体现不同学校的办学特色和管理风格。尽管我国《教育法》、《高等教育法》和《民办教育促进法》等相关教育法律法规对学校章程都在不同方面作出了规定，但是由于这些规定总的来说还是比较概括的，对于一所学校来说，到底如何制定学校章程，来规范学校内部管理体制和运行机制，规范学校发展过程各权利主体的权利和义务，都需要在各级各类学校根据自己学校法人性质、发展定位以及学校客观情况来制定。

（二）英美法国家学校章程结构

在英美法国家，章程则由两个文件组成。其一是章程大纲。这是规定法人对外关系的法律文件，目的主要在于使法人之外的其他法人以及自然人了解其基本情况，如法人名称、资本、公司的经营期限、公司的目的等。章程大纲是公司申请注册的必要文件之一，法律对其内容会有一定的规定。其二是法人内部规章。这是调整法人内部关系的文件，主要规定内部组织机构的设置和各自的权责，属于法人的内部宪章。[3]许多国家都是通过立法要求学校制定章程来规范学校办学，并监督和审视学校办学水平的重要依据。《〈日本学校教育法〉施行规则》规定，关于学校设置的许可申请或申报，许可申请书或申报书必须分别附加记载“校章”等事项的文件；关于设置分校许可的申请或申报，许可申请书或申报书必须分别附加记载“校章的变更事项”等文件。学校章程至少必须记载下列事项：（1）有关修业年限、学年、学期和停止授课日的事项；（2）有关部、科和课程的组织事项；（3）有关教育

---

① 《高等教育法》第二十八条对高等学校的章程应该规定的事项作出了具体规定，一共包括十项：学校名称、校址；办学宗旨；办学规模；学科门类的设置；教育形式；内部管理体制；经费来源、财产和财产制度；举办者与学校之间的权利、义务；章程修改程序；其他必须由章程规定的事项。

② 陈立鹏．再谈学校章程［J］．中小学管理，1998（10）：7－8.

③ 金锦萍．非营利法人治理结构研究［M］．北京：北京大学出版社，2005：79.

课程和授课日时数的事项；（4）有关学习的评价和课程修完的认定的事项；（5）有关学生定额和职员组织的事项；（6）有关入学、退学、转学、休学和毕业的事项；（7）有关学费、入学费及其他费用征收的事项；（8）有关赏罚的事项；（9）有关宿舍的事项等。《法国高等教育方向法》（1968 年 11 月 12 日第 68—978 号法律）第 11 条规定：“公立科学文化性机构及其所属教学与科研单位，依据本法及其实施法令的规定，确定各自的章程。”“章程方面的决定，须由理事会成员 2/3 多数通过。”①

（三）《教育规划纲要》对加强章程建设的推动作用

章程是一所学校的“宪法”，因此，其不仅要解决学校内部的治理问题，而且包括界定政府和学校的关系、学校和社会的关系等重要内容。由此，章程才能成为制定学校治理结构的法定依据，进而用以调整和规范学校发展过程中的各利益主体的责权利，形成合力，共同治理学校。

从 1995 年的《教育法》中有大学章程的正式提法，到 1999 年《高等教育法》明确要求设立高等学校需要提交大学章程算起，已经过去十几个年头了。时至今日，我国大部分高校仍然没有大学章程，有的学校虽然制定了章程，但是漏洞百出，错误连篇，没有起到章程应有的功能和效用，权威和神圣性更无从谈起。究其根本性原因，还在于制定的章程没有效力，也没有理顺大学与政府、社会的关系。没有搞清楚大学与政府、社会的界限在哪里，这样就很难在章程里面明确界定大学的边界。目前被人们所诟病的诸多大学教育问题，其深层次原因，还在于大学没有行之有效的办学章程，也没有明确大学发展中的根本性问题。若要摆脱目前的困境，真正实现依法治校，就必须尽快制定大学章程，让大学有法可依。②

《教育规划纲要》对制定学校章程再次作出明确的规定，必将推动学校，尤其高校加快制定大学章程。《教育规划纲要》第四十条明确规定，“加强章程建设。各类高校应依法制定章程，依照章程规定管理学校。”根据这一要求，教育部制定了《高等学校章程制定办法（征求意见稿）》，希望以此推动高等学校的章程建设。根据教育部的部署，此次列入试点建设大学章程的大学共有 26 所，试点学校走上了制定或者完善大学章程改革之路。据媒

① 金建陵．国外制订学校章程的实践经验和法律规定［J］．教学与管理，2001（7）：77－78.

② 包万平．为改革试点高校加油［N］．科学时报，2011－01－25.

体报道，在成为“推动建立健全大学章程，完善高等学校内部治理结构”改革试点学校之后，复旦大学开始起草《复旦大学章程》，即将走上“立宪”分权的依法治校之路。这件事被认为是继南方科技大学招生[①]之后又一“给力”教育改革事件，[②] 如此评价和反响，一方面反映出大学章程的重要性和影响力；另一方面也说明制定大学章程既需要强大的推力，也需要更具操作性的法定依据加以保障和推进。

第四节　学校法人治理结构研究中相关的两个问题

对学校法人治理结构作进一步分析时，有两个关键问题需要先加以探讨，即能否运用委托代理理论框架来分析学校法人治理结构，以及明晰学校产权是否是构建学校法人治理结构的必要前提。

一、委托代理理论视野下的学校法人治理结构

（一）公司治理结构中的委托代理问题

公司治理结构主要就是为了解决公司运作过程中存在的委托代理问题而进行的一套制度安排。这种制度安排的假设就是委托人与代理人之间存在利益冲突，需要从制度层面加以规范，并减少由于这种冲突有可能造成的代理交易成本，通过这种制度设计以激励代理人为了委托人的利益而行动。那么，学校治理结构也同样可以用委托代理理论分析框架进行分析吗？或者说

---

① 南方科技大学（下称南科大）自筹建伊始就一直处在中国教育舆论关注的中心，成为社会关注的热点。一方面，是因其“去行政化”的理念而被公众寄予厚望，被认为是中国高校改革的试验田；另一方面，南科大虽经批准筹建，但却未获教育部批准的学位授予权，无法自主招生。在历经4年多的筹建之后，南科大于2011年3月1日正式开学，首届教改班招生了45名学生。而教育部日前公布的2011年具有普通高等学历教育招生资格高校的名单中，一直备受争议的南科大并没有位列其中，此事引起了广泛的关注。高考临近，南科大再次被推到聚光灯下。2011年5月30日，南科大学子网上发表公开信，集体表示不参加高考，南科大再次处在社会舆论的风口浪尖。事实上，从筹建之日起，南科大的符号意义就非常鲜明。在众所周知的高校改革困局中，人们既把南科大视为有无突围希望的标志，更愿意从南科大的改革中，探索如何在政府、社会、大学这三者之间建立一种新型的关系。由此可知，公众关注南科大，就是关注中国高校改革的前途。

② 郭静．复旦起草《大学章程》引热议“立宪”治校有多远［N］．齐鲁晚报，2011－01－05．

学校法人治理结构也主要是为了解决委托代理关系问题而设计和安排？这就要求我们至少先要搞清楚两个方面的问题。一是，公司治理过程中为什么会出现委托代理问题；二是，学校法人治理过程中是否也必然会出现委托代理问题。这实际上需要对学校法人治理结构与公司治理结构进行比较和分析。

公司治理结构中为什么会出现委托代理问题？了解这个问题的产生，需要从企业所有权出发看看企业有哪些类型。从所有权出发，企业主要有三种类型：个体经营者、合伙企业和公司。个体经营者是企业的最简单、最常见的形式。一个人建立一个个体企业就可以开始经营了。尽管这样的企业主也可以雇用其他人，但是企业的所有者只是一个人。个体经营者完全享有企业的一切收益并对企业的一切负责。这是一种直接治理的方式。合伙企业是由两个以上合伙人共同所有。通常合伙协议要协定下列事情：每个合伙人对企业的贡献多少；每个合伙人的责任；利润如何分配；扩大、减少或者取消合作的决定方式等。和个体企业一样，合伙企业的每一个人也都对企业债务负有责任。由此，我们也可以看出合伙企业同样是采用直接治理。

企业的第三种类型是公司。公司是最重要的企业组织形式。公司是为了管理由两个或者更多的股东所有的企业，由国家授予经营权的特殊的法律形式。与企业所有权的其他两种主要形式相比，公司具有一系列显著的特征。第一个特征是股东的有限责任；第二个是公司是有清晰的法律个性的；第三个是公司可能有一个无限的持续期。就是说，公司的寿命可能超出它任何一个创始人能够参与的时间。公司主要包括有限责任公司和股份有限公司。当然不管是有限责任公司还是股份有限公司，随着公司的快速发展和资本投资量的增加，必然会出现公司的所有人无法像个体经营者和合伙企业的所有者一样直接治理企业的现象，另外一方面由于公司的所有者比较多，也不可能由公司的所有人全部直接管理公司，最终造成了企业真正的所有者不再亲自参与治理，公司的所有者就需要雇用一批专门从事公司管理的人员，即职业经理人来管理公司。由此导致了公司的所有权和经营权出现分离。职业管理者取得公司的所有者或者说业主控制企业的经营权就产生了“委托人”与“代理人”的问题。为了确保委托人的利益不被侵害和滥用，促使自身具有独立利益的代理人来最大限度地维护委托人的利益，委托人和代理人两者的契约关系需要制度上的相应安排，这就是西方人视野中的公司治理结构所要解决的问题。

（二）国有企业公司制改革中的委托代理关系分析

企业可以分为跨国企业、国有企业和民营企业等形式。[①] 国有企业的改革方向就是公司制改革或者说股份制改革。公司治理存在的一个前提就是为了解决委托代理问题，减少交易成本，激励代理人为公司利益和股东利益而努力的一种制度安排。从这个角度来说，公司治理基本上都是适应委托代理关系分析框架的，一方面是因为随着市场风云变幻、知识和技术不断更新，公司需要委托其他人来为公司更好地服务；另一方面随着公司的不断发展和规模扩大，公司的资本所有者也不可能事必躬亲，也需要委托代理人对公司管理。我国公司尽管和西方视野中的公司发展背景和约束条件不同，但是在公司的治理过程中同样存在委托代理人问题，所以当前经济学界研究公司治理改革问题时经常使用委托代理理论的分析框架。

既然国有企业改革的方向就是公司制改革，那么在推进公司制改革的过

---

① 这种划分标准实际上还是按照所有制来划分的，这种划分方式将改变，以适应市场经济，主要以出资形式和出资者的责任来划分。以出资的形态和出资者的责任来划分，企业的划分就走向科学化了，不管主体出资是谁，是国家、是个人、是外资，其出资责任，出资形式都是相应的，这样划分也符合国际的惯例。根据这种划分标准，我国企业大致有五种企业形式，即独资企业、合伙企业、公司、股份合作和供销合作。参见：江平．江平讲演文选［M］．北京：中国法制出版社，2003：60－62．根据十五届四中全会《关于国有企业改革和发展若干重大问题的决定》以及十六大报告，建立现代企业制度，是发展社会化大生产和市场经济的必然要求，是公有制与市场经济相结合的有效途径，是国有企业改革的方向。其中提到建立现代企业制度，突出要抓好以下几个环节：继续推进政企分开；积极探索国有资产管理的有效形式；对国有大中型企业实行规范的公司制改革；面向市场着力转换企业经营机制。参见：中共中央关于国有企业改革和发展若干重大问题的决定［N］．人民日报，1999－09－27．另外，根据我国《中华人民共和国公司法》中所规定的公司仅包括有限责任公司和股份有限公司。有限责任公司，股东以其出资额为限对公司承担责任，公司以其全部资产对公司的债务承担责任。股份有限公司，其全部资本分为等额股份，股东以其所持股份为限对公司承担责任，公司以其全部资产对公司的债务承担责任。由于股份有限公司是现代企业的标志，根据上述规定，我国国企改革的方向是公司制改革，实际上就是在不断将国有企业改组为股份有限公司。

程中，必然也涉及委托代理问题，即国有资产的委托与代理问题。[①] 国有企业的长期低效率以及亏损问题也与国有企业在计划经济体制下的治理结构不合理以及经营机制不健全有直接关系。特别是国有企业中委托代理成本过高，存在“所有者缺位”现象。在国有企业改制后，由于委托代理结构的不完善，事实上多数的决策权仍掌握在经理人员手中，委托人与代理者之间并不是一种责权利相对称的互为约束关系，即存在着“所有者缺位”现象，从而导致了国有企业产权制度的无约束和低效。另外，国有企业法人治理结构不合理，存在严重的“内部人控制”。在目前国有企业公司制改革过程中，由于企业是由政府授权经营，企业的监督者和经营者往往都是政府委派，这就使企业无法通过现代企业制度实现董事会对经理层的有效监督，进而导致了“内部人控制”，淡化了公司所有者的最终控制权，降低了监督的力度。因此，如何运用委托代理理论分析研究国有企业公司制改革进程中的相关问题意义重大，将为国有企业公司制改革提供强有力的理论支撑。

（三）学校治理结构中的委托代理问题

1. 公立学校中的委托代理关系分析。学校和企业一样也存在不同类型的学校，主要包括公立学校和私立学校。学校治理也应该分为公立学校治理和私立学校治理。但在社会转型过程中，随着我国市场经济体制的不断完善，不管是公立学校还是私立学校在改进学校治理结构的过程中，都不可避免要借鉴公司治理机制的原理和举措。当然，公立学校和私立学校治理机制还是应该有所不同，这种不同主要需要体现在私立学校的多元投资主体、教学设计以及管理机制具有一定的灵活性。从这个角度而言，私立学校更容易借鉴公司治理结构和运行机制，那么，公立学校是否也适合运用委托代理理

---

① 也有学者认为国有公司治理结构不能用委托代理理论分析，原因在于全民与国家之间的关系不是委托代理关系。很多学者将股份公司中的两权分离与公有制下的国有企业两权分离作对比，作者认为这种对比忽视了两者之间的重要区别，即公有制下国家与国有企业之间两权分离，虽然改变了党和国家的权力机构对国有企业控制的范围和程度，但不会从根本上改变行政权力授予关系。当国有企业进行股份制改造的时候，这种行政权力授予关系以股份制的名义保存下来。因此，作者认为在我国国有控股公司治理结构中，行政权力授予关系是基本的，市场合约关系是辅助的，不从根本上改变行政权力授予关系，试图依靠完善市场合约关系来纠正国有控制公司治理结构的缺陷只能是“舍本逐末”。国有企业只有从依赖政府转向市场竞争，不懈地追求管理控制，才能使企业组织发生变化，从而提高劳动生产率。参见：孙少岩，齐平茹．公司治理结构研究中的误区［J］．税务与经济，2005（1）：42－44．

论来分析学校治理结构呢？

在我国，公立学校占学校总数的绝大部分，是教育资源至关重要的承载者。公立学校作为教育体制中举足轻重的环节，其地位完全可与经济领域中的国有企业相提并论。而且，这种办学模式将会在相当长的时间内存续。[①]此外，公立学校与国有企业法人治理的目标存在一定的同质性，因此，我们可以借鉴国有企业治理结构的一些成果，以及国有企业治理结构中遇到的问题来思考公立学校治理结构。在回答公立学校是否可以运用委托代理关系框架分析时，要先搞清楚公立学校中是否存在两权分离或者说三权分离，即首先要搞清楚公立学校的举办者是谁？学校的办学者是谁？学校的管理者是谁？三者即举办者、办学者和管理者或者说两者即举办者和管理者是否统一？

公立学校，是国家举办的公共教育机构，或者确切说是国家投资举办的公共教育机构。根据《中华人民共和国宪法》规定，为了公民的受教育权，国家有义务举办教育，需要举办学校教育或者购买其他投资主体举办的学校教育产品为公民接受教育。计划经济时期，国家是所有学校的投资者和举办者，所有类型的学校都属于国家统一管理。在由计划经济向社会主义市场经济转型过程中，政府与学校的关系正面临分化与改组，逐步演变为举办者、办学者和管理者三个主体之间的关系。根据《教育法》的规定，学校举办者可以是政府、也可以是企事业组织、具有法人资格的社会团体和公民个人，它们可以单独举办学校，也可以联合办学。办学者是学校的校长及其办事机构，管理者是行使教育行政管理权的各级政府。政府与学校关系的分化模式可以用图 4.1 表示。

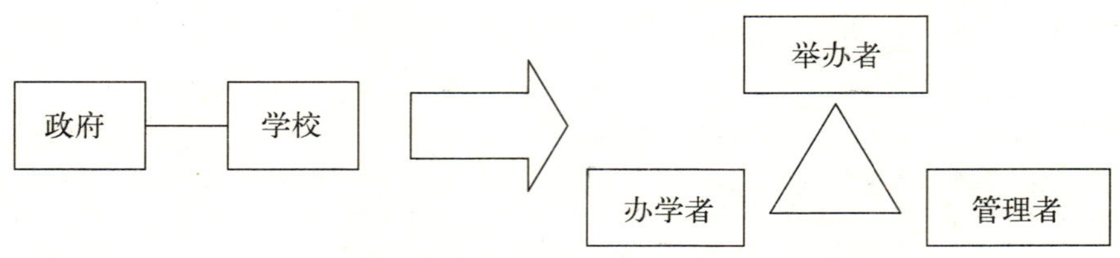

图 4.1　我国政府与学校关系的分化模式

资料来源：劳凯声．变革社会中的教育权与受教育权：教育法学基本问题研究［M］．北京：教育科学出版社，2003：39.

① 张弛，韩强．公立学校产权制度改革的法律论证［J］．华东政法大学学报，2003（4）.

由于国家仅仅是一种法律上抽象出来的人格体，它的权利只有委托有关国家机关与国家公职人员代为行使才能得到体现。换句话说，有关国家机关与公职人员只是国家权利主体的受托人或代理人，他们自身的利益当然不能等同于国家利益本身。因此，在公立学校教育体系中，国家实际上是一个抽象的主体，无法亲自管理学校教育，须委托政府部门进行管理，教育行政部门是政府的代理人，教育行政部门再通过任命学校领导来对学校进行具体的管理，以实现其管理学校之目的。这其中就存在多链条的委托代理关系，具体委托代理关系如下：全体公民（初始委托人）—国家（代理人兼委托人）[①] —政府机构（代理人兼委托人）—教育行政部门（代理人兼委托人）—学校（代理人）。在这个多级代理中，当我们用委托代理理论来分析公立学校产权关系时，我们会发现无论是作为一个整体的全体公民，还是其中的一个个人，都不具备代理理论中委托人所必备的行为能力。由于法律上的所有者不具备作为委托人的行为能力，它与直接代理它所行使所有权的主体之间就不可能形成真正的委托代理关系。代理理论的适用范围，应当是事实上的所有者或初始委托人与代理人的关系。[②] 虽然公立学校的产权关系给我们运用委托代理理论框架分析一般委托代理问题带来一些困难，但是作为委托人，无论是起始委托人还是事实上的所有者都无关紧要，我们在一个很长的委托代理链条上随便找一个起点，都不影响用此理论框架来分析代理关系和代理问题。[③]

2. 委托代理理论分析框架中的学校治理结构。公立学校中代理问题其实也很严重，比如过分的在职消费，诸如公费吃喝、公费旅游、公费出国等；信息披露不规范，随意进行财务处理；短期行为，不是考虑学校的长远利益和发展，而是着眼于考虑眼前的成绩、地位和利益，并不惜以后者损害前者；过度投资和耗用资产，使用国有资产的边际成本极低；[④] 不考虑学生和教师的利益，等等。学校治理过程中存在的诸多问题在很大程度上都属于委托代理问题，因此，在设计学校治理结构时也同样需要考虑如何解决学校

① 孙少岩，齐平茹．公司治理结构研究中的误区［J］．税务与经济，2005（1）．

② 张春霖．存在道德风险的委托代理关系：理论分析及其应用中的问题［J］．经济研究，1995（8）．

③ 孙天华．大学治理结构中的委托—代理问题——当前中国公立大学委托代理关系若干特点分析［J］．北京大学教育评论，2004（10）．

④ 费方域．企业的产权分析［M］．上海：上海三联书店、上海人民出版社，1998：161－162．

治理过程中存在的委托代理问题，即代理成本和激励问题。学校治理过程中主要是通过完善学校治理结构来规范代理人的行为，并通过制度设计来激励代理人为委托人利益服务。因此，有学者认为在学校治理过程中也应该像企业一样，为了避免由于非对称信息所产生的道德风险，关键是要通过恰当的契约设计，建立有效的校长激励机制。① 这是针对政府与校长之间的委托与代理问题而设计的制度安排。学校治理不仅包括内部治理，还包括学校外部治理。因此，学校治理结构不仅仅要考虑到政府与校长之间的权力配置和责任、权利和义务的划分，而且要考虑到学校内部不同利益主体在学校治理过程中的权力配置问题。这和公司治理有很大的不同。学校治理结构必须要体现出学校法人的目标和价值追求，体现学校发展过程中不同利益相关者的利益，才能真正促进学校的发展，才能真正实现学校存在之价值，才能真正让学校成为育人的场所，而不是类似公司或者工厂的地方。

委托代理理论的确可以为学校治理以及构建科学、合理的治理结构提供一个很好的分析框架。委托代理理论主要是针对公司中的股东和经理层之间的利益分配制衡问题而设计的一整套制度。公司治理过程中实际上也涉及与公司利益相关的其他利益团体，包括与公司相关的股东、经营者、债权人和职工，但是，委托代理理论并未对公司相关的这些利益主体权益进行设计和规范。因此，委托代理理论最初是针对公司治理现状而提出，着眼于公司治理过程中存在的问题，其本身也存在一定的局限性。

3. 利益相关者理论视野下的学校治理结构。利益相关者理论是对运用委托代理理论框架分析公司治理的一种理论上的突破。利益相关者理论对委托代理理论的突破体现在以下几方面。第一，在公司的目标上。利益相关者理论认为，公司经营的目标不是单一地为股东提供回报；公司的存在是为实现包括股东在内的利益相关者利益的最大化。第二，在公司的所有者上。利益相关者理论认为，公司的真正所有者是公司的各利益相关者。第三，在公司的经营者服务对象上。利益相关者理论强调公司有多个利益相关者，公司是所有利益相关者的，公司的目标不是仅仅追求股东价值最大化，而是追求包括股东在内的多方利益相关者的利益最大化。所以，公司的经营者必须对利益相关者负责。第四，在公司治理主体上。利益相关者理论认为，公司治

① 袁小平. 委托代理关系下校长隐性激励与选择略论［J］. 江苏教育学院学报：社会科学版，2005（3）：22－24.

理主体不能仅仅局限于股东，还应包括债权人、职工等在内的利益相关者。

利益相关者理论的研究，打破了委托代理理论的框架，推动了公司治理理念的变化和公司治理结构的变化，人们不再将公司治理问题局限于所有者和经营者之间的委托代理关系，而是进一步认识到，公司治理是由各利益相关者组成的一个系统，这就使我们对公司治理问题的综合性和复杂性有了进一步的认识和理解。①

运用利益相关者理论，我们将会有一个全新的视角看待学校治理。学校实质就是一个利益共同体。这就要求我们在学校治理过程中从学校利益主体角度出发，要考虑到国家的利益，要考虑到学校利益，要考虑到人民的利益，更要考虑到不同社会阶层群体的利益；在学校内部治理过程中，要考虑到学校的利益，要考虑到教师的利益，更要着眼于学生的利益。学校在治理过程中不仅要考虑到这些不同利益群体的利益，更要通过完善学校治理结构来保证这些不同利益群体都能在学校发展过程中反映自己的利益要求，并通过制度来加以保障不同利益群体的利益得到均衡发展。

二、基于学校产权的法人治理结构分析

（一）产权明晰是设计法人治理结构的基础

学校产权明晰是否是构建学校法人治理结构的必要前提？这一方面需要了解产权明晰的界定，即什么情况下的产权才是明晰的；另一方面需要了解产权明晰和法人治理结构之间的关系。产权明晰是指权利界区的明晰，即每个产权主体对财产拥有什么权利，执行什么职能，获得什么利益都是明确的，做到各行其权，各尽其职，各得其利，不会发生越权侵权、争利夺利的问题。因而，所谓产权明晰是指权利界区的明确界定及其有效行使和实现。而要做到产权明晰，必须做到权利的“对称组合”和所界定的权利必须与产权主体的行为能力相适应。我国的国有产权之所以至今还不明晰，就在于产权界定中缺乏明确的理论指导，结果使界定的权利不能有效行使：一方面是让权让利、渎职失职；另一方面是越权侵权、争利夺利，导致产权模糊不清。对国有产权来说，产权归属的清晰还是个亟待解决的关键性问题。在国

① 刘丹. 利益相关者与公司治理法律制度研究［M］. 北京：中国人民公安大学出版社，2005：58－59.

有一统产权条件下，全部权利分属于从中央到地方各级、各部门，但它们各自有哪些权利，是没有明确界定的，更不明确分担责任。因此，那时的国有产权从总体看或抽象来看都属于国家，似乎归属上是清晰的；但具体地说，产权归属是不清晰的。

在建立现代产权制度中，国有资产所有权由谁来行使即归属于谁？相应的责任由谁来承担？企业法人财产权是由股东和企业领导人组成的各种机构来行使，还是由企业职工组成的各种机构来行使？这些都是亟待解决的问题。只有解决了这些问题，国有产权的归属才能清晰。①

公司治理结构产生于现代公司的产权结构安排。所有权与经营权的分离，更确切地说，股东股票所有权、公司法人所有权和经营权的各自分离所形成的公司产权结构，才使得以利益制衡为基础的公司治理结构的构架成为必要。② 所以产权明晰不仅是企业改革的首要目标③，而且也是设计法人治理结构的基础和前提。不同的产权结构，其相应的法人治理结构也就不同，正是由于多元的产权结构，才有多元的法人治理结构模式。所以，任何法人治理结构的建立都是离不开产权的明晰。制度经济学认为，产权制度与市场制度的治理结构虽然不属于一个层面，却是紧密联系的。产权制度向下和它的基础——市场制度发生联系，向上和治理结构发生联系，因此，产权制度是治理结构的基础。④ 法人治理结构表面上看是廓清各个权利利益主体分配关系和其他权利主体义务关系，但实质还是落实产权关系。⑤

（二）学校法人财产权与国家所有权内涵不同

在构建学校法人治理结构时，也必须要分析学校产权结构。学校产权结构不同，学校法人治理结构也应该不同。在分析学校产权结构时，公立学校和民办学校产权结构不同。其中较为争议的是公立学校的产权界定问题。在认识国有产权问题上，应该说存在认识的误区，即国家享有所有权，其就应该享有法人财产权、支配权和管理权。比如，公立学校，其学校产权属于国家所有，国家对公立学校法人财产就享有直接支配权和管理权。这属于认识

① 陈国恒．国有产权制度改革研究［M］．北京：中国社会科学出版社，2004：70－73.

② 倪建林．公司治理结构：法律与实践［M］．北京：法律出版社，2001：1.

③ 江平．江平讲演文选［M］．北京：中国法制出版社，2003：54.

④ 于中宁．跳跃性的产权改革［J］．新华文摘，2004（3）：36－38.

⑤ 王珠林．在完善法人治理结构中落实产权［J］．开发研究，2001（5）：12－14.

上的误区。澄清这一认识的误区关键是必须明确这样一个重要问题："国家所有权仅指国家对于动产和不动产享有的直接支配的权利，既不包括国家因投资而享有的投资人（股东）权利，也不包括国家享有的物权之外的其他财产权利。换言之，国家将货币或其他资产通过投资或者拨款等方式注入一个企业（国有独资企业或者国家参股企业）或者行政机关以及事业单位的财产内之后，这些企业、机关或者事业单位的法人人格即切断了国家与这些财产之间的物权法意义上的直接支配关系。事实上，混淆国家所有权与国有企业、国家机关以及事业单位等法人所有权的界限，是将国家所有权的性质混同于私人所有权的重要原因。"① 由此可知，公立学校的产权属于国家所有，但是并不能表明学校法人财产权就是国家所有权，这是两个不同的概念，其内涵明显不同。公立学校产权属于国家所有，具有公权性质，不具有民事上的可让与性，国家所有的财产不得强制执行，不得被纳入破产财产。虽然公立学校是国家投资举办，但是公立学校所享有的法人财产权已经不是国家所有权，具有私权性质，学校法人具有直接支配权和管理权。区分国家所有权和学校法人财产权是理解公立学校法人治理结构的一个重要前提。

（三）基于产权的公立学校治理结构分析

根据目前民办学校产权组合的复杂程度将民办学校治理模式分为三种：简单治理、复杂治理和公司化治理。简单治理主要是适应那些投资者、办学者和学校是不分的，不存在所有权和经营权分离的问题。实行复杂治理的民办学校主要是指那些转制学校、比较大型的私立学校。这些学校一般是推行董事会领导下的校长负责制，校长为法定代表人。类似合伙企业，所有权属于投资者共同所有，属于合伙经营。实行公司化治理的学校产权的所有权、支配权和管理权、剩余索取权等各项权利都已经适度分化，一般是实行董事会领导下的校长负责制。对于股份制办学来说，可以由股东大会、董事会、监事会、校长、教代会组成系统的治理结构。②

由于民办学校投资主体比较多元，而且形式多样，所以其治理结构也比较不同。相对于民办学校来说，公立学校的治理结构就比较复杂。从当前的研究文献来看，特点有二：一是学校治理结构的相关文章比较少，这说明这

① 尹田．物权主体论纲［J］．现代法学，2006（3）：3－11．

② 徐冬青．民办学校的治理结构［J］．复旦教育论坛，2004（5）：66－69．

方面的研究还比较欠缺；二是即便是仅有的研究文章也仅仅是关注公立高校和民办高校的治理问题，侧重公立高校治理结构不多。这说明公立学校的治理结构的确比较复杂。这种复杂可以从两个方面加以分析。一是公立学校的所有权和经营权是分离的，即便是规模很小的公立学校也存在代理问题。因为公立学校的所有权应该是属于国家所有或者公共所有，而实际办学的是学校，管理权掌握在学校所辖区的教育行政机构。二是公立中小学和公立大学治理结构也不能相同。中小学和大学的服务对象不同，其教育目标也不同。中小学是为人的一生打基础的阶段，主要完成国家对公民普及知识的教育，并实现国家教育的宏观目标，提升国民素质，促进社会文明的进步。而大学不仅是提升国民素养，更重要的是要传播高深知识，进行创造性活动，着力培养学生的能力，所以尽管同样是公立学校，但是大学和中小学的目标不同，价值追求也有所区别，并非所有的人都能够接受高等教育，这也是大学和中小学区别的一个方面。所以大学的治理结构和中小学治理结构应该不同，不同的治理结构才能反映出不同类型学校的权力配置，反映出不同的利益群体的诉求。《教育规划纲要》要求高校建设有中国特色的现代大学制度，要完善治理结构，因此，我们有理由相信，高校相关的试点探索和高校治理结构方面的研究会逐步增多。

不管是公立中小学还是公立高校，由于都存在委托代理问题，所以其治理结构应该也有一些共性，这种共性就要求要反映出公立学校治理的特点和公立学校的特殊利益群体在学校治理中的权利和义务。从当前我国公立学校治理现状来看，代理问题也比较严重，尤其是公立学校治理过程中存在实际的所有人缺位，导致缺乏对代理人实际有效的监督机制，而形成了代理人的决策权力过大的问题。比如，学校乱收费问题，中央三令五申要求学校必须将收费公示，要求学校信息透明，但实际上学校乱收费现象从来没有停止过。为什么中央三令五申，学校依然可以我行我素呢？为什么学校可以置学生和家长利益于不顾呢？这些问题其实归根到底是学校治理结构不合理，学校到底应该是谁说了算？学校到底应该反映谁的利益？当然，并不是公立学校所有问题都是由于学校治理结构不合理所致。毕竟学校内部治理结构的转变还受到学校外部治理结构的制约。这正如有学者研究国有企业治理结构时指出的那样，产权决定论认定国有企业的改革只要进行产权制度改革就会搞好，论据并不充分。明晰界定产权是建立有效公司治理结构的前提和基础，但并不能自动带来企业的有效治理和高效率。国有企业只有从依赖政府转向市场竞争，不懈地追求管理控制，才能使企业组织发生变化，从而提高劳动生产效率。[①] 公立学校提高教育治理水平，提高教育质量，也不能仅仅依靠产权明晰，产权明晰是学校治理结构的基础和前提，治理结构的确不能自动产生高效率的治理，不会自动提高学校教育质量，好的制度不过是规定了成功学校必须具备的必要条件，而不是充分条件。在研究学校治理结构时，我们同样需要关注学校的外部治理结构，使学校内部治理结构和学校外部治理结构能够协调一致，更好地提升学校治理水平。

第五节　学校治理结构的框架分析

本节在分析设计学校治理结构应遵循的三个基本原则基础上，从学校内部治理结构和学校外部治理结构两个层面对此进行探讨，并进而提出了学校治理结构的整体框架。

一、设计学校法人治理结构体系的基本原则

学校治理结构实质上就是通过制度安排对学校不同权利主体的利益加以均衡，并保障学校自主发展的一种运行机制。纵观世界其他国家并没有统一的学校治理模式。在我国也同样如此，公立学校和私立学校治理结构应该有所不同；即便同样是公立学校，公立大学和公立中小学的治理结构也应该不同；不同类型的公立高校其治理结构也应该反映出不同学校的目标追求和学校特色；公立中小学由于自身资源不同，也应该设计不同的治理结构，以促进学校的自主发展。治理结构的千差万别，反映了不同学校的办学目标和价值追求，体现了不同的发展特色和治理理念，但是透过不同学校的治理结构，我们会发现在设计学校治理结构或者说在完善学校治理结构过程中，关键是要处理好三对关系。

1. 个人利益与公共利益的关系

公共利益是与个人利益相对应的一对范畴。也是我们在学校治理过程中必须进行协调和妥善处理的直接影响到学校教育治理效果的一对矛盾关系。在一定程度上设计或者完善学校治理结构就是通过一系列制度安排来规范不同利益群体在学校发展过程中应该享有的权利和应该承担的义务，并通过这

① 孙少岩，齐平茹. 公司治理结构研究中的误区［J］. 税务与经济，2005（1）：42－44.

种制度设计来促进学校自主发展的运行机制。因此，学校治理结构的设计必然需要平衡不同利益群体的利益，协调不同群体的利益关系。其中如何协调公共利益和私人利益是学校治理结构设计的基础。

依据《教育法》《高等教育法》和《民办教育促进法》等相关教育法律法规的规定，学校属于非营利性事业单位法人，法人自身没有特定的利益，而是以社会公益作为法人的目标。因此，服务公共利益是学校法人的基本目标。我们长期以来在学校管理过程中基本上都是从公共利益角度出发来设计和完善学校管理机制的。但由于我国法律法规并没有清晰界定公共利益，对公共利益概念的界定一直存有分歧，甚至被形容为一个空瓶子，在不同的时期承载着不同的内容。① 尽管国家是公共利益的代表和维护者，但是并不能就此推断公共利益就是国家利益。国家利益仅仅是公共利益的下位概念。② 在当前社会转型时期，社会利益分化比较明显的条件下，学校在治理过程中不仅要追求公共利益这一基本目标，更要通过完善或者设计学校治理结构来满足个人的利益需要。毕竟“公共”不是抽象的，而是由一个个实实在在的个体构成的。既然公共是由个体构成的，公共利益也是个人利益的某种组合，并最终体现在个人利益——国防之所以是一国的“公共利益”，并不是因为抽象的“国家”从中得益了，而正是在于这个国家的每一个实际存在的人都得益了。在超越个人的社会或国家一样，超越个人的“公共利益”也同样是不存在的；否则，我们就坠入了无法自拔的诡辩论陷阱。③

在现代市场经济中，个人利益与公共利益尽管有区别，但两者又是相互依赖的。个人利益最大化依赖于公共产品的完善和社会整体的平衡，公共利益最大化依赖于个人的自由竞争和个人利益的实现。无论是个人利益还是公共利益，都只能在公共利益与个人利益协调发展中实现。④ 因此，在社会转型时期，学校治理结构在一定程度上就是公共利益与个人利益协调发展的平衡机制和现实基础。学校公共利益的实现依赖于个人利益的追求和实现，以

---

① 周林彬，何朝丹．公共利益的法律界定探析——一种法律经济学的分析进路［J］．甘肃社会科学，2006（1）：130－137.

② 胡锦光，王锴．论公共利益概念的界定［J］．法学论坛，2005（1）：10－14.

③ 张千帆．“公共利益”是什么？——社会功利主义的定义及其宪法上的局限性［J］．法学论坛，2005（1）：28－31.

④ 刘天喜，周英．论公共利益与个人利益协调发展的客观机制［J］．西北大学学报：哲学社会科学版，2004（11）：82－85.

肯定个人利益为前提。因此，公共利益的实现，只能在公共利益与个人利益的协调发展中达到。在当前法律还没有具体界定公共利益、公权力仍然干涉私权力的现实面前，尤其需要通过改进学校治理结构来平衡公共利益和个人利益，通过与促进个人利益最大化来寻求和发现公共利益之所在。在当前就需要通过完善学校治理结构让公共利益更好表达，让个人利益得到满足。这就要求我们在学校治理结构设计上需要运用利益相关者理论，让不同利益的群体和不同的个人利益都有自己表达的途径和得到保障的机制。

2. 公平与效率的关系

公平与效率是学校教育发展过程中一直难以调适的一对矛盾。设计学校治理结构是公正优先、兼顾效率还是效率优先、兼顾公平？十一届三中全会以后，我国的经济改革始终坚持的是效率优先，兼顾公平。这种改革理念对教育改革产生了重要影响。改革开放以来，教育改革主要也是体现出效率优先，兼顾公平的改革理念。在这种理念指导下的教育改革发生了两大转变：一是由大众化教育模式向精英化教育模式的转变；二是由计划体制向市场体制转变。教育的精英化发展方向，对于农村地区、贫困地区以及城市贫困家庭和父母文化水平较低的家庭的子女产生了不利的影响，他们往往成为被淘汰的对象。辍学率的上升就是这种状况的反映。教育的市场化导致了地区之间和不同家庭经济背景的学生之间的教育机会分配产生了负面影响。① 改革的成就是有目共睹的，极大地促进了经济体制改革，但是也产生了群众极为关注的问题，那就是教育公平问题，诸如择校热、乱收费、教育腐败等一系列问题的背后，实际上反映了人民群众对教育公平问题的关注。

教育改革毕竟不同于经济改革，两者所属领域不同，改革理念和路径应该有别。“根据教育是公共财产（起码可以说差不多是公共财产）的原则，学校首先应被看作是一个社会机构，或者更确切地说，是一个属于公民社会的机构。换句话说，学校不能再成为使人类休戚相关的脆弱联系化为乌有的不可抗拒的经济力量的一个简单的组成部分。”② 教育属于公共领域，首先应

---

① 李春玲. 社会政治变迁与教育机会不平等——家庭背景及制度因素对教育获得的影响(1940—2001)［G］//李培林，等. 中国社会分层. 北京：社会科学文献出版社，2004：398－399.

② 联合国教科文组织国际教育发展委员会. 学会生存：教育世界的今天和明天［M］. 北京：教育科学出版社，1996：200.

提倡公正价值。[1] 而正义是社会制度的首要价值。每个人都拥有一种基于正义的不可侵犯性，这种不可侵犯性即使以社会整体利益之名也不能逾越。因此，正义否认为了一些人分享更大利益而剥夺另一些人的自由是正当的，不承认许多人享受的较大利益能绰绰有余地补偿强加于少数人的牺牲。[2] 在设计学校治理结构的过程中，首要原则是公正优先，兼顾效率。这就要求我们在设计学校治理结构过程中，要考虑到如何让更多的人能够接受优质的教育，如何让学校的优质资源对所有的受教育者一视同仁，如何让不同的利益群体在学校治理过程中都有顺畅表达利益的机制和参与学校治理的渠道。《义务教育法》第六条明确规定："国务院和县级以上地方人民政府应当合理配置教育资源，促进义务教育均衡发展，改善薄弱学校的办学条件，并采取措施，保障农村地区、民族地区实施义务教育，保障家庭经济困难的和残疾的适龄儿童、少年接受义务教育。国家组织和鼓励经济发达地区支援经济欠发达地区实施义务教育。"由此可知，义务教育均衡发展是法定要求。《教育规划纲要》指出："把促进公平作为国家基本教育政策。教育公平是社会公平的重要基础。教育公平的关键是机会公平，基本要求是保障公民依法享有受教育的权利，重点是促进义务教育均衡发展和扶持困难群体，根本措施是合理配置教育资源，向农村地区、边远贫困地区和民族地区倾斜，加快缩小教育差距。教育公平的主要责任在政府，全社会要共同促进教育公平。"《教育规划纲要》将其作为我国未来10年教育改革和发展的指导思想和工作方针之一，必将有力推动我国教育的公平发展。因此，我们现阶段政府正在调整学校治理过程中公平与效率的关系问题，我们认为，公平优先、兼顾效率，是中国经济社会发展和教育发展到一定阶段的必然要求。

3. 自律与他律的关系

公司治理主要是指公司内部治理，即着力解决由于委托代理造成的问题，所以公司治理主要是内部治理，主要体现私法自治精神。而学校治理就复杂得多。学校治理不仅仅包括学校内部法人治理，还要包括学校外部法人治理。学校内部治理主要是指学校内部如何进行权利配置，保障学校内部利益相关者的权利和义务问题；而学校外部治理侧重在学校与学校外部利益相

① 联合国教科文组织国际教育发展委员会．学会生存——教育世界的今天和明天［M］．北京：教育科学出版社，1996：200.

② 罗尔斯．正义论［M］．何怀宏，等，译．北京：中国社会科学出版社，1988：3－4.

关者如何进行利益制衡，并保障学校自主发展的运行机制。学校治理过程不仅仅会体现出公司治理中的一些法则，更需要尊重学校发展自身的规律。学校法人毕竟和公司法人在法人目标上有着本质的区别。在设计学校治理结构的时候，不仅要保障学校独立法人地位，保障学校学术自由，而且必须要有一个权利机制来保障学校学术权利的同时保障学校相关利益团体的利益，这就需要学校在实施法人治理的过程中接受外部的监督。当然这种监督不应该是行政干涉，而应该是行政指导和行政合同等其他行政手段来加以调整和规范，更需要保障公众的知情权和发挥舆论的监督权。

二、学校法人治理结构体系的整体架构

社会转型时期，学校由行政管理调整为学校法人治理的过程，并不是说学校法人治理的对立面就是行政管理，事实上在学校法人治理的外部治理框架同样需要行政管理加以调整和规范，只是学校实施法人治理必须要突出学校法人的独立自主地位，保障学校自主办学。因此如何构建一个合理科学的治理结构很难有一个固定的模式。学校治理框架包括两大块，即内部治理结构和外部治理结构。

学校内部治理结构主要解决两大问题：一是学校的决策机制问题或者说学校权力结构问题；二是学校的激励机制。学校的决策机制在现在的学校管理模式中主要是校长负责制，大学是党委领导下的校长负责制，有的学校设有校务委员会，校长对校务委员会负责。与一些发达国家相比，学校决策机制在某种程度上反映出了学校内部治理结构的中心问题。例如，美国中小学以及大学大多是实行董事会（school board）领导下的校长负责制或者学校委员会（school committee）领导下的校长负责制。[①] 美国的学校董事会是个独立的机构，独立于政府部门。理论上学校董事会是决策机构，事实上学校董事会有权为学校制度提出战略性的计划和决策。独立的学校董事会成员由市长（经议会同意）或县级督学（country supervisors）任命。某些情况下，董事会成员也可由该区域内的居民选举产生。必须选举出独立自主的董事。董

① 在美国某些州，教育委员会被称为学校委员会（school committee），而在另外一些州，则用另外一个名称，即学校董事会（school board）来称呼。州不能对学校实施全面监督，因此要授权给地方教育委员会（夏威夷是个例外，因为它只有一个学区）。参见：威廉·G. 坎宁安，保拉·A. 科尔代罗. 教育管理：基于问题的方法［M］. 赵中建，主译. 南京：江苏教育出版社，2002：311.

事会的职权包括：法规明确允许的职权；公正且必须隐含在已明确允许的职权中的职权；为实现学区目标而必不可少的职权。此外，董事会只要发现州的法规并没有代表学区的最佳利益，便可以通过既定的立法渠道修正、变更或废除法规。所有董事会都有决定学区内薪水和工作条件的合法权。他们有权聘任和解聘学校领导，有权批准解聘其他所有的教职工。学校董事会参与确定校址、选择建筑设计和建筑商、决定入学者的范围、参与合同签订以及与雇员团体进行谈判等。① 而“我国与西方国家公立学校内部权力结构的最大区别，在于学校行政权力和学术权力的分配不明确，各权力间的制衡作用不突出，政治色彩较浓厚，体制本身还带有明显的计划经济时代的痕迹”。②

目前我国的学校激励机制不完善，主要是因为我国校长仍然是以政府任命为主，没有一个合理的考核指标，仍然是上级考核为主，缺少相应的约束机制和监督机制。此外，由于校长是政府机构任命，因而不同学校的校长其行政级别不同。校长岗位就很难做到能上能下，这样就缺乏相应的竞争机制。所以，学校内部治理结构还应该反映出学校内部的激励机制，要形成校长能上能下的激励机制，这就需要培育专门的职业校长市场，才能形成职业校长阶层，进而提升整个校长阶层的经营管理能力。

学校外部治理结构主要解决的是学校与政府、社会其他利益相关者之间的权利与义务关系。首先，在学校治理过程中，学校与政府之间的权利与义务一直没有界定清楚，尽管《教育法》《高等教育法》等教育法律法规对学校应该享有哪些权利、应该承担哪些义务作了规定，但是由于对政府应该享有哪些权利并履行哪些义务并没有规定，这就使得学校应该享有的权利没有相应的保障机制，导致公权力对学校权利的任意干涉。此外，学校其他利益相关者在学校中应该享有的权利也无法得到保障，比如学校社区与学校的关系、学生家长与学校的关系以及其他与学校发展密切相关的利益主体与学校的关系都非常的模糊，以至于现在形成社会所有人都可以对学校教育指手画脚，但是又都对学校不承担任何责任。因此，如何通过学校治理结构来完善学校与政府以及其他利益相关者的关系非常重要。

当然，我们也可以对学校内部治理和外部治理结构中涉及的相关利益主

---

① 威廉·G. 坎宁安，保拉·A. 科尔代罗. 教育管理：基于问题的方法［M］. 赵中建，主译. 南京：江苏教育出版社，2002：125－130.

② 张驰，韩强. 学校法律治理研究［M］. 上海：上海交通大学出版社，2005：19.

体的权力配置和义务承担机制，从学校投资者、办学者和经营者以及利益相关者等学校治理结构的关键要素方面加以分析，具体如图4.2：从这个图可看出，公立高校内部治理结构存在如下几个权利主体，即举办者、管理者、经营者。大学的举办者和经营者之间的关系并不是简单的利益关系。公立高校具有强烈的外部特征，因此作为法人治理结构的核心内容之一的举办者权利与经营者权利之间的关系并不仅仅表现为内部关系。在市场经济条件下，其他投资人也可以通过法定或契约的途径介入公立高校经营，从而构成新的外部制衡关系。在权利的运行中，外部的管理和监督显得尤为重要，这就也构成了法人的外部治理结构关系。学校的外部治理结构主要包括政府管理权、投资者权利、利益相关者权利、公众监督权。①

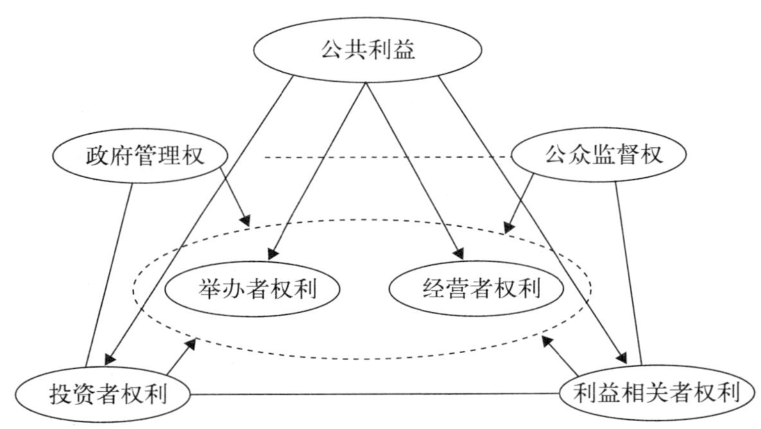

图4.2　我国公立高等学校法人治理结构的基本模型

资料来源：覃壮才. 我国公立高等学校法人治理结构的基本模型探析［J］. 教育学报，2005（4）：57－62.

《教育规划纲要》用了专门一章，系统阐述“建设现代学校制度”，这在党中央和国务院发布的文件中还是第一次。综观国内外教育法律及法规的基本框架，所谓现代学校制度，一是学校举办的制度，二是政府管理学校的体制，三是学校内部治理结构。前两方面涉及政府与学校的关系，最后一方

① 覃壮才. 我国公立高等学校法人治理结构的基本模型探析［J］. 教育学报，2005（4）：57－62.

面还包括学校与社会的关系。任何理论探讨及其政策成效，都需要放在实践中去检验，我国现代大学制度的完善，在进入改革“深水区”之后，重要的是试探“水的深浅”，预设一些“立脚桩”，当前国家教育体制改革领导小组统筹的现代大学制度试点，将成为我国完善现代大学制度的重要基础性工作。① 从北京师范大学完善大学治理结构、建设现代大学制度改革试点实施方案来看，其改革试点的总体目标就是“完善大学治理结构，健全民主管理和决策机制，落实大学办学自主权，健全科学发展保障体系，形成学校自主管理与政府、社会监督并举的体制机制”。随着试点学校改革的逐步推进和政策法规的支持，学校治理结构不仅是学界探讨和关注的热点问题，而且也将是深化教育改革、建设现代学校制度的紧迫现实问题。

学校治理结构包括学校内部治理结构和外部治理结构两个方面。学校治理结构的框架，就不妨从学校内部治理结构和学校外部治理结构两个层面加以剖析，具体如图 4. 3。

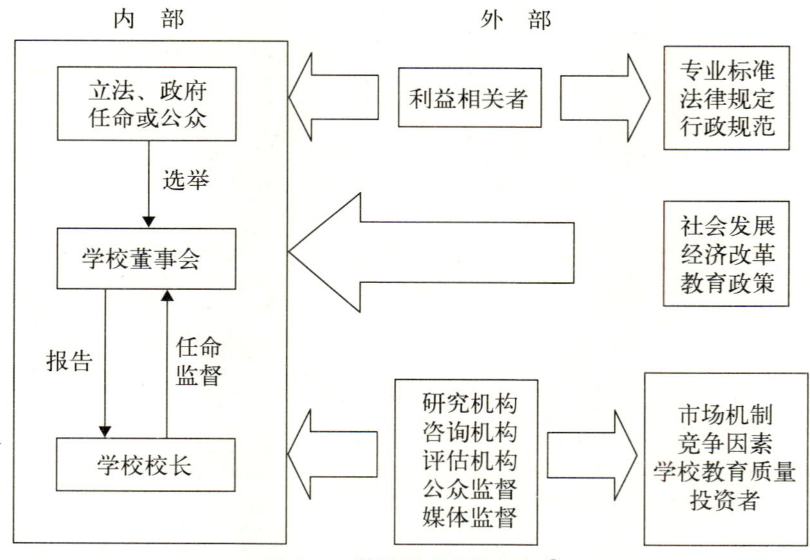

图 4. 3　学校治理结构框架②

① 张力. 构建政府、学校、社会之间新型关系［EB/OL］. http：//edu. ifeng. com/gundong/detail_2010_12/18/3576848_0. shtml.

② 学校治理结构框架受到世界银行提出的公司治理框架的影响。参见：叶银华，等. 公司治理与评级系统［M］. 北京：中国财政经济出版社，2003：22.

在学校内部治理结构中的学校董事会成员由立法、政府任命或者公众选举组成。学校董事会选聘校长，校长对学校董事会负责。学校内部治理结构还受到学校外部治理结构的影响。学校外部治理首先要受到学校利益相关者的影响，利益相关者通过制定专业标准、法律以及行政规范而影响立法、政府对学校董事会成员的任命和公众对董事会成员的选举。另外，学校内部治理结构还要受到许多社会专业机构或者组织的影响，这些组织也受到市场机制、竞争因素和学校质量等因素的影响。当然，一个国家或者地区的教育政策、经济改革和社会发展对学校内部治理结构也会有深刻的影响。

第六节　西方主要发达国家学校治理结构评析

设计学校法人治理结构需要遵循一定的原则，并依据一定的原则提出学校治理的框架。由于各国教育现状、经济、政治、法律和文化等方面的差异，在学校治理的实际运作中，形成了不同类型的学校治理结构。本节通过对中西学校治理结构进行比较和分析，进而对我国学校治理结构提出一些建议和思考。

一、学校治理结构的选择受到诸多因素的影响

（一）治理结构模式划分的标准

公司治理结构大致可分为以英美公司治理结构为代表的内部治理结构模式和以德日为代表的外部治理结构模式。[①] 学校治理结构模式的划分不仅没有明确的划分标准，而且划分也比较困难。这种困难有三。一是，对学校治

① 大多数学者认可发达国家的公司治理结构模式可分为英美模式和德日模式两种主要类型。即便有学者对此再作进一步划分，仍然是以这两大类为主。这种划分的标准主要是根据公司治理结构着力解决的问题，即公司治理过程中存在的委托代理关系和对经理层激励的问题。由于英美等国家崇尚自由主义，奉行亚当·斯密的“看不见的手”理论，政府一般不直接干预经济，而是采取规制的态度，与企业保持较远的距离。政府对企业外部环境的管理，通过基础设施方面建设和公共事业服务，为企业的经营活动创造一个良好的外部环境。与此相反，德日等国家有政府干预经济的传统，为了赶超英美等发达国家，实现经济的超常规发展，往往采取政府主导型的经济发展模式。这是英美模式和德日模式形成的历史原因。当然，英美模式和德日模式的形成还有市场在公司治理结构过程中所起的作用等方面的影响。参见：徐斌. 公司治理结构模式的国际比较及对中国的启示[J]. 商业研究，2004（2）：78－80.

理结构的研究最初是从公司治理结构移植过来的，受到了公司治理结构研究的影响。尽管公司治理结构的研究已经形成了全球化公司治理结构运动，[①]但是，中国公司治理结构尚处于研究的初期。二是，学校治理结构比公司治理结构要复杂得多。学校教育不仅要反映学校、教师、学生和家长的利益，而且要体现出国家的利益诉求。所以学校很难做到公司治理结构模式那样特征非常清晰，以致研究学校治理结构的文献较为缺乏。《教育规划纲要》颁布实施之后，完善学校治理结构成为建设现代学校制度的重要内容。教育部已公布了26所高校对此进行试点。相信相关的研究会陆续增多，有关高校治理结构的研究会逐渐成为教育研究的一个重要领域和研究方向。三是，对学校治理结构模式的研究尽管可以借鉴公司治理结构研究的成果，但是又必须遵循教育的规律，解决学校治理结构过程中的问题，而在当前学校治理结构过程中到底着力解决什么问题，似乎并没有达成共识，或者说学校治理结构的基本问题仍有待于继续研究。

（二）治理结构受到诸多因素的影响

尽管学校治理结构目前尚未形成如公司治理结构那样非常明显的模式特征，但是各国学校治理结构仍然是各有特点，呈现出不同的治理结构特征。学校治理结构主要解决学校治理过程中如何协调利益主体的关系，并对相关利益主体权利配置的一系列制度安排。因此，学校治理结构必然要求体现出这些利益主体的要求，同时如何体现并保障这些利益主体的权利得以实现又会受到教育文化传统、经济、法律等诸多因素的制约。

1. 文化传统和教育需求的影响。学校治理结构很大程度上受到一国教育传统的影响，如美国学校治理结构，就是董事会领导下的校长负责制，学术权力和行政权力分离，校长和教师都是雇员，社区、家长和学生在学校决策机制中占据重要地位，形成以顾客即学生和家长为中心的治理模式。这种模式应该说是受到美国教育文化传统的影响。在美国历史上，教育常常是由地方组织、资助和管理的。《美利坚合众国宪法》以列举的方式规定了联邦以及联邦各州共同行使的权力，同时在其修正案第十条规定："本宪法未授予合众国或未禁止各州行使之权力，皆由各州或人民保留之。"教育管理的权力属于宪法未加列举的权力，因此应由各州行使。由此，地方分权化成为

① 田丽，吕传俊．公司治理结构模式的比较研究（一）［J］．中国纺织经济，2001（7）：33－37.

美国教育管理的主要特征。美国中央一级教育管理机构，即美国联邦教育部对各级别和各层次的教育行政、教育政策和教育事务没有统一和严格的规定，教育行政权主要在各州，各州除了对本州教育进行一般的规定之外，主要通过各州设立的学区教育委员会负责本学区的教育事务，同时各学区的各级学校又按本校的实际情况进行管理，不受统一的模式束缚。

美国学校治理是以顾客即学生和家长利益为中心的，那么学校治理结构就要求要首先考虑学生和家长的利益需求。再加上美国教育文化传统一直是地方事务，地方就可以根据地方社区和学生、家长的利益需求进行制度安排。美国学校治理结构多数是董事会领导下的校长负责制。董事会是学校的决策机构。董事会成员或者由立法选择或者公民选举组建，董事会的组成成员来源非常广泛，由州政府代表、社区名流、教师代表和家长以及学生代表组成。董事会制度下的校长负责制就可以在学校治理运作过程中平衡不同利益主体的利益需求，并能从外部制衡学校的各种利益关系。

权力结构是学校治理结构的核心。有学者为此根据权力结构而将学校治理分为外部权力结构和内部权力结构，从这两个维度对学校治理运行加以分析。从权力结构这种维度分析，美国学校治理结构是分散型。这种权力结构下的美国高等教育，其管理权和决策权不在中央政府，而在地方政府或其他利益集团手中，各种分散力量按照自己的意愿和方式支配着高等教育的运行，高等教育市场活动呈现出极大的市场性，其资源配置也来自多个方面。①

与美国和英国相比，德国也属于分权制国家。但是，德国的学校治理结构跟英美学校治理结构不同。② 有学者称德国学校治理结构是“合作式文化联邦制”为基础。③ 这种合作性的文化教育联邦制模式主要体现在两个方面：一是仍以各州高度自治为主；二是联邦政府可以通过一定的权限和建立一些协调机构参与有关教育的决策。这种合作不仅指联邦政府与各州政府之间的合作，而且也指州与州之间的合作。与联邦制模式相比，合作性的文化教育

---

① 张驰，韩强. 学校法律治理研究［M］. 上海：上海交通大学出版社，2005：10.

② 根据1949年制定的联邦德国《基本法》以及1957年联邦宪法法院的裁决，联邦德国在文化教育领域实行联邦制，文化教育由各州自治，州享有文化的自主权。这意味着，原则上州享有教育立法和行政管理的最高权限。州有权通过宪法、学校法和其他各种法令作出具体规定，决定如何安排本州的文化事业和学校教育事业。参见：李其龙著. 德国教育［M］. 长春：吉林出版社，2000：251.

③ 李其龙. 德国教育［M］. 长春：吉林出版社，2000：251.

联邦模式具有更大的优势：第一，这种模式没有削弱各州的教育管理主权，没有削弱各州发展教育的积极性和主动性；第二，这种模式给联邦政府赋予了高等教育和科学发展方面的一定的管理权，扩大了其在职业培训方面的权限，使联邦政府能够根据联邦科学发展的整体水平制订科学发展计划。这种模式有利于提高联邦政府在科学技术和职业教育方面进行投入的积极性。同时，该模式也加强了州与州之间的联系，使州与州之间在教育方面的协调更加顺利。基础教育管理仍以州为主。[①] 由此可以看出，德国学校治理结构体现出的是地方分权的联邦主义。从这种治理结构来划分，美英学校治理结构是内部治理模式，学校的行政权力和学术权力分离，行政权力主要由外部代表构成的董事会掌握，而学术权力主要由学校校长等学校内部人把持。而德国、法国和日本相对来说是属于外部治理模式，这些国家的学校行政权力和学术权力尽管也分离，尤其以德国为典型，但是学校的设置、资源配置和教师的聘用等等问题，都往往受到政府主管部门的严格控制。

2. 法律、经济等因素的影响。学校治理结构受到国家法律体系等因素的影响。英美法系国家的学校治理和大陆法系国家学校治理会有所不同。英国和美国是英美法系的代表国家，德国、法国和日本是大陆法系国家的典型代表。英美法系国家对学校治理更多是体现在判例法中，通过诸多判例来确定学校的治理以及治理结构问题；而大陆法系的国家学校治理更多体现在成文法的规定中。我们在审视英美国家和大陆法系国家学校治理结构方面的法律规定的时候，会发现其法律渊源和体系对学校治理结构都有影响，特别是教育关乎一个国家的兴衰大事，对英美这些注重法治的国家，有关学校治理的法律文件是大量涌现。因此，国家的法律体系对学校治理结构有很大的影响，这些发达国家的学校治理问题都是通过大量的法律法规或者大量的判例法逐步形成并加以规范的。

学校治理也受到一个国家的政治、经济因素的影响。教育制度的类型和教育的性质，要受到国家政治性质的强烈影响，这是很显然的，因为教育制度的建立就是要为国家服务。国家对本国领土内教育的关系，并不是仅仅出自维持国家稳定，或者培养一批有文化的公民的愿望。国家所赖以建立的政治理论，不仅要涉及政府结构及其效用问题，而且要阐明价值观念和忠诚对象，因为人们就是怀着这种忠诚来维护和支持国家和政府的。在任何情况

---

① 张可创，李其龙．德国教育［M］．广州：广东教育出版社，2005：74．

下，教育都是培养人的手段，都是按照国家的性质来培养人的个性的手段。从这个大前提出发，一大串问题出现了，下列问题就是一些例子：政府机构在教育中应当起什么作用？对教育的管理应当是集权还是地方分权？教育的目的是什么？它应当由谁来规定？学校属于谁？国家同国内文化机构之间的关系是什么？文化形式对教育有什么影响？个人与社团、社区、社会、国家有什么关系，社团、社区、社会、国家与教育有什么关系？极权主义和民主主义这两种思想观念是怎样影响教育的性质、教育的行政和体制，以及教学的内容和方法的？教师的地位如何？洪堡的声明："你想要在国家里采取什么措施，你必须先在学校里采取那种措施。"① 因此，学校治理结构在某种程度上也反映了一个国家的政治制度，体现了学校发展过程中各利益相关者之间的权利博弈和妥协。

一个国家的经济发展水平对学校治理结构形成也会产生重要的影响。处于不同经济发展水平阶段的国家，其学校治理结构也会受到影响。随着国家经济发展状况的改善，学校治理结构也会不同程度地出现变化。日本在"二战"后的学校治理结构是典型的国家主导型学校治理模式，随着日本经济的腾飞，日本现在正在推行的大学法人化制度改革，在一定程度上也是要求学校治理要适应经济发展的要求，更好地促进社会经济的发展。

（三）学校治理结构影响因素的案例分析——以日本国立大学法人化改革为例

2004 年日本大学法人化改革，一方面改变了以往国立大学的政府行政机构身份，在赋予国立大学经营自主权的同时，推动了国立大学财政的自立化；另一方面也给长期以来处于政府"管制与庇护"之下、享有各种特权的国立大学带来了强烈的冲击和震荡。随着法人化改革的实施，日本国立大学迎来了 130 多年的历史发展过程中最大的一场变革。② 这场改革的核心就是变革大学的治理结构，法人化改革既重构了大学与政府、市场的关系，也改革了日本国立大学内部治理结构，其将对日本高等教育改革产生深远的影

① 康德尔. 教育的新时代——比较研究［M］. 王承绪，等，译. 北京：人民教育出版社，2001：34 - 37.

② 天野郁夫. 日本国立大学的法人化：现状与课题［J］. 北京大学教育评论，2006（4）：93 - 109.

响。回顾日本国立大学法人化的改革过程，我们会发现，日本国立大学治理结构的重构与变革受到了日本经济、政治以及教育发展需求的重要影响，是上述诸多因素影响下的应然选择。

1. 日本国立大学治理结构改革的影响因素分析

国立大学法人化是20世纪90年代日本国家行政改革的重要组成部分，与日本压缩行政机关和削减公务员数量密不可分。[①] 1997年，日本开始实施国家行政改革，“国立大学法人化”问题引起全社会关注。国立大学法人化改革是日本行政改革的主要对象，因此，小泉内阁上任后，继续推行桥本内阁时期提出的国立大学法人化改革，并打出了“没有禁区的改革”的口号，将整个高等教育领域置于改革的洪流之中，加速了国立大学法人化改革的进程。2000年，作为政府行政、财政改革的一个重要环节，文部科学省设置了一个专门的调查讨论委员会，并以该委员会为主要平台，针对国立大学未来发展模式的调整问题，展开了深入而积极的讨论。2002年，这个由国立大学相关人士和社会各界有识之士共同组成的调查讨论委员会提交了最终讨论报告书。2003年7月，国会审议并通过了以该报告书为基础的《国立大学法人法》，并于2004年4月正式赋予87所国立大学法人资格。由此可见，日本国立大学法人化是20世纪90年代之后日本政府不顾来自于国立大学内部的抵抗，作为解除官制、推动行政、财政变革的一个重要环节，在政府主导下构想、推动并实施的一项改革。[②]

日本国立大学法人化改革不仅仅是日本国家行政改革的一部分，同时也是日本20世纪90年代以后经济衰退背景下对高等教育的现实需求。“大学之变，方变日本。”因此，从桥本内阁到小泉内阁都对大学的发展寄予厚望，把国立大学改革和发展作为提高日本经济上国际竞争力的起点，“科学技术立国论”、“知识财富立国论”成为日本政府一以贯之的国策。这既是日本对国立大学发展的定位，也是日本对国立大学的改革目标。

法人化改革之后，根据《国立大学法人法》的规定，日本国立大学由国家行政组织的一部分转变为独立行政法人，在预算、组织等方面给予大学更

---

① 施雨丹. 日本国立大学法人化改革：背景、内容及启示［J］. 清华大学教育研究，2007（2）：114－118.

② 天野郁夫. 日本国立大学的法人化：现状与课题［J］. 北京大学教育评论，2006（4）：93－109.

大的自主权。日本国立大学法人化之前是国家行政组织的一部分。法人化改革后国立大学与政府之间的关系从行政隶属转变为权利义务相对法律关系。政府根据相关法律对大学进行监督，同时，大学认为政府侵犯其法律赋予权利时，可提起诉讼救济。① 大学与政府的关系得以重构。此外，《国立大学法人法》对大学董事会、运营协议会、教育研究评议会人员组成及其权限作出明确的规定，通过立法保障了国立大学法人的自主权。国家对大学的财政资助将主要依据独立于政府和院校之外的第三者评估机构对各校评估的结果，由此实现了日本国立大学治理模式的转型，具体如图 4.4。

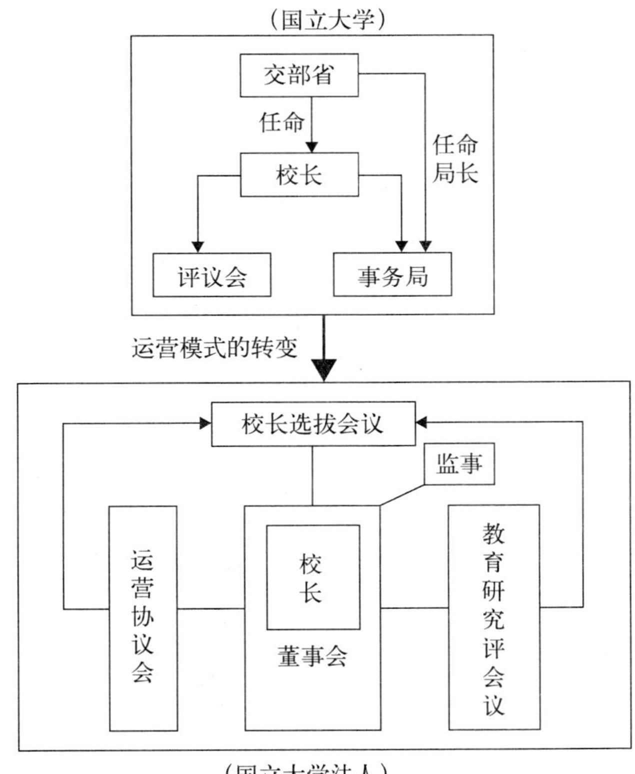

图 4.4　日本国立大学治理模式的转型②

① 施雨丹．日本国立大学法人化改革：背景、内容及启示［J］．清华大学教育研究，2007（2）：114－118．

② 同①：117．

从图 4.4 我们可以看出，日本国立大学法人化改革的核心就是变革大学治理结构，促进包括私立大学和公立大学在内的整个大学关系的重新构建，从而实现大学身份的重新确认和政府、市场、大学三个要素体系达到新的平衡。因此，它的意义不仅仅是教育领域的改革，更是日本适应 21 世纪国际形势发展，使日本走出经济发展低谷而进行的意在实现日本教育立国、科技文化立国的战略选择。①

2. 日本国立大学治理结构改革的启示

我国 2010 年发布实施的《教育规划纲要》再次将教育管理体制改革作为重要的改革议题，特别是有关高校的去行政化问题更是引起社会的热议。之所以会引发社会的如此高度关注，关键是在目前的社会大背景下，高校去行政化的核心需要重构高校治理结构，其中，既需要重建高校与政府、社会的关系，也需要完善高校内部治理结构。这是高校治理过程中的核心问题。我国高校治理结构改革历经多年，至今未有根本改观。而日本国立大学法人化改革及其治理结构的转型会给我们以很好的启示和借鉴。

第一，基于高校治理结构改革试点，出台配套的政策措施以保证治理结构改革的有效推进。日本国立大学法人化改革的核心目标就是通过赋予大学法人资格，使其摆脱政府的行政官僚束缚，获得更大的经营自主权和学术自由。这必然要改革大学的治理结构，重构大学与政府、市场的关系，并调整高校内部治理结构。我国高校治理结构改革与日本国立大学法人化的改革背景具有一定的相似性。目前我国也在推行行政改革，并取得了一定的成果，政府的行政职责有所转变。我国高校治理结构改革应作为行政改革的一部分，出台一系列具有操作性的改革举措，推动高校治理结构。我国高校改革的核心问题之一就是改革高校的管理体制，进而理顺高校与政府、社会的关系，形成政府宏观管理、高校自主办学、社会依法参与的管理体制。而我国高校，尤其是公立高校的治理结构多年未有根本性的改变。虽然在我国的《教育法》和《高等教育法》中赋予了高校的法人资格，但是如何保证其法人资格的相关权利却缺少实质性的推进路径和保证举措。《教育规划纲要》再次予以强化，要求高校要完善治理结构。但是根本性的改革举措尚不明晰。因此，当前亟须借鉴日本国立大学法人化改革的经验，基于当下我国高

① 施雨丹. 日本国立大学法人化改革：背景、内容及启示［J］. 清华大学教育研究，2007（2）：114－118.

校核心改革目标，在试点学校经验总结的基础上，基于政府行政改革的进程，出台一系列更具有较强操作性的推进举措，尤其是要出台配套的政策措施以保证治理结构改革的有效推进和实施。

第二，基于教育强国的发展战略，变革高校评价模式以保证高校治理结构的转型。日本国立大学法人化改革既是日本行政改革的重要一环，也是日本借此改革高等教育、提升综合国力的重要举措。日本国立大学不再属于政府机构的一部分，其与日本政府的原有关系必须解构，但是，由于国立大学的特殊身份，其运营资金主要来自国家的财政，需要接受政府的监控并承担相应的社会责任。《国立大学法人法》第二十一条规定，“文部科学大臣确定为期6年的中期目标，向国立大学法人发出指示。”这一中期目标相当于政府与大学签订的合同，实质上就是中期评价的标准，实行的是契约管理。日本国立大学法人在实现中期目标的过程中，必须进行自我评价；在此基础上，才可以由国立大学法人评价委员会进行中期目标评价并向社会发布评价报告。这是一种内部评价与外部评价的结合，由此可以保证国立大学法人在新型管理模式下正常运作，有效实施法人治理。① 我国对此可加以借鉴，贯彻落实教育强国的国家发展战略，完善现有的高校评价制度，推行绩效评价，通过评估、拨款等手段转变治理模式，重构高校、政府与社会的关系，以保证高校治理结构改革的有序推进和改革的顺利实施。

二、学校治理结构具有合法性基础

不同法系国家的学校治理结构法律渊源不同。英美国家的学校治理法律基础，一方面是依据相关的教育法律法规，另一方面则更多是受到相关判例法的规制。特别是美国学校治理结构的运行更是如此。美国的“达特茅斯学院案”对美国高等教育产生了深远的影响。达特茅斯学院案的裁决赋予了私立大学具有独立于州的立法权及行政权之外的地位，为美国私立大学长期以来得以存在，和公立大学并行发展奠定了基础。可以肯定地说，如果没有达特茅斯学院案的裁决和“二战”后其他法律的保障，美国高等教育也就失去

① 杨琼．法人化进程中的日本国立大学评价制度改革［J］．高教发展与评估，2011（2）：31－37.

了它多样性、多元化、灵活性的特点。[①] 德国、法国和日本等属于大陆法系的国家，学校治理结构更多是遵循相关的教育法律法规。日本学校治理的法律基础体系非常完备。在日本，国会是唯一的立法机关，教育法律均由国会制定。国会所制定的法律极多，如《学校教育法》、《国立学校设置法》、《教育公务人员特别法》、《义务教育费国库特别负担法》等法律，这些教育法律对国家的教育政策及目标、学校制度、地方行政机关的组织和职权、人事制度及教育经费等方面作出了明确的规定。[②]

尽管不同法系国家学校治理结构法律渊源不同，但是学校治理结构法律基础都比较明确。英国和美国一样，学校治理结构的重要特征之一都是董事会领导下的校长负责制，董事会是学校的决策机构。学校董事会的地位、董事会的构成、董事的职责都有明确的法律规定。英国教育与科学部、威尔士事务部在 1985 年 3 月向议会提交的《把学校办得更好》白皮书中提到：政府相信，根据现行立法，可以采取一些重要行动来提高质量。但是，要改革学校董事会的构成，明确学校董事会、地方教育当局和校长的职责，需要改革法律。[③] 学校董事会的组成根据下列原则：任何一种利益的代表均不占优势；家长与地方教育当局的代表数相等；保留校长、其他教师、基金会董事及其他次要单位的现行法定权利；要使董事会成员的代表性广泛一些，就要增加董事的类型，并一般由原董事们增选；董事会成员数（9—19 人）取决于在校学生数；如果愿当董事的家长太少，地方教育当局将被要求用适当任命的办法来填补家长董事的空缺；为减少董事会成员的变动，董事会成员将任期四年，家长董事在自己的孩子离校以后，仍允许任职到期满。[④] 《英国 2002 年的英国教育法》更是以法律的形式对学校董事会的地位、构成和职责等一系列问题作出了明确的法律规定。《英国 2002 年英国教育法》第三部分第一章对公立学校的管理中对公立学校的董事会、董事会组成、董事会在提供社区服务等方面的职权、提供社区服务方面的权力限制、董事会的其他职能等作出了具体的规定。《2002 年英国教育法》第 19 条董事会中第一款

---

① 有关美国达特茅斯学院案的前因后果、诉讼的争议焦点以及判决的具体结果等相关内容可以参见：张维平，马立武. 美国教育法研究［M］. 北京：中国法制出版社，2004：136－137.

② 谢文全. 比较教育行政［M］. 台北：五南图书出版公司，1995：235－238.

③ 吕达，周满生. 当代外国教育改革著名文献（英国卷·第一册）［G］//北京：人民教育出版社，2004：15－16.

④ 同③：16.

规定：每所公立学校都必须要有一个董事会，它必须是一个符合法律规定的法人团体。第二款规定：法律规章必须规定董事会的人员构成——包括选择产生或任命的家长代表人士；包括选举产生或任命的教师代表人士；包括地方教育当局的管理人员；包括本社区管理人员（除志愿者资助学校外）；包括经任命的基金会管理人员（就基金学校、基金会特殊学校和自愿学校而言）；其他可能的指派人员。第三款规定：通过法律可以在下列方面作出规定：董事会成员的人数限制；谁有资格当选，由谁来选，以及以何种方式选举或任命董事会成员；选任代表各种利益的董事会成员或者以投票形式选举的合法性；董事会管理人员的任期；董事会成员的辞职和免职；董事会成员的津贴支付；董事会的会议和议事流程；董事会成员选举产生主席和副主席；董事会执行委员会的建立；董事会执行成员的任命；董事会的授权；与董事会章程相关的其他事宜。① 上述法律不仅对学校治理结构作出了规定，而且指出了学校治理结构的法定依据，明确了学校治理结构的法定效力。

三、学校治理结构呈现多元化趋势

为了对中西学校治理结构进行比较，我们也试图对西方发达国家学校治理结构模式进行归类和分析。学校治理结构模式依据不同的标准会有不同的划分。可以对学校内部治理结构模式进行分类，也可以对学校外部治理结构模式分类。对学校外部治理结构模式的划分主要反映在学校外部权力结构上。依据学校外部权力结构，我们大致可以将学校治理结构分成三种治理模式：集中治理模式、分散治理模式和复合模式。集中治理模式的特征是学校教育活动的决策权在中央政府，中央政府通过计划、命令、法律、拨款和监督直接调节学校教育活动。法国等欧洲国家的公立高等学校属于这种治理模式。分散治理模式反映出学校教育活动的决策权和管理权不在中央政府，而在地方政府或者其他利益集团手中，各种分散力量按照自己的意愿和方式治理学校教育的运行。美国公立高等学校属于这种治理模式。复合型治理模式是介于集中治理模式和分散治理模式之间，决策与管理的权力部分在中央政府，部分属于其他组织或利益集团。实行这种模式的典型国家是德国、英国

① 吕达，周满生．当代外国教育改革著名文献（英国卷·第二册）［G］//北京：人民教育出版社，2004：250－251.

和日本。[1]

1．英美国家学校治理结构。英国和美国学校是实行董事会领导，而且董事会构成依据相关教育法律和学校章程是由州政府官员、社区代表、家长代表和教师代表以及学生代表组成。不仅如此，英国还要求学校董事会成员中家长代表的人数要超过半数以上。这种领导体制和董事会人员组成的法律要求，反映出学校治理结构的一个重要特征是学校行政权力和学术权力分离，学校直接相关利益者控制学校的发展方向和运行机制。因此，这种治理模式属于内部治理模式。德国尽管也属于内部治理结构，教育体制也同样是实行分权制，教育属于各州地方事务。但德国学校治理结构跟英国和美国学校治理结构不同。德国中小学校会议是学校的决策机构，由教师和家长代表组成，人数各占一半，校长通过学校会议管理学校及其行使职权。[2]

2．法国学校治理结构。法国教育属于典型的集权制，其在教育立法方面与其他许多国家有几个最重要的区别：（1）不设根本大法；（2）经济界的影响相对较小，教育部长的作用举足轻重；（3）通过国民议会和参议院这一技术性两院制的中央立法机构为全国教育立法，地区和省级无权为教育立法。[3] 在法国，不同层次和类型的教育机构具有不同的法定地位。幼儿学校和小学隶属市镇，在行政和财政方面都没有自主权。初中和高中属“行政性公立事业单位”。大学是“具有法人资格和财政自主权的公立科学、文化、职业性事业单位”，是一种特殊的公立事业单位。法国中小学是校务委员会领导下的校长负责制。但校务委员会和学校董事会不同。校务委员会由本学区的国民教育督学、校长、市镇代表、省教育行政代表、教师代表、家长代表组成，有些地方还包括教会及有关基金会的代表。委员会制定学校内部规章，讨论教育教学工作并向决策部门提出意见建议。[4] 可以看出法国学校校务委员会属于建议机构而非决策机构。真正的决策权在中央政府和地方政府手中。校长仅仅是执行教育行政部门和校务委员会的决议和建议。

3．日本学校治理结构。日本学校治理结构与其他发达国家相比，有自己的特征。日本在第二次世界大战前属于高度集权的国家，教育行政是中央

---

① 张驰，韩强．学校法律治理研究［M］．上海：上海交通大学出版社，2005：10－11．

② 梁忠义．比较教育专题［M］．长春：东北师范大学出版社，2002：131，136．

③ 邢克超．法国教育［M］．长春：吉林教育出版社，2000：186．

④ 同③：197－200．

集权制，实行敕令主义，文部省统辖全国的教育行政机构。而战后，日本模仿美国制度，实行法律主义，废除过去的中央集权主义，在教育行政方面实行地方分权制，其主要特色是民主化、地方分权化以及教育行政从一般行政中独立出来。[①] 现在日本文部省对全国各地教育行政享有一定程度的指挥监督权，如认可都、道、府、县教育委员会的教育长的任命，纠正地方教育行政机关违法或不当的措施，规定担任中小学教师的许可条件，制定中小学教育课程标准，以及编定或检定教科书等等。[②] 这些现象表明，日本现在教育行政体制是中央集权和地方分权的一种平衡。日本的学校治理结构不仅在外部表现出一种中央权力和地方权力的平衡，而且在学校内部治理结构方面也试图在寻求一种平衡。如日本大学法人化改革，从权力结构来看是国家教育管理权与国立大学自主权之间的一种平衡，其最初意图试图形成像欧美先进国家那样受公共财政支撑的多数大学具有法人资格的状态，以解决和平衡国家性规则制度与学校自主权之间的冲突。

四、学校治理结构模式处在不断变化之中

学校治理结构不仅多元，且处在不断变化之中。学校治理结构模式的变化既受到国家经济改革、政治以及文化体制改革的影响，又受到国家教育改革的影响。学校治理结构模式的变革是教育改革的重要内容之一。在当今教育改革方兴未艾之际，许多国家都在改革学校治理模式，以此促进学校教育改革，提升学校教育质量。

从国家层面来看，教育改革的重要趋势之一就是教育的分权化。“教育的分权化有四个关键特征：承担责任的机构与中央部门在法律上是独立的；按照自己的方式行事，不接受中央部门的官僚式约束；只能行使法律授权的权力；只能在法律规定的地区范围内行使。当然，该机构往往会受到地方公民选举组成的董事会监督。由于地方机构与中央部门在法律上是独立的，它就可以以自己的名义订立合同或者从事其他事务。该机构对自己的行为负责；除非法律有特别规定，中央部门不承担责任。”[③] 在这种改革趋势下，许

① 陈永明. 教育行政新论［M］. 上海：华东师范大学出版社，2002：255 –256.

② 同①：256.

③ Ketleen Florestal, Robb Cooper. Decentralization of education: legal issues ［M］. Washington D. C.: World Bank, 1997: 3.

多国家开始改革学校治理模式。一些集权制国家开始推行教育分权化改革，赋予地方或者学校更多的自主权；一些分权制国家也在实施更大程度的学校自治改革。其中，比较典型的学校治理结构模式改革当推美国的特许学校和英国的直接拨款学校。

（一）美国学校治理结构变革——特许学校

1. 特许学校的改革背景。美国国家教育优异委员会发表《国家处在危机之中：教育改革势在必行》报告之后，美国掀起了一场声势浩大的公立学校教育改革运动。[①] 这场改革运动的核心在于追求高质量的学校教育。而如何提高学校教育质量？为此，美国推出了一系列改革方案，包括新的课程方案、经费以及更严格的规章制度，官方和民众都对学校改革寄予了高度的热情，但是正如20世纪80年代后期人们明显感觉到的那样，公立学校并没有什么起色，学校教育依然如故。到了1990年，国家开始制订全国的教育目标，全新模式的学校在诞生，规模过大的高中被分解，为更好地获取信息，《全国教育发展评估》（National Assessment of Educational Progress）也被重新修订。到了20世纪90年代中期，教育供给的组织方式上出现了一系列创新：特许学校在推广，教育券在尝试，私营公司开始以承包的形式在经营公立学校。[②] 这正如《美国2000年教育战略》中第三部分《全美教育目标中

---

① 美国“克莱特基础教育工作组”（Koret Task Force on K－12 Education）通过对《国家处在危机之中》报告发表20年后的美国基础教育进行研究，发表了《我们的学校与我们的未来：我们仍然处在危险之中吗?》。在该文一开始就指出：20年前，国家教育优异委员会题为《国家处在危机之中》的报告如平地一声雷，让世人第一次意识到美国中小学教育正面临着一场全国性的危机。20年来，事实证明了这份报告的洞见。《国家处在危机之中》毫无掩饰且令人信服地指出了美国公立学校面临的问题，并强调危机的解决需要为提高教育质量找出一条新路，无论是学校管理人员、教师、家长和学生都应各尽其责。《国家处在危机之中》向世人发出警告20年来，美国致力于教育改革的努力并没有停止。就在《国家处在危机之中》问世的同时，类似的报告、研究和声明层出不穷，它们都将矛头指向了美国学生所学甚少、学校无法承担迎接国际挑战之重任的事实。由于那份报告雄辩的说服力，外加来自华盛顿的官方立场，让众多檄文的声讨之势大增。国家教育优异委员会抓住了当时开始在全国蔓延的针对教育质量的忧患情绪，而此忧患至今仍未减退。国家教育优异委员会有力地重塑了很多人对教育的思考，人们放弃了六七十年代对经费、服务和盲目创新的热衷，转而将学生的成绩和表现，以及对优异的追求作为重点，而后者至今仍处于教育改革的核心。参见：吕达，周满生．当代外国教育改革著名文献（美国卷·第四册）［G］//北京：人民教育出版社，2004：334－335.

② 吕达，周满生．当代外国教育改革著名文献（美国卷·第四册）［G］//北京：人民教育出版社，2004：337.

为今日的学生：更好和更负责任的学校》中所指出的那样："学校是改革的场所：因为名副其实的教育改革发生在逐个学校中，因此，要赋予每所学校的教师、校长和家长对如何办校做出重要决策的权力（和责任心）。要取消联邦和州的妨碍工作的繁杂拖拉的工作程序。要鼓励各州允许个别学校的领导者对如何应用学校资源做出决策，并将要求国会制定教育灵活性法规，消除联邦妨碍各州发挥能力的各种限制，为提高成绩水平而最有效地利用教育资源。"①

2．特许学校的治理结构特征。由此可以看出，特许学校是美国为提高公立中小学教育质量而创建的一系列新型学校中的一种学校类型。这种新型学校，即特许学校的治理特征主要有以下四点。（1）先立法后兴办。自1991年美国明尼苏达州创立第一所特许学校以来，经过克林顿政府的大力扶持，许多州通过立法发展特许学校。到1998年9月，已有34个州（其中包括哥伦比亚特区）通过《特许学校法》，开办的特许学校数量达1050所。联邦政府也将目标定在特许学校数目增加到3000所。特许学校的设立必须经过教师、教育专业团体及其他非营利性机构向地方学区提出申请，经学区核转教育局批准，再由申请人组成自治团体独立经营。（2）特许学校本身是一个具有自主权力的法律实体。创办人可以根据州法律选择任何组织来签订合同。学校是法人实体，有自己经选举产生的董事会。（3）合同管理。特许学校的管理机构通过与特许学校签订合同或合约（charter）来监督管理学校。合同根据特许学校法制定，一般包括以下主要内容：办学期限；特许学校须遵守的联邦、州和地方法规；教学目标和任务；各年级的教学大纲和教学计划；学生学习成绩的评定方法，学生须参加联邦和州的哪种考试；与学区教育法规的关系；遵守会计准则和财务规定；遵守联邦和州有关残疾儿童教育的各项法律；指定特许学校管理机构；教职员工的雇佣政策；教职工的权益保障等等。② 因此，特许学校在遵守合同规则的基础上，可以免受州所有管理公立学校的规章制度之约束。（4）家长"用脚投票"，评估学校。对特许学校来说，学生的测验成绩毕竟是至关重要的。对特许学校的真正评估就是

① 吕达，周满生．当代外国教育改革著名文献（美国卷·第三册）［G］//北京：人民教育出版社，2004：214．

② 张维平，马立武．美国教育法研究［M］．北京：中国法制出版社，2004：284．

家长的教育选择权，即家长选择送孩子进特许学校还是离开特许学校。[①]

（二）英国学校治理结构改革——直接拨款学校

1. 直接拨款学校的改革背景。20 世纪 80 年代初期，世界各国都在对学校教育进行改革之时，英国也对本国学校教育进行大刀阔斧的改革，并出台了一系列教育法律法规，如《把学校办得更好》、《20 世纪 90 年代英国高等教育的发展》、《高等教育——应付新的挑战》、《高等教育的框架》、《1992 年继续教育和高等教育法》、《1988 年教育改革法》、《21 世纪的教育和训练》、《选择与多样化学校的新框架》、《2002 年英国教育法》等。其中，《1988 年教育改革法》在英国学校教育改革史上具有里程碑的意义。一方面，该法首次规定了全国统一课程；另一方面，改革学校办学体制，设立直接拨款公立学校，改革学校治理模式。这正如英国 1992 年教育白皮书《选择与多样化学校的新框架》所归纳的英国 20 世纪 80 年代五大主题：质量、多样化、不断增加的家长的选择机会、给学校更多的自主权和更高度的责任制。[②]

《1988 年教育改革法》颁布前，英国中小学校只是地方教育当局的行政单位。教育委员会常常是该地区所有公立学校的集体董事会。经过选举产生的委员，可以参加任何的董事会，这些董事会并无独立于教育当局的重要权力。《1988 年教育改革法》确立了“直接拨款学校”政策。根据规定，这类学校的办学经费主要由教育科学大臣通过中央拨款的形式向学校直接提供，地方教育当局负责提供学校的基础、交通以及学生福利方面的费用。20 世纪 90 年代以来，直接拨款的公立学校的发展，以及《1993 年教育（学校）法》有关条款的规定，排除了“直接拨款的公立学校”顺利实施的阻力，放宽了限制，为更多的学校转为“直接拨款的公立学校”提供了条件，同时其数量的增加也使英国的中小学教育出现了多样化的局面。[③]

2. 直接拨款学校的治理特征。直接拨款学校的治理特征表现在三个方面。直接拨款学校的治理特征表现在三方面。（1）直接拨款学校是独立的组

---

① 冯大鸣．沟通与分享：中西教育管理领衔学者世纪汇谈［M］．上海：上海教育出版社，2002：165－166.

② 吕达，周满生．当代外国教育改革著名文献（英国卷·第二册）［G］//北京：人民出版社，2004：171.

③ 同②：172－173，170.

织机构，不受地方教育当局的管制，即学校可向中央教育行政当局提出申请，接受中央教育行政当局直接管理，其经费由中央承担，而地方教育当局无权干涉这些学校。（2）自主管理。学校董事会是学校的决策机构，学校董事会依据学校管理文件经营学校。学校管理文件对学校董事会人员构成以及经营权限和职责都有具体规定。（3）通过法律赋予家长参与管理学校的权力。《1988年教育改革法》通过公开招生的办法，使家长有更多的选择机会，允许家长选择每所学校的管理方式。①

（三）英美学校治理结构变化的趋势

美国特许学校和英国直接拨款学校的治理模式具有某些方面的共通性。这些共性在一定程度上反映了英美国家学校治理结构的变化趋势。这种趋势体现在以下几个方面。

1．依法变革学校治理模式。改革学校治理模式就是重新配置学校各权利主体的利益关系，并改革学校的运行机制。因此，美国和英国都是先通过立法，即美国各州通过颁布特许学校法律，英国是在教育法律法规以及国家教育和科学部提交的教育白皮书中都对直接拨款学校的各项程序、各权利主体的职责和权力加以具体规定，而后各自依法变革。

2．治理机制是学校自治。不管是特许学校的合同管理，还是直接拨款学校的自主管理，都是通过变革学校治理机制，改革学校决策模式，赋予学校自主办学的权利。美国特许学校是通过章程或契约，根据章程或契约对学校进行监督，使得学校不再受到州教育行政主管部门的法律法规约束，而直接赋予教师、家长以及其他举办特许学校的创建者以自主办学的权利。英国的直接拨款学校，同样也是让学校不再受到地方教育主管部门的干涉，而直接由中央政府提供经费，直接接受中央政府的监督，将办学权力更多地赋予教师和家长。

3．多中心主体参与学校治理。这种新型学校治理模式是多中心主体共同治理的结构。一方面，中央政府以及地方政府通过立法来规范学校治理，通过扩大家长的选择权，来监督学校治理水平和学校教育质量。校长、教师也可以得以发挥主人翁的作用，参与学校治理。家长和学生更是通过自身的

---

① 吕达，周满生．当代外国教育改革著名文献（英国卷·第二册）［G］//北京：人民出版社，2004：172－173，170.

选择权来对学校是否转变为特许学校或者直接拨款学校而参与学校治理，并直接影响到学校治理方式。

第七节　基于比较之学校法人治理结构的现实思考

在对西方发达国家学校治理结构模式进行评析后，我们会发现，中西学校治理结构模式存在一些差异，造成这些差异的原因既有来自国家政治、经济、文化方面的因素，也有与学校教育文化传统和教育发展现状与需求直接相关的因素。本节主要是从法律框架、治理主体和治理机制三方面论述中西学校治理结构模式的差异，并基于这种差异对中国学校治理结构改革实践进行思考，以期对中国教育改革实践提出建设性的意见和建议。

一、法律框架

（一）西方发达国家完善学校治理结构的法定依据

从法系方面比较的话，西方发达国家既有属于英美法系的国家，也有属于大陆法系的国家。从这些国家学校治理结构模式来看，都比较注重依据法律来规制学校的治理结构，或通过立法来变革学校治理结构。英国新型学校治理结构模式之一是直接拨款学校。直接拨款学校改变了学校的治理结构，变革了学校权利主体的资源配置，需要通过法律来平衡各权利主体在学校变革过程中应该各自承担的责任和权力。《1988 年教育改革法》对此作了详细的规定。《1988 年教育改革法》第四章对直接拨款学校的各权利主体的权利和义务分别加以规定，包括直接拨款学校的经费来源、内部管理体制、获得直接拨款学校资格的程序等有关直接拨款学校内部治理和外部治理的机制与运作。此后，英国出台的一系列教育法律法规对直接拨款学校治理结构不断加以完善，形成了在英国深受家长支持和政府扶持的新型学校。

（二）我国学校治理结构模式的实践探索

我国学校治理结构也处在不断发展和变革之中。特别是由计划经济向市场经济体制转型过程中，我国的学校治理结构发生了很大变化。公立学校

（公办学校），① 一方面在基础教育领域，学校外部治理形成了“分级管理，地方负责”的整体治理模式，内部则推行校长负责制。在高等教育领域，外部治理主要是“两级管理，分工负责”的模式，内部实行中国共产党高等学校基层委员会领导下的校长负责制。这种单一的学校治理模式无法满足市场经济条件下人们的多元化教育需求，为此，我们在基础教育领域和高等教育领域也都进行了创建新型学校的尝试和改革，力图变革学校治理模式，更好地满足人们的多元化教育需求。在基础教育中，最受关注的是转制学校，高等教育领域则是独立学院模式。

1．转制学校。公立学校转制是指少许不错的中小学校或从完全中学剥离出来的初中学校进行转制，实行“国有民办”或“民办公助”，具有一定民办性质的运行机制，这是国家教育发展政策范围内的学校治理模式的一种探索和尝试。因此，转制后的公立学校在性质上仍然是公立学校，其运行则采用民办学校的运行机制。公立学校转制的最初目的是改造薄弱学校，满足学生和家长对优质教育的需求。但事实上，转制后的公立学校享有了国家资源，并利用公立学校的无形资产，收取高额费用，以至于转制后的公立学校成了“大胆的政策构想与明显的操作失误”，② 不仅没有达到最初的改造薄弱学校之目的，反而加剧了教育的两极分化，影响公平教育的秩序，不利于素质教育的实施，引起了社会广泛关注，甚至有政协委员要求对公立学校转制亮“红灯”，呼吁取消公立学校转制。③ 当然对于现实中已经转制的公立学校不可能轻易叫停就停，毕竟学校涉及千家万户，影响到孩子的健康成长。

---

① “公办学校”和“民办学校”在我国是法律概念，而“公立学校”和“私立学校”不是法律概念，只在学术研究中使用。我国已有的法律法规中，主要是按照办学主体和经费来源界定和区分“公办学校”与“民办学校”。一是，按办学主体进行的区分。将“国家机构以外的社会组织或者个人”举办的学校称之为民办学校；将各级政府机关举办的学校称之为公办学校。二是，按经费来源进行的区分。凡使用国家财政性经费举办的教育机构，无论何种办学主体，均“按公办学校实施管理”；国家机构以外的社会组织或者个人，利用非国家财政性经费，面向社会举办的学校或其他教育机构属于民办学校。参见：秦惠民，王大泉．关于“独立学院”属性及其相关问题的思考［J］．中国高教研究，2005（4）：55－58．

② 方建锋．颇具争议的公立学校转制：大胆的政策构想与明显的操作失误——关于上海市转制学校的综合个案报告［J］．上海教育科研，2003（1）：20－26．

③ 鲍东明．政协委员要求对公立学校转制亮“红灯”［N］．中国教育报，2002－03－07（1）．转引自：范国睿．学校管理的理论与实务［M］．上海：华东师范大学出版社，2003：153－157．

转制学校何去何从？颇为引人关注。学者们对此提出了诸多设想，大致可以分为三步走。第一，对现有转制学校进行清理。哪些是体制机制都没变，只是换了个牌子就高收费的“翻牌学校”；哪些实际上是民办学校，却因为现在转制学校的生存空间比较好，就戴了一顶转制学校“帽子”。第二，要让部分“翻牌学校”退回到公立学校去。这里包括两种情况：只有高收费的转制学校而没有其他学校让老百姓来选择、分流时，属于是义务教育阶段的转制学校。另外一部分的学校，如果在整个的体制机制方面的改革探索有成效的，政府也没有继续给它资金方面的支撑，逐步有社会资金进入，学校是按民办学校运行机制来做的，将来就应把它推向民办学校，不要再挂转制学校的名称。第三，可以保留一部分转制学校，继续实验。因为从国际教育发展的趋势来看，教育也不是说非公即民。所谓“第三条道路”现在也是新的发展趋势。就像新加坡的独立学校，美国的特许学校，英国的选退学校，中国香港的“津贴学校”和“直资学校”等①。

2006 年教育部等七部委出台了《关于 2006 年治理教育乱收费工作的实施意见》明令禁止审批新的转制学校和新的改制学校收费标准，并将转制学校作为治理的重点。随后发布实施的新的《义务教育法》对此也作出了明确的规定。在此情况下，各地纷纷采取强硬措施治理整顿转制学校的高收费，并对转制学校进行新的改革。从改革实践来看，转制学校的出路基本是三种情况。一是改为民办学校；二是恢复为公办学校或撤销建制并入公办学校；三是结束办学。“转制学校从当初的试点到目前的治理整顿，实际上是经历了一个从合法性论证到合法性危机的过程，这种危机来自对法律和政府责任的重新认识，来自主流价值观从‘效率’到‘公平’的转变，也来自对转制学校办学绩效的质疑。转制学校要重建其合法性，就必须以正当的方式证明自身在促进教育公平、提高办学绩效、履行社会责任方面的意义。”② 尽管转制学校被整顿和治理，但是，转制学校是我国教育改革过程中对办学体制以及学校治理模式转型的一种有益探索，有其历史意义。从推动学校治理模式转型和完善学校治理结构角度出发，我国公立学校转制可以借鉴美国的特许学校等转制学校的经验与做法，完善我国有关办学体制改革和转制学校的相关法律法规。在法律法规的规制和政策引导下，进一步完善学校的治理结

① 黄艾禾，吴琴．公办转制学校的公平与未来［J］．新闻周刊，2004（35）．

② 文东茅．转制学校的合法性危机与重建［J］．教育发展研究，2008（7）：31．

构，从而为我国学校办学体制改革和学校治理模式转型探索作出应有的贡献。

2. 独立学院。高等教育中的独立学院也遇到了类似的尴尬。独立学院最初被称为“二级学院”。20世纪末，江苏、浙江两省率先办起一批“二级学院”。“二级学院”的基本模式是：学院作为“二级单位”隶属于公立高校之下（冠名、招生、文凭发放），但相对独立运行；“硬件”由社会投资者提供，“软件”（教学、管理）由公立高校负责；按培养成本的全额收取学费，学费收入除保证“二级学院”的运行外，余额按合作办学协议的约定“分成”。这种模式一经问世，便迅速风靡全国。短短几年间，就涌现出几百所这种类型的办学机构。正如有学者指出的那样，“二级学院”就是公立学校的“校中校”。这种“校中校”虽然满足了部分受教育者的教育需求，但是其运行中也造成一些突出问题。“校中校”不但没有扩充教育资源反而挤占了国家投资形成的教育资源，加剧了一些公立高校办学条件紧张的局面；公办高校的学生看到降分录取的学生拿的和自己一样的文凭，担心就业市场出现“劣币驱逐良币”的不公平竞争。这两点直接导致社会舆论再次质疑“教育公平”和“公立高校为何用纳税人的钱形成的资产又去高收费”。由于“二级学院”不是独立法人，涉及学生权益的许多民事纠纷都牵连到公立高校，影响学校的声誉和稳定。因此，教育部要求“二级学院”必须实现“6个独立”，才能体现新机制、新模式。

2003年5月，教育部颁发了《关于规范并加强普通高校以新的机制和模式试办独立学院管理的若干意见》（以下简称《若干意见》），并召开了布置落实这些意见的会议。这可以视为这类办学机构发展中的一个重大转折点。《若干意见》作为一份关于独立学院设置和办学的政策法规性文件，其重要的现实意义在于：第一，它肯定了从办学实践中产生的独立学院，“是新形势下高等教育办学机制与模式的一项探索和创新，是更好更快扩大高等教育资源的一种有效途径”；第二，它把独立学院定性为民办高等学校，也就明确了独立学院应该按照我国《高等教育法》和《民办教育促进法》依法办学。①

公立学校转制和高校独立学院，目的是为了满足更多人民接受高等教育的渴望。但在其发展过程中暴露出的一些问题，在一定程度上可以归结为学

① 冯向东. 独立学院“独立”之辨［J］. 复旦教育论坛，2006（1）：58－62.

校治理结构和学校治理基础问题。转制学校和独立学院发展至今，我国并没有出台相关的法律法规来规范学校治理过程中各权利主体的责任与权力，转制学校和独立学校法律定位模糊。即便教育部曾经针对办学中出现的一些问题下发过意见之类的办学文件，而这些部门文件，也仅仅是属于部门规章。部门规章效力比较低，必须是在相关教育法律法规框架下运行。

我们国家的公立学校转制和独立学院与英国的直接拨款学校以及美国的特许学校有相似之处，都是对现有学校治理模式的变革。正是由于是对现有的学校发展过程中的各权利主体资源配置的重新设计，就需要通过法律来规范各方的权利和义务。美国特许学校从一开始创办至今，一直都处在社会争议之中，但是争议并未影响特许学校的发展。这主要是因为每个州都是先颁布《特许学校法》，而后根据法律办学，在法律的框架下运行。

二、治理主体

通过对中西学校治理结构模式比较，我们发现，一方面，西方发达国家大多数是通过法律框架来规范学校治理结构的变革，以此保障学校治理结构的成功转型。另一方面，在基础教育领域，诸如英国的直接拨款学校和美国的特许学校治理模式的改革，以及高等教育领域中的日本国立大学法人化改革等，其非常重要的一个特征就是学校治理主体发生了变化，治理主体都由最初的国家或者地方教育行政当局转变为多中心治理主体，但是学校的性质并没有发生改变，仍然是公立学校。如英国的直接拨款学校和美国的特许学校，实行的是学校董事会领导下的决策机制，其中，董事会的组成人员主要是家长、教师和校长等利益主体组成。教育当局仅仅是依据法律对学校治理过程进行监督。

在我国，不管是高等教育领域中进行的高校治理模式变革，还是基础教育领域中的中小学校治理模式变革，都仍然是政府主导型的变革。政府来决策学校是否转变治理模式，并决定转型后的学校治理运行机制。由此，学校治理主体并没有发生变化，学校治理机制也没有发生根本性的变化，学校发展过程中的其他利益主体的权利仍然无法得到保障，学校发展的机制仍然无法反映其他利益主体的需求。因此，我国学校治理模式改革，不仅需要制定相关学校法律来保障和规范，更需要改革学校治理主体，让家长、学生、教师等相关利益主体都能有自己的发言的机会，都能通过变革学校治理模式来参与到学校治理过程中，共同治理学校。

三、治理机制

变革学校治理主体需要一定的治理机制加以保障，或者说一定的治理机制才能反映学校不同利益主体在学校治理过程中的权利配置和利益平衡。西方发达国家学校治理模式通过重新配置学校权利主体的资源，进而平衡其利益需求，提升学校教育质量。这种治理机制赋予了家长的教育选择权、教师的专业自主权和学校的自治权，来发挥各个权利主体的作用，进而规范学校治理。

我国新型学校治理模式也在运用这种治理模式，转变学校的治理结构和运行机制，但是并未赋予学校其他相关利益主体的参与学校治理的权力。比如，英美国家学校治理转型过程中都赋予了家长的学校选择权，让家长“用脚投票”，迫使学校必须考虑家长和学生的权益，而且家长作为学校董事会的组成人员，在有关学校重大决策事项上也有保障自身权益的机会。而我国则是对家长择校给予明确的限制和约束。为了解决家长的择校问题，修订后的《义务教育法》和2010年发布实施的《教育规划纲要》都将解决基础教育的均衡发展问题作为基础教育发展的根本目标，以此缩小学校差距、区域差距，满足更多家长希望子女接受优质教育的需求。这是国家采取切实举措对人们渴望接受优质教育的一种现实回应。但是，如何保障家长在学校发展过程中的权益，目前还有待于在政策法规层面给予进一步明确和完善。

美国联邦教育部副部长 W. J. 贝内特在为美国联邦教育部教育研究和改革办公室日本教育研究组提交的《日本的教育现状——美国对日本教育的研究报告》所题写的《对美国教育的启示（后记）》中，写道：“我们从日本的教育中吸取哪些值得我们的教育家和制定政策的人们思考的经验呢？具体地说，我们不应该模仿一些特殊的、个别的做法。例如，我们不应该模仿日本教育主要由中央政府来领导和控制的基本体制。相反，我们应该从日本的教育中寻求与美国价值相适应的原则、重点和关系等。要真正体现美国的价值（以及许多教育研究的成果），研究怎样借用它们，加以采纳，为我所用。”① 我们又何尝不是呢？在对中西学校治理结构模式进行的比较的同时，我们更应该关注本国的学校治理模式，本国的学校治理模式改革，因为毕竟

① 贝内特. 对美国教育的启示［G］//吕达，周满生. 当代外国教育改革著名文献（日本、澳大利亚卷）［M］. 北京：人民教育出版社，2004：181－182.

学习和借鉴他国经验，目的是“为我所用”。

四、案例分析——对中国南方科技大学治理结构的思考

中国南方科技大学，自筹办之日就一直引起社会的广泛关注。筹办四年多，2010 年 3 月首批 45 名学生入学后，南科大至今未获招生自主权。2011 年 4 月，深圳市组织部公开选拔南科大副局级副校长，以及首届 45 名学生集体拒绝参加 2011 年高考，更是将这所大学推向了风口浪尖。虽然社会关注的焦点集中在南科大上述几个重要事件上，但是，这些事件的关注焦点集中在南科大的治理结构上，尤其是南科大与教育部、深圳市政府之间的权责关系，这涉及我国高校管理体制的顶层设计问题，这些问题对于以“去行政化、自主办学”为办学理念的南科大而言，是至关重要的。

（一）南科大治理结构的法定依据

南科大的治理结构法定依据主要有两个：《南方科技大学管理暂行办法》（以下简称《办法》）和《南方科技大学章程》（以下简称《南科大章程》）。

1. 《办法》对治理结构的规定。2011 年 5 月深圳市政府公开发布了《办法》。《办法》对南科大的权责、治理结构、人事管理和监督等作出了明确规定，并列专章具体规定学校的治理结构。《办法》第十四条指出：“南科大设理事会、校长、校务委员会和校学术委员会，并根据需要设置必要的学术单位和行政单位等组织机构，按照本办法和章程的规定开展活动”。其中，理事会由政府代表、南科大校长及管理团队、教职工代表和社会知名人事等组成。理事会为南科大的决策机构，理事会根据校长遴选委员会的推荐提出校长人选，报经市政府按规定程序审定后聘任。校务委员会对学校教学、科研和行政管理中重大事项进行决策，校学术委员会成员由教授会协商产生。校学术委员会负责对学校教学、科研等重大学术事项进行审议。同时，《办法》还规定南科大设立顾问委员会，作为南科大的咨询机构，负责对学校发展重大问题提出意见和建议。从中，我们可以看出南科大的治理结构框架（如图 4.5 所示）。

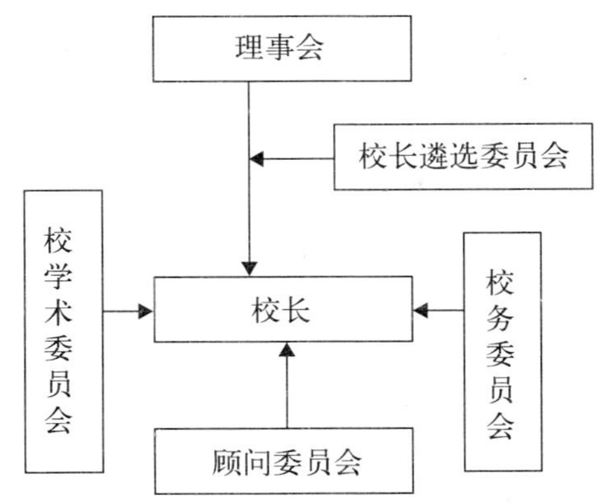

图 4.5　南科大治理结构框架

《办法》不仅被媒体誉为中国高校的第一部“基本法”，而且《办法》规定的治理结构被认为是南科大最大的创新之处。[①] 南科大的治理结构既是创新之处，也是其对于我国教育“去行政化”、建设现代学校制度的一种重要实践探索。正如南科大校长朱清时所言：“自此以后，有一所学校不是靠行政官员的指令来运转，而是靠一部有法规性质的行政条例。就某种程度而言，这是南科大改革到现在最实质性的进步，其意义不亚于当初深圳特区的诞生”。[②]

2.《南科大章程》的规定。《办法》总则中第五条中指出：“南科大坚持追求卓越、学术自由、学者自律的大学精神，遵循理事会治理、教授治学、学术自治的原则，培育和发挥大学应有的活力和创造力，实行党委领导下的校长负责制，并按照本办法和南科大章程对大学实施管理。”由此可知，《南科大章程》是南科大依法办学的重要依据。《高等教育法》第二十八条明确规定了高等学校章程应当规定的十大事项，其中，要求大学章程必须包括内部管理体制、举办者与办学者之间的权利与义务等。因此，《南科大章程》应该对南科大的治理结构作出明确的规定。

2009 年 11 月 7 日，在香港浸会大学举办的粤港澳高等教育发展规划座谈会上，深圳市委宣传部副部长吴忠表示，“深圳将制定《南方科技大学章程》，交深圳市人大审议，避免政府直接与学校打交道会造成的行政干预，

① 蔡志军．南科大最大创新是治理架构［N］．深圳晚报，2011－05－31．

② 邓聿文．南科大式改革如何推进［N］．中国经营报，2011－06－10．

实现大学自治。”[①] 遗憾的是，时至今日，南科大并未制订出《南科大章程》。大学章程被认为是大学“宪法”，是大学依法办学的纲领性文件。在国外大学发展历程中，大学章程具有十分重要的作用，它是大学合法设立的基础，为大学的自主办学提供了规范，可以有效防范社会力量对大学办学自主权的干扰，同时也为社会力量参与办学提供法律依据。《教育规划纲要》第十三章建设现代学校制度第四十条也明确提出，要“加强章程建设。各类高校应依法制定章程，依照章程规定管理学校”。此后，2010 年 12 月教育部公布的国家教育体制改革试点任务和单位中，北京大学等 26 所高校被列为“推动建立健全大学章程，完善高等学校内部治理结构”的试点单位。这表明，制订《大学章程》已经成为我国高等教育界的共识。为此，有学者提议，深圳市人大常委会，2011 年之内应将审议南科大的章程提上议事日程，至少应在 2011 年年底内颁发《南科大章程》，积极为南科大建设一流大学的航程护航。[②]

（二）对南科大治理结构的现实思考

1. 南科大与政府权责关系的界定要进一步细化，并在《南科大章程》中加以明确。理顺高校与政府之间的关系既是我国高校管理体制改革的重心，同时也是保障高校办学自主权的核心。《办法》第一条就指出：“为创新和规范南方科技大学（以下简称南科大）的管理和运作，保障大学办学自主权，根据《中华人民共和国高等教育法》等法律法规，制定本办法。”可见，《办法》出台的重要意义之一就是为了保障南科大能够依法自主办学。《办法》第五条进而指出，“南科大按照本办法和南科大章程对大学实施管理”。第六条明确指出：“南科大依法行使权利、履行义务，独立承担民事责任，非因法律、法规及本办法规定的事由，不受其他组织和个人的干涉”。而《办法》中却缺少相关的保障条件和问责条款，这样南科大的治理结构就有可能会流于形式。

2011 年 4 月 29 日，深圳市委组织部发布了《关于公开推荐选拔南方科

---

① 黄焕年. 关注：南科大章程能否真正落实大学自治？［EB/OL］. http：//www. ycwb. com/edu/2009 - 11/24/content_2340400. htm.

② 熊丙奇. 制订南科大章程需要真正深圳速度［EB/OL］. http：//edu. people. com. cn/GB/13656529. html.

技大学（筹）副校长等领导干部的公告》。根据这份公告，深圳将面向国内公开推荐选拔两名南方科技大学副校长，级别为正局级。消息一出，引起了社会的广泛质疑，甚至很多关注南科大的学者表示“震惊”，因为这与一直高呼“去行政化、自主办学”的南科大形象颇不相符。有学者也在微博上发文说，南科大不是要去行政化吗？南科大治理结构究竟怎样？中国人民大学教授张鸣也发微博说，南科大聘任局级副校长，这是对南科大的讽刺，对朱清时的讽刺，对南科大宗旨的讽刺，如果任其下去，南科大休矣。[①] 很显然，这与《办法》相关规定明显冲突。《办法》第二十一条对副校长的产生作出了明确的规定，即“南科大可以设若干名副校长，协助校长处理校务。副校长由理事会根据校长提名聘任。校长卸任后，副校长需由新校长提名并经理事会重新聘任”。对此，南科大校长朱清时通过与深圳市组织部沟通，《办法》2011 年 7 月 1 日实施后，校长提名副校长，理事会聘任。深圳市组织部的公开招聘，可以作为校长提名的前期工作。[②] 《办法》是《南科大章程》立法的前一步，[③] 因此，从法律上进一步理顺政府与南科大的关系，需要在《南科大章程》中进行细化和明确。

2. 在“先行先试”中，南科大治理结构能否落实还需要寻找有效的改革路径。南科大改革遇到了一些阻力，甚至在一定程度上被认为陷入了改革的困境，这是难免的。作为中国高校改革的“试验田”，其创建之日就应该是其探索、突破之始。这种探索和突破并非横空出世，而是现阶段我国经济发展和高校发展对高校改革的一种现实诉求。一方面，国务院通过的《珠江三角洲地区改革发展规划纲要（2010—2020 年）》和《深圳市综合配套改革总体方案》将深圳确立为“国家教育综合改革示范区”“省级政府教育统筹综合改革”试点城市，使南科大具备了全国高校改革“试验田”的历史机遇。另一方面，《教育规划纲要》要求高校要建设现代学校制度，落实和扩大高校办学自主权，完善治理结构。这也为南科大指明了改革的方向。因此，在困境和困难中探索、突破必须寻找有效的改革路径。

当年深圳改革之所以在全国“杀出一条血路”，就是因为他们敢于突破

---

① 庄树雄. 60 人报名南科大局级副校长选拔　校长称情况复杂［N］. 南方都市报，2011－05－10.

② 周亦楣. 南科大管理办法发布　校长由理事会任免［N］. 新京报，2011－06－10.

③ 叶明华. 南科大管理办法出台　理事会可免校长［N］. 南方日报，2011－06－09.

成文规定，勇于自我超越。现在南科大也需要在教育改革方面“先行先试”，闯出一条教育改革的新路子来。正如香港科技大学教授所言，如果南科大在中国大陆的大体制下，开创一条高等教育改革创新之路，对大陆其他高校一定会产生非常正面的刺激作用和借鉴意义。[①] 有学者认为，南科大应为体制内突围探路，需要实现两方面的突破。一是，依据《教育规划纲要》落实和扩大学校办学自主权、建立现代学校制度的改革精神，修订《中华人民共和国学位条例》，将学历教育机构的自授学位合法化。二是，《教育规划纲要》明确指出，要对高等教育实行社会评价和专业评价。对每所大学授予学士学位，从“国际承认”转向学校授予、社会认证，也是大势所趋。如果实现这两方面突破，南科大也就实现在体现内的“突围”。这种改革，有极强的示范作用，具有开创性价值。[②] 这需要政府出台配套的政策和强有力的推动。日本的法人化改革也可以给南科大改革以很好的启示和借鉴。日本推行国立大学的法人化改革后，政府与国立大学的关系发生了重大转折。日本文部科学省一方面通过立法，确立了国立大学的法人地位；同时，通过立法重组相关的评价机构，赋予其评价权限，并通过法人评价重构了政府与国立大学新型的管理关系。通过法人评价，日本文部科学省可以有效监控和管理大学的改革与发展，从而达成预期的改革目标。

---

① 郭一娜．南科大改革：能走多远走多远［N］．国际先驱导报，2011－03－16．

② 熊丙奇．南科大应为体制内突围探路［EB/OL］．http：//xiongbingqi. blog. sohu. com/168035536. html.

第五章　学校法人治理中的权力制衡

学校法人治理过程中的权力制衡是有效实施法人治理的前提和重要保障。学校法人治理的关键是确保学校独立的法人地位，完善学校法人治理结构，让学校能够根据教育规律自主办学，更好地满足人民群众多元化的教育需求，更好地贴近学生、贴近生活、贴近社会，进而提升国民的整体素质，提高国家的综合实力。在现实国情下要实现学校治理模式转型，我国除了要依法明确学校的法律地位，完善学校法人治理结构之外，还要建立权力制衡机制来确保学校实施法人治理的可行性和有效性。本章共包括四小节。第一节和第二节是在对我国学校权力制衡现状进行分析的基础上，着重探讨了权力制衡理论。第三节是对学校权力制衡机制的思考。第四节则是研究学校法人治理过程中权力制衡的路径选择。

第一节　权力制衡现状分析

对我国各种类型学校的权力制衡现状加以整体勾画或者描述是比较困难的。一方面是由于我国目前正处在社会转型期。社会转型，不仅仅是国民经济体制的转型，而且包括社会结构等各方面的重大调整和改革。这些调整和改革由于直接关涉不同群体的利益，如何通过权力的重新配置以实现利益平衡，达到社会和谐发展，是当前社会关注的焦点，也是当前社会改革的着力点。因此，目前的社会改革在这个意义上也是权力重新调整和配置的时代，是社会权力结构大调整时期。如同美国的未来学家托夫勒所言出现“权力变移”。[①] 学校的外部权力制衡关系必然深受其影响。另一方面，正是由于要适应社会变革，学校内部的权力制衡关系也同样处在不断调整过程中，比如我们的中小学实行的“地方负责，分级管理”的体制，随着社会的大变革和大

① 阿尔温·托夫勒. 权力变移［M］. 成都：四川人民出版社，1990：2-3.

调整，对学校，尤其是基础教育造成了巨大的冲击，适应这种变革并应对这种挑战，各级政府都在不断调整基础教育的学校领导体制和办学体制，相关的文件和政策法规也在不断完善过程中。因此，对学校权力制衡现状加以描述只能从典型案例说开，并以此作为引子铺开去。另外，权力是政治学、社会学和法学等以社会现象为研究对象的学科中最常使用的概念，是其研究中最为基本和最为重要的范畴。因此，分析学校权力制衡关系在着眼于当前学校治理过程中存在的一些权力制衡问题时，需要吸收其他相关学科有关权力制衡的研究成果，更要借鉴其他国家学校权力制衡关系中的成功做法。

一、由案例说开——权力关系引纠纷

随着我国教育体制改革的不断深入，学校治理过程中暴露出了许多不适应市场经济体制的问题。解决问题的途径有多种，但是随着人们权利意识的觉醒、人们追求解决问题途径的合理合法化以及我国法律体系的不断完善，通过法律诉讼来解决问题的学校诉讼案件日益增多。这些案例涉及学校各种社会关系，包括学生权益、教师权益和学校权益以及管理者、投资者和政府的权益等。其中一些案件曾经引起社会的广泛关注，并引发了相关学科专家学者的热烈讨论和深入研究。当然，如果从不同的角度对这些案件进行解读，可能会有不同的着眼点。但是，不管从何种角度解读，实际上都必然涉及不同权利主体的利益是否受损的问题，利益之所以受损固然是由多种因素造成，但归根结底还是权力资源的配置问题。

案例一：学校与政府（教育行政机关）之间的权力关系

在众多的被媒体报道的学校诉讼案件中，关于学校起诉政府（教育行政部门）的案件占到一定比例。诸如“待批校低费收生，有权人无据批复——宾阳县教育局拒批民办学校案”、“学校土地被颁双证，政府部门该担责任——张家界树人学校土地证案”、“校长失权，痛哉惜哉！教委接管，是耶非耶？——北京正则中学诉教委违法接管案”①，等等，这些案例都涉及政府与学校之间的关系如何？以“学校无故被终止，教委有因受处罚——江北文化艺术学校状告江北区教委案”为例，案情简介②如下。

---

① 王康，柴纯青．民办教育司法案例［M］．上海：上海人民出版社，2004：73－106.

② 同①：94－96.

江北文化艺术学校是一所以招收农民工子女为主的民办学校，位于重庆市江北区五里店林家桥，开办于1994年，投入上千万元，目前已开设了从小学到初中的全部课程，学校也曾获重庆市年度办学水平评估二等奖。

根据有关规定，学校办学资质年检一般在第一季度的1月1日到3月15日进行，凡超过半年不年检的学校，就要重新申请注册。2003年，江北区教委一直未给该校年检，直到该校法定代表人杜泽忠对教委说“再不年检就要告教育主管部门不作为”，江北区教委才于5月29日通过了对江北文化艺术学校的年检。但年检后仅仅数日，区教委就于6月6日送来了一份编号为37号的文件，称该校所在地已被区政府征用，同时按照即将实施的《民办教育促进法》有关规定，要求学校立即“终止办学”。6月26日，江北区教委又第二次发来通知，将“终止办学”改成了“中止办学”。8月7日，区教委职成科电话通知该校9月1日后不得继续开课。江北文化艺术学校对区教委的决定不服，于8月11日将江北区教委告到法院；19日江北区法院正式受理此案。在得知被告上法庭之后，江北区教委认为“该校曲解了教委文件的意思，教委本意是让其暂时停止教学，等迁到新校址后再行办学”。职成科科长解释说，教委6月6日、6月26日、8月7日三次发文给该校，最后发到的57号文件明确说明，前面的37、49号文件所提到的终（中）止办学仅指该校在林家桥地区的办学终止，并未涉及该校法律意义上的终止，也未吊销其办学许可证；同时该校搬迁后的学校性质、名称等可保持不变。至于为何让该校暂时中止办学，该科长称，5月29日江北区国土资源局正式对该校校址发来拆迁通知（但学校并没有收到江北区国土资源局正式发来的拆迁通知书），要求在6月14日前全部拆迁完毕。鉴于此，学校不能保证正常教学，教委根据有关民办教育法规让其暂时停学。对此，该区国土资源局耕保科科长也作了印证：江北区艺术学校校址所在的林家桥社耕地已被政府征用，经教委、国土局等单位多次协调，该校在规定拆迁期限内仍未拆迁，有关部门考虑强制拆迁。学校属于公益性机构，在被问及“根据《重庆市房屋拆迁管理条例》规定，拆迁人应按照城市规划要求，按原性质、原规模予以还建或货币补偿”的问题时，国土局的解释是“该校校址属农村耕地，不适用城市拆迁条例。”

10月29日上午，重庆市江北区法院一审判决：江北区教委终止江北文化艺术学校的具体行政行为违法，教委败诉。此案是自9月1日《民办教育促进法》生效后，全国首例民办学校状告教委并获得一审胜诉的案件。

我们发现，从2003年涌现的民办学校与教育行政主管部门的各种纠纷中，多数学校是忍气吞声，被迫服从，或者妥协，只有很少的学校愿意通过法律等途径来维护自身的合法权益。造成这种现象的根本原因就是学校与政府（教育主管部门）之间地位的不平等，教育行政主管部门的行政权力缺乏限制。

案例二：学生（家长）与学校之间的权力关系

学生（家长）与学校的关系是学校发展过程中非常重要的一对关系。学生是受教育者，家长是学生的法定监护人。在学校发展过程中，如何处理好与学生（家长）的关系，保障学生的权益是衡量一所学校教育教学质量非常重要的指标之一。毕竟学校是育人的场所，是师生成长的地方。但是从大量的案例我们会发现，学生（家长）一直处于弱势地位，并没有真正享受到学生和家长应该享有的诸多权利。比如国家采取种种措施和手段来控制乱收费问题，而家长投诉学校乱收费问题仍然居高不下；学生在教育教学过程中并没有被当成真正的接受服务者，而是被管理者，等等。这些问题在一定程度上反映出学生与学校之间、家长和学校之间的权利、义务不清楚，另一方面也反映出缺少对学校的权力制衡机制。其中一个典型案例是“田永诉北京科技大学案”①。

田永系北京科技大学应用科学院物理化学系1994级学生，1996年

① “田永诉北京科技大学拒绝颁发毕业证、学位证行政诉讼案案情”载于《最高人民法院公报》1999年第4期。审理此案的法官、原告的委托代理人及其他学者从不同视角对此案曾加以评析，具体参见：罗豪才. 行政法论丛：第3卷［M］. 北京：法律出版社，2000：397－500. 其中，相关的文章为：（1）沈岿. 扩张之中的行政法适用空间及其界限问题——田永诉北京科技大学案引发的初步思考；（2）马怀德. 学校、公务法人于行政诉讼；（3）何海波. 通过审判发展法律——评田永案件中行政法原则的运用；（4）石红心. 权利需求与司法回应；（5）饶亚东. 从审判角度谈受教育权的保护与法官责任.

在参加电磁学课程补考过程中，被监考教师认为有作弊嫌疑。北京科技大学根据学校有关规定，认定田永的行为是考试作弊，决定对田永按退学处理，填发了学籍变动通知，但是没有直接向田永宣布处分决定和送达变更学籍通知，也未给田永办理退学手续。田永继续在该校以在校大学生的身份参加正常学习及学校组织的活动。1996 年 9 月，北京科技大学还为田永补办了学生证。其后，北京科技大学每学年均收取田永交纳的教育费，并为田永进行注册、发放大学生补助津贴，还安排田永参加了大学生毕业实习设计，并由论文指导教师领取了学校发放的毕业设计结业费。田永在该校学习的 4 年中，成绩全部合格，通过了毕业实习、设计及论文答辩，获得优秀毕业论文及毕业总成绩全班第九名。1998 年 6 月，北京科技大学的有关部门以原告田永不具有学籍为由，拒绝为其颁发毕业证，未向教育行政部门呈报毕业派遣资格表，没有将田永列入授予学士学位资格名单内交本校的学位评定委员会审核。

一审法院认为，本案涉及被告行使颁发学业证书、学位证书的行政权力时引起的行政争议；北京科技大学关于考试作弊的规定与《普通高等学校学生管理规定》第十二条、第二十九条的规定相抵触，应属无效；被告所作的退学处分决定在程序上缺乏正当性；被告并未实际注销田永的学籍，而为其补办学生证等行为，证明退学处分的决定未发生法律效力，因此，判决（1）被告北京科技大学在本判决生效之日起 30 日内向原告田永颁发大学本科毕业证书；（2）被告北京科技大学在本判决生效之日起 60 日内召集本校的学位评定委员会对原告田永的学士学位资格进行审核；（3）被告北京科技大学于本判决生效之日起 30 日内履行向当地教育行政部门上报原告田永毕业派遣的有关手续的职责等。一审宣判后，北京科技大学提出上诉，理由中包括“我校依法制定的校规、校纪及依据该校规、校纪对所属学生作出处理，属于办学自主权范畴，任何组织和个人不得以任何理由干预”。二审法院经审理认为，原判认定事实清楚、证据充分，适用法律正确，审判程序合法；“学校依照国家的授权，有权制定校规、校纪，并有权对在校学生进行教学管理和违纪处理，但是制定的校规、校纪和据此进行的教学管理和违纪处理，必须符合法律、法规和规章的规定，必须保护当事人的合法权益。北京科技大学对田永按退学处理，有违法律、法规和规章的规定，是无效的”，因此，判决驳回上诉，维持原判。

案例三：教师与校长（学校）之间的权力关系

教师在学校发展过程中发挥着极为重要的作用。为此，国家出台了《教师法》等有关法律法规来保障教师的合法权益。但是事实上，教师在学校发展过程中的很多权益并没有得到有效保障，比如教师聘任问题、教师职称评审问题以及教师专业发展问题，等等。在教师聘任制改革以后，教师在学校发展过程中的自主权或者说专业发展权利往往并不能得到很好的保障，这成为当前教师与学校、教育行政部门如何处理各自权力关系问题的一个重心。特别是实行校长负责制以后，由于缺乏相应的监督机制，滋生出校长权力失衡问题。校长权力失衡，导致腐败渗透到管理的全过程中，涉及教师调动、教师晋升、职称聘选等问题。引起关注的一些相关案例有“教案官司”①、“教师聘任”官司，等等。其中以教师聘任官司②为例。

> 2001 年 4 月 3 日，原湖南株洲二中教师尹健庭教学中提出读书是为挣大钱娶美女的观点，被一媒体率先以《某重点中学一语文教师这样讲入学教育课　读书是为挣大钱娶美女》为题作了报道。媒体披露后，舆论哗然。一时间，尹健庭成为当地乃至全国的新闻人物。8 月 28 日，株洲市二中按照市教育局的要求，报省教育厅同意，按照《教育法》第三

① 被媒体炒得沸沸扬扬的全国首例教案官司大致经过是：原告高丽娅从事小学教学工作已近 30 年。1990 年，高丽娅调至重庆市南岸区四公里小学从事语文教学工作，随后，高每学期都按学校的规定，将教案交给学校，到 2002 年上学期，高共向学校交了 48 本教案。2002 年 4 月，高丽娅为写教学论文，向学校索要教案，最终只拿到其中 4 本，其余 44 本没有下落。2002 年 5 月 30 日，高将学校告到了南岸区法院，要求学校返还她语文教案 44 本，赔偿损失 8800 元。当年 8 月，一审以原告与被告是管理和被管理关系，其职务过程中发生的纠纷不属法院受案范围为由，驳回高的起诉。高不服并上诉，市一中院裁定发回重审。2003 年，南岸区法院重审，再次驳回高的诉讼请求。其后，高再次上诉至一中院，一中院审理后维持原判。2004 年，高提起申诉，检察院向市高院提起抗诉。市高院指令市一中院再审。2005 年 3 月一中院重审仍维持原判。8 月，高以侵犯著作权为由，再次上诉至一中院。有 30 年教龄的高丽娅因讨还教案打了近 4 年官司，被原学校解聘，目前在一家小学给学前班代课。参见：杨野. 四年六打官司终获教案著作权 [N]. 重庆晨报，2005 - 12 - 14.

② 案例来源于对下面两篇文章的概述：李春璞怪论老师重执教鞭　称读书为挣钱娶美女非本意 [EB/OL]. http://news.xinhuanet.com/society/2006 - 04/07/content_4394928.htm；周喜丰，等. 提出“读书为挣大钱娶美女”的老师赢了官司 [EB/OL]. http://www.news.sina.com.cn/s/2002 - 08 - 10/1047667045.htm.

十七条规定，对尹健庭实行解聘。8 月 31 日，株洲市教育局就此查处情况向全市通报，同意株洲二中对尹健庭实行解聘，株洲市（含五县市区）内的所有学校不聘尹健庭当教师。

尹健庭认为株洲市教育局的处理不合法，于 2002 年 1 月向株洲市中级人民法院提起行政诉讼，状告株洲市教育局，要求撤销“限聘”的处理意见。为尹健庭提供法律援助的张文忠律师指出，根据《教师法》第 17 条规定，聘任是学校的权利，受聘是教师的权利。尹健庭具有高级中学教师的任职资格，有受聘当老师的权利。在其教师资格被撤销前，任何单位和个人不能对其受聘权作出限制，否则就是一种侵权行为。法院经审理认为：被告株洲市教育局有权对尹健庭不符合国家教育主流方向的言行进行规范和约束，其“株洲市（含五县市区）内的所有学校不聘尹健庭当教师”的处理意见，是一种具体行政行为。根据我国《教师法》有关规定，在尹健庭的教师资格证未被撤销之前，他应当享有受聘权。聘用教师属学校的自主权，株洲市教育局以行政命令的方式，对原告尹健庭的受聘权进行限制，是超越行政职权，该具体行政行为违法。

二、对案例思考——权力制衡关系亟待规范

从上述的一些案例可以发现，造成权力失衡的主要原因有以下几个方面。

（一）学校治理范式

社会转型，学校各种社会关系之间的利益机制和权力配置方式仍然沿袭计划经济的一套做法。在处理学校的各种问题时，教育行政主管部门仍然采用的计划经济时期的行政管制模式，而忽视了学校的法人地位。从案例一中，我们就可以发现，教育行政主管部门管理方式仍然是行政命令，忽视学校利益。这其中尽管其声称是根据《民办教育促进法》依法治教。而从教育行政主管部门的具体作为来看，其行为恰恰没有法律依据，侵犯了学校利益。在我国，政府兼具举办者和管理者双重身份的矛盾始终没有得到合理解决。问题的症结在于，举办者与学校究竟是何种关系没有理顺，管理者对学校管理权的广度和深度没有界定。不管是公立学校还是民办学校，在承认学

校具有独立法人资格的前提下，举办者和办学者或者说举办者和管理者是两个法人主体。是不是相关的法律制定出来或者对现有的教育法律法规不适应当前学校发展现状的地方进行修订以后，类似事件就可以避免呢？应该说是无法给出确切的答案。这主要是因为制定法律或者说完善法律仅仅是改革学校治理的重要手段，而不能自动达到治理目的。所以，还需要改革有利于达成改革目的其他治理手段。这其中首要就是要改革学校治理范式，即由计划经济时期的行政管理为主改变为法人治理为主，行政管理为辅。

（二）权力结构模式

透过上面的几个案例，我们也会发现，改革开放以后，学校治理机制和管理体制都在不断改革，其改革的主要内容之一就是两个下放：一是中央教育权力下放到地方政府，地方政府将权力下放给学校或者赋予校长更大的权力。但是我们在下放的过程中并没有对我们原来的权力结构模式进行改革，这就必然导致权力缺乏制约。“有权力而无制约，权力就会失控，导致不同性质、不同程度的灾难，而灾难又形成对权力的制约。”① 从内部权力结构来看，在我国中小学实施校长负责制后，校长拥有了更多的自主权，从而能够操控校内的人力、物力、财力，以促进学校的发展。然而近年来在很多学校，校长的权力日益膨胀，造成了绝对权力，滋生了教育腐败，显然违背了校长负责制的宗旨。为了确保校长权力的正确恰当地行使，必须对校长的权力进行制衡，实行校长问责制。② 自1989年以来，我国高校统一实行党委领导下的校长负责制。这种权力结构模式下的高校，对高校中最为重要的学术权力和行政权力没有进行明确的划分，这样就导致我国高校的权力过于集中于行政系统，行政权力包办学术事务的现象比较严重，具有参与决策及管理的职能，学术权力过于虚弱，很难形成学术权力与行政权力的制衡关系。而从外部权力结构来看，我国学校外部权力结构模式也仍然是带有计划经济体制的色彩。不管是中小学还是高校，学校与政府、学校与家长等各种权力配置和利益分配机制都没有在整个管理体制中得到体现，以致在教育实践中出现诸如学校乱收费，教育部连续几年开学都需要发文件规定学校不能乱收费；家长与学校出现纠纷只能诉诸向学校上级教育主管部门申诉而无法要求

① 孙宁华．权力与制约：行政法研究［M］．北京：科学技术文献出版社，1995：1．

② 李树峰．校长问责制：校长权力的制衡与监督［J］．教育科学，2005（3）：17－20．

学校直接给个说法等问题。这些问题的解决需要进行综合治理，更需要从制度上进行治理，通过制度设计来对学校和政府的公权力加以制衡。

（三）权力制衡机制

教育实践中类似案例应该说还很多，有些媒体报道出来，有些媒体没有报道，还有些是在权力失衡现象中的一方忍气吞声，一般不会为自己的权利没有得到保障而诉诸媒体或者通过其他手段加以解决。这说明学校不同利益主体之间并没有形成相应的权力制衡关系，其自身权益尚没有健全机制来加以保障。比如在学校乱收费方面，部分家长主要是考虑到孩子还需要继续在学校接受教育，怕孩子受委屈，孩子的利益只能依靠对学校和教师的妥协和一味忍让来试图得到保障；教师即便在教育教学过程自身权益受到损害，大多数教师是自觉或不自觉地放弃了自己的权利；[①] 尽管相关的教育法律法规已经明确规定学校具有法人地位，但是由于我国市场经济还在不断完善中，一些适应市场经济的管理理念和管理手段也处在不断调整之中，比如政府职能的转变等都在改革之中，所以，学校与政府以及教育行政主管部门之间的权力关系也尚缺乏相应的制衡机制，以致在实际中常常出现不应该出现的一些问题。这些问题的解决需要多种制度配合，综合治理，但是，建立权力制衡机制尤为重要。

第二节　权力制衡理论分析

学校在由行政化管理向法人治理转型的过程中，一方面需要相关的法律规范加以引导和规制，同时还需要不断完善学校法人治理结构，另一方面在转型的过程中还需要对各种权力关系加以制约和管理。

一、权力的界说

“社会科学的基本概念是权力，其含义犹如能源是物理学上的基本概念一样”[②]。哲学家伯兰特·罗素的这一论断突出了权力在人类社会中的地位。德国社会学家马克斯·韦伯认为“权力是处于社会关系之中的行动者排除抗

① 方助生．浅谈教师对校长权力的制衡［J］．中小学管理，2005（2）：48－49．

② 威廉·多姆霍夫．当今谁统治美国［M］．北京：中国对外翻译出版公司，1985：10．

拒的可能性，它意味着在一种社会关系中，哪怕是遇到反对也能贯彻自己意志的任何机会，不管这种机会是建立在什么基础之上。”[①] 在现代社会，美国社会学家丹尼斯·H. 朗也将权力的定义限于“某些人对他人产生预期和预见效果的能力”[②]。因此，从不同的角度来界说“权力”，其含义会有所区别，以致到目前为止，尚没有达成共识。另外，不同时代和不同背景的人们对权力的理解也不同。古代人们所言的权力主要是指统治者的权力，侧重指国家权力，而现代社会权力是多元的，不仅包括公权力还包括私权力。随着社会的发展，权力的内涵也在不断扩展。正如同美国未来学家阿尔温·托夫勒所言，我们正处在一个权力变移（powershift）的时代，权力已经被赋予新的含义，权力不仅仅是一个数量概念，更重要的是权力的质量。那种野蛮力量或暴力是低质量的权力，因为野蛮力量或者暴力只能用来惩罚；财富是一种更为优越的工具，财富可以从正面也可以从反面起作用，因此比暴力灵活，财富是中等质量的权力；高质量的权力并不仅仅是势力，不仅仅是为所欲为的能力，不仅仅是使别人按你的意愿行事的能力，尽管别人也许不乐意。高质量的权力意味着更多的东西。它意味着效率——用最少的权力资源来达到目标。在托夫勒看来，社会控制的三个来源中，知识是用途最广的一个，属于高质量的权力。[③] 尽管对权力并没有一个达成共识的界定，而且权力本身的含义也在不断发展变换着，但是权力在本质上仍然应该是一种力量。这种力量是指在某种社会关系中，一方社会主体作为权力拥有者促使另一方社会主体作为权力对象服从前者意志的力量。权力既意味着权力主体的行动自由，也意味着权力对象的行动受到制约。[④]

二、权力制衡的原理

制衡，原意指一事物同其他事物之间的相互联系与相互控制，后来逐渐转化为指对权力的管理、监督和制约。所谓制衡（checks and balances）是指相互分离的权力之间应形成制约关系，不能有任一权力占据绝对优势，以保证国家各部分权力保持总体平衡。这一理论的基点是人性的弱点和权力的扩

---

① 马克斯·韦伯. 经济与社会（上）[M]. 北京：商务印书馆，1997：81.

② 转引自：王莉君. 权力与权利的思辨 [M]. 北京：中国法制出版社，2005：16.

③ 阿尔温·托夫勒. 权力变移 [M]. 周敦仁，等，译. 成都：四川人民出版社，1991：13－14.

④ 王莉君. 权力与权利的思辨 [M]. 北京：中国法制出版社，2005：23.

张性，即人人都不是天使，任何掌握权力的人都倾向于滥用权力，不到限度决不休止。[①] 权力是一个特殊而又复杂的社会现象。权力是一种强制他人服从的力量，并且权力又与一定的利益相联系。利益是权力运行的目的，又是权力运行的内在动力。因此，从权力的作用来看，在个人利益和公共利益还存在差异，权力的所有者和权力的运行者仍处于相对分离的情况下，权力犹如一把双刃剑，它既是维系社会有序运转的基础，是历史发展的杠杆，同时又是导致社会混乱和政治腐败的重要因素。从其内涵来看，权力是主体与客体、主体与主体、主体内在善与恶等多种矛盾的统一体。权力的特殊性和复杂性，决定了对于权力的行使必须进行制衡。“绝对的权力，导致绝对的腐败。”法国著名哲人孟德斯鸠曾对国家权力制衡原理这么说过。同理，在学校法人治理过程中，也需要对学校的各个权力主体进行权力制衡。权力制衡是通过权力监督系统与被监督者地位、权力的平衡，使监督系统的制约达到合理的程度，保证权力结构不发生倾斜。[②] 通过建立学校内部权力制衡和外部权力制衡机制，就能把权力运行过程控制在有效的监督制约之下，促使权力在规定的轨道和范围内公正而积极地行使。

三、权力制衡的理论

人们对权力研究的目的就是为了有效行使权力，保障权力主体和权力客体的利益。这一过程就是对权力制衡机制的研究，即如何对权力进行有效制约和监督。有学者认为最为著名的权力制衡理论主要有两种，第一种是由洛克最先提出，并经孟德斯鸠完善，作为美国政治信条的三权分立与制衡理论，即“以权力制约权力”的理论；第二种是由法国人托克维尔创立，并经罗伯特·达尔发扬光大，目前正为各国所实践的“以社会制约权力理论”。[③] 也有认为权力制衡理论主要有三种：以权力制约权力的理论、以权利制约权力的理论和以社会制约权力的理论。[④] 国内学者提出的权力制衡理论大致包括如下几种：以权利制约权力、以一个完整的监督体系制约权力、以责任制

---

① 李志强．分权与制衡原则［G］//胡建淼．论公法原则．杭州：浙江人民大学出版社，2005：88.

② 周景明．权力制衡及其制度保障［J］．中南财经大学学报，1999（2）：41－45.

③ 方世荣，戚建国．权力制约机制及其法制化研究［M］．北京：中国财政经济出版社，2002：1.

④ 郭道久．以社会制约权力：民主的一种分析视角［M］．天津：天津人民出版社，2005：87.

制约权力，还有学者提出以利益制约权力、以法律制约权力，等等。[①] 从研究的成果来看，主要包括两大部分，一部分主要是研究国外的权力制衡理论，另一部分是国内学者结合中国的实践和国情提出的一些理论观点。事实上，我国学者对此归纳的一些权力制衡观点或者说理论基本上仍然没有脱离三种主要的权力制衡理论，即以权力制约权力、以权利制约权力和以社会制约权力。下面略述之。

（一）以权力制约权力理论

“以权力制约权力”发轫于亚里士多德的法治理念，由洛克最先提出，并经孟德斯鸠完善，作为美国政治信条的三权分立和制衡理论。对封建专制下绝对权力的批判是思想家们思考的起点，通过分权避免绝对权力则是他们的结论和政治主张。早在亚里士多德的《政治学》中就有权力分立的思想。第一个将三权分立原则赋予规范意义的是洛克。他在《政府论》中将政府的功能区分为立法、行政和结盟（相当于今日的外交），立法权属于国会，行政权与结盟同属于另一个部门。将不同的政府权分属不同的政府部门，主要目的在于专业分工、效率和防止专权和暴政。洛克的设计已经初步体现出“以权力制约权力”的思想，只是他的分权思想还不够彻底。其后孟德斯鸠考察了欧洲各国的制度，特别是英国的君主立宪制，并结合法国的实际情况，在其名著《论法的精神》中详细阐释了其“三权分立”的思想。他首先分析了权力的特性，认为权力具有扩张性，滥用权力是一种普遍存在的现象。因而，在任何国家体制下，要防止滥用权力都必须对权力进行约束。“三权分立”就是要把国家的立法权、司法权和行政权这三种国家权力交由不同的国家机关掌握，通过法律规定的方式，互相制约，又互相保持平衡。[②]

把这种权力分立理论作为政治信条运用于宪政实践的首推美国。麦迪逊可以说是美国制宪先贤中极力主张三权分立原则的人。他的观点可以归纳为三点：一是权力分立的目的在于防止专权暴政；二是为了防止专权暴政的目的，各权力之间除了基本的区分之外，更重要的是还应相互制衡，他说“防止把某些权力逐渐集中于同一部门的最可靠办法，就是给予各部门的主管人员抵制其他部门侵犯的必要法定手段和个人的主动。在这方面，如同其他各

---

① 方世荣，戚建国．权力制约机制及其法制化研究［M］．北京：中国财政经济出版社，2002：5.

② 孟德斯鸠．论法的精神［M］．张雁深，译．北京：商务印书馆，1961：154.

方面一样，防御规定必须与攻击的危险相称。野心必须用野心来对抗”。三是，强制制衡的手段细化，不仅包括外在的、权力部门间的互相制衡，而且也有同一权力内部的制衡。从亚里士多德以来的权力分立理论，作为人类政治制度设计的基本原则，它不仅作为美国的政治信条，也为世界上许多国家所运用，体现了其具有生命力的一面。[①] “以权力制约权力”的宗旨就是为权力设立界限，不仅以权力为指向，通过分权实现权力各部分之间的制衡，而且还为约束政治权力、保障人民权利提供了常规的、程序性的途径，因而是最为广泛采用的制衡理论。

（二）以权利制约权力理论

就权力制约的途径而言，可以分为内部制约和外部制约两种类型。内部制约更直接明了，外部制约基础更广泛；内部制约作用力大，外部制约依靠的是影响力。“以权力制约权力”主要是一种内部制约，而“以权利制约权力”则是一种外部制约。作为权力制约的一种形式，“以权利制约权力”可能在很长一段时间就发挥着作用，但从理论上对其加以概括，特别是提出“以权利制约权力”这个概念，时间就晚得多，即理论的总结要晚于实践的发展。“以权利制约权力”是一种理论性较强的权力制约方式。它以权力与权利内在的、逻辑上的联系为基础。“以权利制约权力”的基本思想是，权力来源于权利，权利是主体，权力是派生，主体对派生天然拥有控制权。因此，在实践中实现“以权利制约权力”首先要强调权利的崇高性、广泛性和真实性；其次，权利主体强烈的主体意识；再次，法治是“以权利制约权力”的现实保障；最后，优化权利结构、实施权利主体普遍性制约是具体措施。从总体上讲，“以权利制约权力”的实现，主要依靠的是法治的力量，法治是“以权利制约权力”的中介。但是，也不能忽视权利自身的广泛性、真实性，以及权利主体的积极性等方面的作用。富有权利意识的人以法治作为制约权力的武器，配合运用社会环境、宣传工具，才是“以权利制约权力”发挥作用的理想状态。[②]

---

① 方世荣，戚建国．权力制约机制及其法制化研究［M］．北京：中国财政经济出版社，2002：2－3．

② 郭道久．以社会制约权力：民主的一种分析视角［M］．天津：天津人民出版社，2005：121－125．

（三）以社会制约权力理论

“以社会制约权力”由法国托克维尔创立，并经罗伯特·达尔发扬光大。托克维尔指出，一个由各种独立的、自主的社团组成的多元的社会，可以对权力构成一种“社会制衡”。这一点，乃是促成美国民主制度是一种自由民主的重大因素。他强调以下因素的重要性：独立的报纸、作为一种独立职业的律师、政治社团以及参与公民生活的其他社团。在托克维尔的思想基础上，罗伯特·达尔把社会制衡的问题提上了民主理论分析的议程。在达尔看来，一个多元的社会就意味着：意见的多元性、利益的多样性和权力的多样性。权力的多样性可以说是最能体现社会制衡权力的思想。因为权力多元中心原则要求社会政治权力互相分割、互相独立和互相制衡。从体制上防止政治权力集中到任何一个机关或某一官员之手；从分裂化冲突的模式上阻止一个持久、一致、连续、强大的政治联盟和权力中心的出现。代替这种政治联盟的是整个社会范围内基于不同价值观念、经济利益而形成的各种各样的集团。这些相互冲突的集团通过各种途径参与政治生活、影响政治决策，以谋求自身利益的最大满足。利益集团的经常化和制度化，客观上造成了一种新的权力分配和制约关系，即国家不是唯一的主权体现者和权力中心，各种利益集团同样是权力的中心、主权体现者。① 以发展的眼光看，“以社会制约权力”作为一种新的权力制约方式，顺应了时代发展的需要。

（四）几种权力制衡理论的关系

1. 从不同角度对权力加以制衡。权力制约是必须，而权力制约形式是多样的，其中“以权力制约权力”、“以权利制约权力”和“以社会制约权力”就是从不同的角度对权力加以制衡。权力制约建立在权力分配的基础之上，一个国家机构根据宪法和法律获得某项权力之后，其依法行使权力的活动就不宜受到其他权力的干预，只有当其行使权力的活动偏离了法治的轨道时，有关机构才能进行干预。可见，权力对权力的制约作用主要在于事后的处理，在于查处违法行为。同时，权力与权力虽有分工的不同，但其根本利益是一致的，这就使权力与权力相互间虽有制约关系，但在更多的情况下则

① 方世荣，戚建国．权力制约机制及其法制化研究［M］．北京：中国财政经济出版社，2002：3－4.

表现为一种合作关系。以权力制约权力有时会显得动力不足。因此，单纯以权力来制约权力是远远不够的。

2．互相弥补，相互制约。权利的制约可以弥补权力制约的上述不足。因为权力是在权利的汪洋大海中运行的，每一种权力的活动都有相应的权利直接或间接地与之相伴，所以，用权利来制约权力就不只是一种事后的处理，而是一种全过程的制约。同时，权力与权利常常是此消彼长的关系，以权利制约权力有充足的动力。但权利对权力的制约也有其不足。在权利制约权力的过程中，权利不仅不能处于优势地位，而且往往处于劣势地位，原本处于制约地位的权利，反而常常被权力所制约。同时，由于权利制约没有国家强制力，不能直接产生法律效力，这就很容易造成这样的情形：明知权力行使违反法律，权利一方也无能为力。① “以社会制约权力”是市民社会对国家权力制约的一种形式。市民社会是指一种享有独立人格和自由平等权利的个人（首先是现代城市市民，也包括经过市场经济洗礼与按摩的现代农村居民）之间的交往关系与整合形态，是与市场经济和民主生活相联系的、独立于政治国家的民间自治领域。国家权力之所以具有一种强大的支配力量，主要是它代表着社会的公共意志，因而掌握着一定量的社会资源，特别是稀有资源。因此，社会制约权力的关键，首先在于社会直接拥有的资源的多少。社会拥有的资源越多，社会成员对国家的依附性就越小，享有的自由度就越大，从而社会制约国家权力的力量也就越大。而社会所拥有的资源是与市场经济的发展程度成正比的。因而社会制约权力也只有在市场经济较为发达的情况下才有可能。②

第三节　学校权力制衡机制思考

权力制衡问题是学校法人治理过程的一个非常重要的问题。我们探讨权力制衡理论和权力制衡机制目的，是为了把握如何运用权力制衡理论来规范学校法人治理过程中的各种权力关系，更好地促进学校和谐发展。学校权力

---

① 廖盛芳．人大监督的优势［EB/OL］．http：//www.people.com.cn/GB/14576/28320/35193/35200/2686579.html.

② 胡平仁．社会制约权力的理论基础和现实途径［EB/OL］．http：//www.dffy.com/faxuejieti/zh/200311/20031119082532.htm.

制衡应该包括两个层面：学校内部权力制衡和学校外部权力制衡。学校内部权力制衡主要对学校董事会或理事会（为便于表述，下文均称为董事会）、校长权力的制衡。学校外部权力制衡主要指学校与教育行政部门之间权力的分配和权力制约、学校与社区或者说学校与社会之间以及学校与家长之间关于学校发展的权力配置和权力协调问题。

一、理论基础分析

学校法人治理本质上就是一种治理转型，在转型过程中，并非是对原有的治理形式的全盘否定，这本身既是不现实的路径选择，也不符合改革的真正意图，即如何在现实情景中通过改革更好地提升学校教育质量，提升学校治理水平。既然如此，如何在现实背景中融入改革元素，推行法人治理改革呢？首先，我们需要明确学校的法律定位，明确学校法律定位也是为了更好地理清学校与相关权利主体的利益关系，在市场经济条件下对现有的学校教育资源进行重新配置，保护各权利主体的利益；其次，还需要改善学校法人治理结构，并在此基础上对学校法人治理过程中的各种权力关系加以制衡，规范学校法人治理。

由于学校法人治理本身就是一个较新的话题，如何对此话题展开研究，并能够更多融入本土化资源，的确颇费脑筋。这种困境是因为如何开展学校法人治理既需要有改革的现实土壤，更需要理论支撑。权力制衡是学校法人治理过程中必然要关注的一个重要问题。权力制衡是实施学校法人治理的重要保障。对权力加以制约或者说权力制衡并不是新鲜的话题，甚至可以说还很古老。制衡思想在古希腊、古罗马时代就已出现。近代以来则更是侧重于在理论的指导下进行的制度建构。此间比较著名的权力制衡理论有“以权力制约权力”“以权利制约权力”和“以社会制约权力”。但是这些权力制衡理论主要研究对象是国家权力或者说政府权力，即如何对国家权力和政府权力进行权力制衡。

分权与制衡原则是近代民主宪政兴起以来一个重要的公法原则，是西方各国组织政府时所立足的理论基石。一说到分权制衡原则人们便容易想到三权分立，其实三权分立不等于分权和制衡原则。三权分立仅仅是分权和制衡原则的一种表现形式。这可能是由于美国宪法在世界上的巨大影响造成了误解。分权与制衡只是强调各种权力不应集中于同一部门或同一批人，而且各种权力之间应有一定的制约关系。分权和制衡不仅存在于国家三大职能机关之间，也存在于立法机关内部的上院（或参议院）与下院（或众议院）之间，存在于中央（或联邦）与地方（或州）之间；分权未必就是分为三权，也未必要求权力之间的彻底分立。①

改革开放以后，特别是我国推行社会主义市场经济体制，这一根本性的转变，完全打破了社会权力结构。人们的价值多元和多元的利益需求，更加速了社会权力结构的解构和重构。在此过程中，出现了很多引起社会广为关注的典型事件，这些典型事件在某种程度上就是对权力结构的挑战，其结果也必然是权力的解构。但是，如何避免此类事件的发生更值得人们的思考。在学校法人治理过程中也同样遇到类似的困惑和问题。这种权力失衡的现象并非仅仅限于学校内部治理过程中，比如学校教师、学生和家长为了维护自身的利益如何对学校执行管理机构和校长进行权力制衡，也包括如何对学校外部的权力制衡，即学校为了维护学校自身的利益和更好促进学校发展，也需要对政府、教育行政机关和其他学校利益相关者加以权力制约。这些问题都需要根据权力制衡理论的研究成果，结合学校法人治理过程中的权力失衡问题，作进一步的探讨和研究。

二、现实状况思考

对学校权力制衡关系加以研究，既需要研究学校内部的权力制衡，同时也需要研究学校法人外部的权力制衡关系。而学校的外部权力制衡关系，主要是指学校与政府的关系、学校与社区、社会以及其他学校利益相关人之间的权力制衡。这些权力制衡的研究在很大程度上受到国家和社会权力制衡现状的影响。我国实行的是民主集中制下的人民代表大会制，全国人民代表大会在各国家机关中居于主导地位，其他机关由其产生，对其负责。这在本质上不同于西方普遍实行的分权制衡原则。正是由于我国的人民代表大会制度建立在民主集中制基础上，人民代表大会高于其他机关，一般认为权力之间有分工而无制衡。但在全国人大之下的各国家机关中，还是存在着某种制约关系的，如人民法院对行政机关具体行政行为的司法审查，检察院对法院的审判监督。尤其是当前我国正处在社会转型时期，社会权力结构也处在大调整和大转变时期，中央与地方、国家与社会、国家与公民等一系列权力关系

① 李志强．分权与制衡原则［G］//胡建森．论公法原则．杭州：浙江人民大学出版社，2005：88．

都处在不断调整之中。如何进行权力制衡，尤其是对公权力的制衡，一直是政府改革的重要内容之一。为此国家也出台了相关的法律法规，比如《行政许可法》等法律法规，以此来规范各种权力关系，对政府相关机构的权力进行制约。但从整体上来看，我国的各种权力制衡关系还需要不断调整和完善。

社会转型背景下的学校法人治理改革，也面临相似的问题。首先，长期计划经济体制下的管理模式在新的改革形势下如何转变，即如何在多元利益驱动下形成的新型权力结构中对各种权力制衡，更好地促进学校发展，这确实也是一个比较困难的问题。因为这种改革并没有什么其他可以借鉴的东西为“我”所用。其次，各种权力关系的制衡尚没有相关的法律对其加以规范，即便是国家这种改革大背景下的政府职能如何转变问题也正在研究和不断完善之中，这就为如何对学校外部权力制衡的关系问题带来新的困难。

学校权力制衡关系并非一个维度可以加以研究，事实上，学校权力制衡既包括学校内部的权力制衡，也包括学校外部的权力制衡。如何对学校内部权力加以制约呢？尽管对学校内部权力加以制约侧重对学校决策机构的权力制约和对学校校长权力的制约，但是谁对学校决策机构和校长的权力制约呢？是教师、学生、家长和政府以及社会，包括其他的利益相关人？但是，这些利益相关人如何对学校的决策机构和校长进行权力制约呢？通过什么样的制度才可以实现这种权力制约呢？这些问题很难独立回答。对学校内部的这些权力制衡必然需要借助外部的权力加以制衡，这和学校外部权力制衡又相互交叉。比如对学校的外部权力制衡，如何才能保证学校根据学生的需要和社会发展的需求自主办学呢？这就涉及学校外部权力制衡，即学校与政府之间的权力博弈、学校与社会之间的权力制约、学校与其他利益相关人之间的权力博弈。这些问题在目前的学校法人治理过程中都是必须要考虑的问题，但是这些问题都无法独立研究和解决，需要从制度层面对这些问题加以探讨。

第四节　学校法人治理过程中权力制衡的路径选择

上述曾经分析的“以权力制约权力”“以权利制约权力”和“以社会制约权力”是三种不同的权力制衡思路。在实践中，需要将三种权力制衡的理论综合起来加以运用。为此，有学者根据我国的实际国情和权力制衡的现状，提出了对权力存在四种基本的制衡机制：以权利制约权力的分体制衡机制、以权力制约权力的分权制衡机制、以道德制约权力的道德制衡机制和以责任制约权力的责任制衡机制。四种制衡机制是相辅相成、共同作用的。分权制衡无法解决监督者的作用，那就需要发挥分体制衡的作用，以公民的权利为依据，使公民发挥最大最基础的制约监督作用。而公民社会实施有效的监督，有赖于道德制衡的作用，使公共舆论得到坚实且肥沃的土壤。责任制衡直接作用于权力的行使与决策，最直接然而多是事后的效果，必然需要前三种机制发挥其根源性和背景性作用来配合。[①] 这种权力制衡机制的研究仍然是着眼于对国家权力和政府权力的制衡问题。

尽管学校权力制衡侧重的也是对公权力的制衡，但学校权力制衡毕竟不同于国家权力和政府权力这些公权力的制衡。通过对学校法人治理过程中的权力制衡的理论基础和现实基础分析，使得我们看到法人治理过程中的权力制衡问题的复杂性和解决这些问题的困境之所在。如何根据中国的国情和学校法人治理的现状对学校的权力制衡关系进行研究？或者说法人治理过程中的权力制衡到底该何去何从？事实上，中小学和大学的决策机构不同，大学校长的权力和中小学校长的权力也不同，[②] 民办学校的决策机构和校长的权力与公立学校的决策机构和校长的权力也不同，所以即便是对学校内部权力制衡机制的研究也需要多层面和多角度研究。同样，学校外部权力关系制衡也需要从多个角度分析和研究。这一方面会有重复的地方，另一方面特别是我国在这方面法律非常不完善的情况下，对这些问题研究超出本研究的范畴。如果跳出这个思路，我们会发现，如何对内部权力和外部权力关系加以制衡，实际上，可能会有不同的路径选择。促进学校法人治理转型的一个重要保障就是改变学校的权力制衡机制。根据我国的国情和学校权力制衡的现状，首先要实施“以法律制约权力”，其次要“以权利制约权力”“以权力制约权力”，最后要“以责任制约权力”，不妨将其简称为法律制衡、权利制衡、权力制衡和责任制衡。

---

① 梁峰，李小平．权力制衡机制思考［J］．理论月刊，2004（2）：143－144.

② 根据教育法律，中小学实行的是校长负责制，大学实行的是党委领导下的校长负责制。大学校长的具体职权在《高等教育法》中有明确规定，而中小学校长具体享有哪些职权并无明确的法律规定，因此中小学权力失衡主要在对校长权力的制约，而大学则主要反映在学术权力和行政权力的相互制约以及对学校决策机构的制约。

一、法律制衡

（一）法律制衡的基本条件

1. 法治社会。法律制衡就是以法律制约权力。西方的权力制衡理论研究的内容侧重在制约国家权力和政府权力，理论的基础是法治国家而不能是人治国家。现代民主社会的法治与专制统治社会的人治，根本区别除了法律内容的不同，更在于专制统治社会权大于法，可以“刑不上大夫”，权力至上，常以言代法。而法治社会，既有完备的法律，又依法治政，“法律面前人人平等”，“治人”者同样被置于法律治理之下，没有超越法律之上的特权。

在“人治”的理念下，由于公共权力自身的正当性问题模糊，所以，公共权力存在的领域是以掌握公共权力主体的意愿来确定的。任何一个行使公共权力的机构或个人都是尽可能地按照自身的意愿、能力和利益来不断“形成”自己的权力领域，公共权力的种类和公共权力对应的社会利益的领域以拥有该公共权力的主体自身的权威而定，因此，不同公共权力指向的领域常常是相互交叉的。以国家权力为例，在国家机关的权力不受正当性的限制下，君主的权力可以是无限的；立法机关的权力也可以随着立法机关的意愿渗透到行政和司法领域；行政机关的权力也可以不断膨胀，成为一种兼有立法、行政和司法的综合性国家权力；司法机关的权力也可以通过司法机关自身的活动实际上予以扩大，在司法自由裁量权的推动下，可以成为钳制立法机关和行政机关行使国家权力的力量。因此，在“人治”的体制下，公共权力可以任由掌握权力的主体随意创造，公共权力的内涵和外延可以随意扩大，国家机关的权力无权力性质和功能上的本质的区分，只有权力的权威性和效力的大小之别。权威性大的国家机关往往能够获得范围更广的“国家权力”。

在以宪法为基础的“法治”理念下，由于公共权力在形式上是以“宪法权力”存在的，并且，“宪法权力”的性质受到宪法制定主体的左右，因此，到底存在着何种“宪法权力”完全由主权者的意志来决定。所以，“宪法权力”是一种基于宪法的“应然性”构造而成的，不以特定的主体为前提。作为一种“构造权”，“宪法权力”种类的划分往往具有主观性，由宪法制定主体基于自身实现利益的需要将“宪法权力”确定为不同类型。同一种性质的“宪法权力”可以授予一个特定的主体行使，也可以授权一个以上的主体行使。行使“宪法权力”的主体自身不能创造“宪法权力”，只能根据宪法的规定来行使“宪法权力”，也就是说，要根据宪法所确定的“行使宪法权力的权利”来行使“宪法权力”，而不是像在“人治”的制度下可以由行使权力的主体凭借自身的权威性来扩展权力范围和领域。①

党的“十五大”报告明确提出了依法治国的战略目标。依法治国，就是广大人民群众在党的领导下，依照宪法和法律规定，通过各种途径和形式管理国家事务，管理经济文化事业，管理社会事务，保证国家各项工作依法进行，逐步实现社会主义民主的制度化、法律化，使这种制度和法律不因领导人的改变而改变，不因领导人看法和注意力的改变而改变。所以，依法治国，是实行法治。法治是相对于人治而言的，其核心是依法办事，依法治理国家。依法治国，是党领导人民治理国家的基本方略，是发展社会主义市场经济的需要，是社会文明进步的重要标志，是国家长治久安的重要保障。依法治国的战略目标，就是要建设社会主义法治国家。社会主义法治国家就是指依靠从人民的利益出发合理配置权利（权力）、义务与责任的法来制约国家权力、规范社会主体的活动，从而形成良好、稳定的法律秩序的国家。具体来说，社会主义法治国家至少包括以下四个重要特征。第一，法律具有极大的权威。法治国家最直接的标志是法律具有极大权威。第二，健全的法律运行机制。健全的法律运行机制是法治国家存续和发展的基础。第三，权利与义务、权利与权力有机统一。第四，发达的法律文化。公民良好的法律意识和社会发达的法律文化是法治国家的思想文化基础和重要标志。②

2．依法行政。依法治国是党领导人民治理国家的基本方略，而实施依法治国的关键和核心是依法行政。依法行政，是指国家各级行政机关及其工作人员依据宪法和法律赋予的职责权限，在法律规定的职权范围内，对国家的政治、经济、文化、教育和科技等各项社会事务，依法进行有效管理活动。它要求一切国家行政机关和工作人员都必须严格按照法律的规定，在法定职权范围内，充分行使管理国家和社会事务的行政职能，做到既不失职又

---

① 莫纪宏．宪法权力：法治与人治的分水岭［EB/OL］．http：//article. chinalawinfo. com/article/user/article_ display. asp？ ArticleID =24865.

② 孙国华，黄文艺．论社会主义的依法治国［EB/OL］．http：//www. 51lw. com/article/government/4002. htm.

不越权，更不能侵犯公民的合法权益。依法行政的范围包括行政立法、行政执法和行政司法，都要依法进行，其核心是行政执法要依法，因为国家机关及其工作人员在行政执法过程中对行政相对人采取直接影响其权利义务的行为，或者对其权利义务的行使和履行情况直接进行监督检查，并做出处理结果的行为，最容易侵犯他们的合法权益。①

（二）法律制衡的路径选择

1. 教育优先发展的战略背景和政策支持分析。改革开放以后我国教育改革的主要内容及其变革来看，我们可以整合出基础教育改革之后中国整个教育改革的路径。改革开放以后，中国社会进入了一个新的发展阶段。党和国家的领导人根据当今各国之间的竞争实际是综合国力竞争的判断，结合中国的国情提出经济发展必须依靠科技和教育。② 在我国现代化建设事业向前推进的过程中，教育事业受到前所未有的重视和关注。中国共产党第十四次全国代表大会在建设有中国特色社会主义理论指导下，确定了 20 世纪 90 年代我国改革和建设的主要任务，明确提出："必须把教育摆在优先发展的战略地位，努力提高全民族的思想道德和科学文化水平，这是实现我国现代化的根本大计"。1993 年 2 月，中共中央、国务院专门印发了《中国教育改革和发展纲要》，进一步确立了 20 世纪末至 21 世纪初我国教育改革和发展的指导方针、战略目标和宏伟任务。在 1996 年 3 月第八届人大通过的《关于国民经济和社会发展"九五"计划和 2010 年远景目标纲要》中，重申了科教兴国战略，再次突出强调发展教育对于促进国民经济和社会发展的深远影响和意义。2007 年党的十七大报告强调指出"优先发展教育，建设人力资源强国"，对教育改革发展和改革作出了全面部署，提出一系列重要观点，进一步丰富发展了中国特色社会主义教育理论，为发展中国特色社会主义教育指明了方向。③ 根据党的十七大精神和对教育工作的战略部署，进一步强调要深入贯彻落实科学发展观，实施科教兴国战略和人才强国战略，优先发展教育，完善中国特色社会主义现代教育体系，办好人民满意的教育，建设

① 胡静. 论依法治国与依法行政［J］. 台声（新视角），2006（1）：293－294.

② 张健. 邓小平教育思想研究［M］. 杭州：浙江教育出版社，1993：182.

③ 张力. 优先发展教育、建设人力资源强国的战略意义［N］. 中国教育报，2007－10－29（5）.

人力资源强国。正是在如此持续强化对教育的认识的背景下，我国教育事业步入改革与发展的新阶段。

2．教育法律法规规定的局限性分析。在这种改革背景下，为了切实保障教育事业优先发展的战略地位，保障国民素质的普遍提高，我国出台了一系列教育法律法规。从1986年的《义务教育法》、1993年的《中国教育改革和发展纲要》、1993年的《教师法》、1995年的《教育法》、1998年的《高等教育法》到2010年的《教育规划纲要》，等等，基本上形成了我国的教育法律法规框架。从基础教育领域来看，有关基础教育的法律法规主要是《教育法》和《义务教育法》及《义务教育法实施细则》等。《义务教育法》的颁布，标志着我国义务教育制度的建立，使我国普及义务教育事业开始走上了法治轨道。根据《义务教育法》的内容，我们可以发现如下特点。

（1）《义务教育法》的内容体系对如何保障学生的权利力度不够。适龄儿童、少年享有的权利有：申请获得助学金或减免杂费的权利；因身体原因或其他特殊情况，可以申请免学、缓学；可以到非户籍所在地接受义务教育，按照居住地人民政府的有关规定申请借读；完成规定年限义务教育，包括因成绩优异而提前达到相应的结业程度，可以要求学校发给其毕业证书或结业证书。问题是学生的这些基本权利如何得到保障呢？事实上《义务教育法》规定不是很清楚。整个《义务教育法》并没有体现家长在监护孩子方面所享有的权利，规定家长的权利过于简单。

（2）权力下放的路径是从中央到地方，而非放权到学校。《义务教育法》第八条规定："义务教育事业，在国务院领导下，实行地方负责，分级管理。"地方负责，分级管理，是指义务教育的管理分省、市、县（区）、乡（镇）四级进行管理，行政村在实施义务教育的过程中，对办学、经费筹措、督促家长送子女就学等方面也负有重要职责。由此，我们可以发现，地方政府和学校之间仍然是管理和被管理的关系。学校的主体地位并没有得到体现。尽管由于区域差距过大造成的有关经费筹措和教师拖欠工资问题，致使中央政府又出台了《国务院关于基础教育改革与发展的决定》，规定农村义务教育实行"在国务院领导下，由地方政府负责、分级管理、以县为主"的体制。这仍然是沿着原来的改革路线，仅仅是对原来的改革路径出现问题以后的完善举措。

（3）《义务教育法》主要是规定了社会其他主体的义务，而对其他社会权利主体的权利规定比较少。从规定的权利主体所承担的义务和应该享有的权利以及保障权利的救济途径来看，《义务教育法》的立法宗旨仍然是侧重在如何从量的方面保障我国基础事业得到更快发展，以改变我国基础教育与社会主义现代化建设不相适应的落后状况，为振兴中华民族打下良好的基础。之后的1993年颁布的《教育法》再一次对《义务教育法》的制度给予了确定。《教育法》是国家全面调整各类教育关系，规范我国教育工作的基本法律，在我国教育法律体系中处于“母法”的地位，具有最高的法律权威。1998年颁布的《高等教育法》的立法宗旨以及高等教育改革的路径和义务教育基本相似。

3. 完善法律以制衡权力。德国法学家耶林在风靡一时的小册子《为权利而斗争》中所言：“法的目标是和平，实现它的手段是斗争。只要法必须防御来自不法的侵害——此现象将与世共存，则法无斗争将无济于事。法的生命是斗争，包括国民的、国家权力的、阶级的、个人的斗争。世界上一切法都是经过斗争而来的。”① 法治社会本身就是一个权利斗争的社会，那么国家在颁行法律、赋予民权之时，就应当为权利的斗争提供合适的竞争场所和相应的游戏规则。② 在利益多元化的当代，学校不仅仅反映国家的利益需求、学校的利益要求，而且更要体现学生、教师、家长以及其他利益相关者的利益需求。如英国1988年的《教育改革法》和《2002年英国教育法》对家长的权利规定非常具体和详细。董事会家长成员的构成比例以及董事会中家长董事享有的权利都有明确规定。这就是在法律层面对学校中家长和学生权益的一种保障，同时也是对其他利益主体的权限加以规制和约束。

我国目前的教育法律法规体系还不够完善，缺乏一定的操作性。在迈向法治社会的今天，我们需要通过法律对学校治理过程中出现的各种权力进行制衡。此外，学校治理的主体应该是学校，而不是政府。政府在学校治理过程中应该扮演的角色是规范和引导学校的发展方向和监督其办学水平，而不是行政管理。解决这个问题的根本仍然是需要通过法律来规范学校和政府各自的职责和权限。这就必须要制定一部《学校法》来保障学校的法人主体地位，以此划分学校和政府的权限边界，理清政府与学校各自的职权和义务。同时，保障学生、教师和家长以及其他的利益相关者的利益的有效途径仍然是要通过法律手段。因此，完善相关的教育法律法规在当下尤为迫切和重要。

① 转引自：何兵．利害的分配——我们身边的法律［M］．上海：上海三联书店，2005：95.

② 何兵．利害的分配——我们身边的法律［M］．上海：上海三联书店，2005：95.

二、权利制衡

（一）权利制衡的基础

最近几年，学校纠纷频繁发生，这固然有多种原因，但是其中一个重要原因就是人们权利意识的觉醒。市场经济本质上就是多元利益主体博弈的过程，在其中每个群体和个人的利益都很重要，那么，如何平衡国家利益、学校利益、学生利益、教师利益以及其他学校利益相关者的利益呢？其中一个非常重要的手段就是权利制衡。正如当代权利分析理论家霍菲尔德所分析的那样，任何一个主体都是在这样四种情形下享有权利。（1）有权提出对某种利益或行为的要求或主张，如退休老人有权要求领取养老金；缔约一方有权要求对方履行诺言。（2）有权自己决定自己的事情，如空暇时随意打发时间；如果愿意，可以蓄胡须。（3）有权迫使对方做出或不做出某种行为，如警察要求证人回答提问。（4）有权不受某种对待，如某类宗教人士可以不服兵役。[①] 因此，所谓权利就是特定的主体对特定的客体提出与自己的利益或意愿有关的必须作为或不作为之要求的资格（entitlement）。[②] 上述的学校纠纷典型案例，也是权利主体对权利客体的作为或不作为提出的要求。案例一，就是江北文化艺术学校要求法院对其权利客体即教育行政部门作为不合法作为法律判决；案例二，是学生田永通过司法途径对自己应该享有学位证书的权利被学校剥夺一案作出客观评判；案例三，是关于尹建庭作为教师应该享有的聘任权被剥夺。所举的三个典型案例实质上是不同权利主体通过司法途径对自己的权利被侵犯讨个说法。保护合法权利不受侵犯正是法治和人治的一个根本分水岭，是衡量国家法治化的重要标志之一。没有救济就没有权利，所以权利制衡的关键是法治。

（二）权利制衡的路径

尽管我们国家已经提出了依法治国之治理策略，但是由于中国传统文化传统的影响，以及我国正处在法律不断完善时期，真正做到通过法治途径来保障权利，尚需以时日。尽管对权利的定义可以有多种，而且有不同的分

---

① 刘作翔．法理学［M］．社会科学文献出版社，2005：210.

② 同①：212.

类，但是我们所言的权利主要是法律规定的公民应该享有的权利。宪法上的公民权利，是公民本来就应该享有的最起码的母体性权利，它不是第三者给予的，也不是宪法赋予的，而是宪法所应该规定的，没有这些权利，公民就不成为宪政下的公民。因此，公民权利可以有效对抗国家权力的不法侵犯，公民应该通过国家权力的保障获得宪法权利。公民应通过国家权力的保障获得最低限度的人格尊严和人身权益。国家权力不仅应该保障大多数公民的基本权利，少数人的合法权利同样也应该得到国家权力的保护。在权利面前，每个人生来而且始终都是平等的，每个公民都有追求权利的自由，都应该为享有权利而奋斗。从这个角度来说，权利优于并高于权力，因为是权利授予权力，而权力必须保护权利。同时，为了杜绝绝对权力和遏制权力的滥用，权利还要限制权力。如何通过权利来限制权力？

1．要有权利意识。“法律是帮助那些时刻警觉的人，而不是那些躺在权利上睡大觉的人”（The laws aid those who are vigilant，not those who sleep upon their rights）①。尽管社会转型，人们的观念有所转变，但是几千年形成的文化传统和民族心理仍然深深影响当代中国人的权利观。权利是人们与生俱来的，并不是国家或者国家法律赋予的。只不过权利现在是通过法律，即成文法或不成文法的形式表达出来罢了。所以人们手中永远都拥有属于自己的权利。法不禁止皆权利，因而人们可以不断地自由追求新的权利。权力属于人民，国家只是权力的行使者，法无授权即无权力。权利是本源的，权力是派生的。

在处理公民权利和国家权力两者关系时，公民权利第一，国家权力第二，力求公民权利和国家权力的平衡。国家权力的取得必须合法化，没有正当程序的授权不能产生国家权力，国家权力必须受到公民权利的制约，国家权力行使的自由裁量不得侵害公民权利，最终要达到国家权力回归人民。权利虽然是权力的源泉和基础，但是，作为人们相互之间的认可和承诺，又是非常脆弱的，最易受到来自外界的侵害。因此，个人权利离开了国家强制力的保障难以实现。因此，公权力和私权利是相互依存的。权力并非是完全独立于权利之外的东西，无论从每一社会的运行机制或是从人类社会发展的历史长河来看，二者都是相互联系并互相转化的，二者之间既有此消彼长的一面，又有相依共生的一面。比如，个人的受教育权等权利的实现，就离不开

① 孙笑侠．西方法谚精选［M］．北京：法律出版社，2005：45．

相关公权力的扩张与行使。当然，在许多特定的领域里，私权利与公权力确实又此消彼长。只有公民具有强烈的权利意识与权利观念，才能在一定程度上抵消公权力的非法扩张与恣意滥用。

2. 保障权利，限制权力。在转型社会中，随着人们私权利意识的觉醒，而公权力却仍然维持着很大的干预和控制力。这一矛盾构成了转型社会里公权力和私权利的必然冲突。当公权力和私权利发生冲突的时候，私权利往往处于相对弱者的地位，它敌不过国家的权力。在法治社会里，如何解决公权力和私权利的冲突，如何把公权力限制在一定的范围内而保障私权利的不可侵犯，是具有现代法意义的重要课题。[①] 在学校法人治理过程中，如何在保障学校法人主体地位的基础上，实施法人治理，很关键的一条就在于如何保持公权力和私权利之间的平衡。学校法人治理既涉及实施公权力的不同主体之间的权力制衡，也涉及公权力和私权利之间的平衡。特别是随着学生、教师和家长以及其他学校利益相关人权利意识的觉醒和对保障自身权利要求的提高，保障私权利、限制公权力也就越来越重要。

法治社会倾向于对权力进行限制和约束，以协调彼此有相互性的权力与权利的关系。法治对权力的影响方式一般为两种。其一是事前立法明示，即通过尽量明确的规范，赋予且严格限制各权力主体行使权力的职能和范围，此也即权力法定原则。但是，由于社会生活的复杂性，不可避免地会发生授权不明确的问题。这种权力界限的不明确，不仅导致了限制权力的困难，而且增加了人们正确判断某项公权力是否侵犯私权利的难度。在前述的案例二中，学校是否有权拒绝颁发学生的学位证书，这实际上就是涉及学校性质的定位和学校公权力的界限问题。案例三也同样是地方教育当局的公权力对教师私权利的侵害。当然，这些案例之所以是典型案例还在于其反映出当前教育领域中类似的私权力受到侵犯的现象比较多，同时对这些公权力和私权利关系加以规范的相关法律尚不完善，故他们只好诉诸法律，即通过司法救济来保障自己的权利。这也正是法治对权力的另外一种有效限制，即事后司法校正。司法是实现法治的最后闸门，是对不法行为的一种校正机制，也是对权力的一种制约机制。一旦某种权力行为被提交诉讼，司法就承担了对其进

---

① 江平. 转型社会如何限制公权力——反思今年三大事件的法律启示［EB/OL］. http://www.china.org.cn/chinese/OP-c/465874.htm.

行法律评价的任务，这时司法对维护法治举足轻重。[①] 因此，当前通过权利制约权力在学校法人治理中不仅非常必要，而且需要权利人举起权利大旗，运用法律手段保障自己的权利，这本身就是对权力的制约，当然这种制约更需要保障学校利益相关人权利的法律不断完善，并在完善法律的过程中加大司法审查的力度。

三、权力制衡

以权力制约权力通常是指国家权力由不同的政府机关掌握而且各自互不干涉。这一制衡机制不仅发源于西方国家，而且在西方国家不断得到实践和完善。在学校法人治理过程中如何运用权力制衡机制来保障权力的正确行使呢？在学校法人治理过程中，权力制衡仍然主要是指对公权力的制衡。在当今权利意识不断高涨，权利边界逐渐模糊的年代，限制公权力，既是保障权利的要求，也是正确行使公权力的必然要求。组织以及机构之所以具有公权力，本质上正是人民权利让渡以更好地保障权利的反映和要求。因此，在学校法人治理过程中，以权力制约权力仍然是一种有效的制衡机制。如何保障这种权力机制的行使呢？一是公权力之间的制衡和私权利对公权力的制衡；二是学校内部权力的制衡和学校外部权力的制衡。

（一）学校内部权力的制衡和学校外部权力的制衡

不管是对学校内部权力还是对学校外部权力，即与学校有关的利益相关人，包括教育行政机关的制约，关键是对学校决策机构、教育行政部门的权力制约。那么，如何制约呢？首先，这些机构设置应该遵循三个原则。（1）权力法定原则，即教育行政部门和学校决策机构作出的任何有关学生、教师、学校及其他利益相关人利益的决策都必须有明确的法律依据，并且要有明确的法律法规加以规范。（2）立法优先原则。《立法法》确立了法律优先原则，即在多层次立法的情况下，除宪法外，由国家立法机关所制定的法律处于最高位阶、最优地位，其他任何形式的法规都必须与之保持一致，不得抵触。根据该原则，教育行政部门以及学校所制定的任何规章制度都应该和国家立法机关所制定的教育法律保持一致，而不得与其抵触。（3）法律保

---

① 张驰，鲍治．隐私的保护：在权力与权利之间——对全国首例在校生状告学校名誉侵权案的法律思考［J］．法学，2000（10）：30－34.

留原则。法律保留原则的基本含义是指关于公民基本权利的限制，应当由立法机关通过法律来规定，行政机关不得代为规定，行政机关实施的行政行为必须要有法律授权，不得抵触法律。

教育行政部门享有的教育管理权，使其可以根据本地区的教育发展需要和学校发展需求制定相关的教育规章制度；在现代教育制度下，学校享有高度的自治，有办学和教育管理上的自主权，可以根据需要制定相应的规章制度和规则。但是，教育行政部门和学校制定的规章制度一方面不能与法律法规相抵触，而且在涉及利益相关人基本权利的权益时，只有在法律明确授权的情况下才能成为行政主体。在法律授权的范围内的行为是行政行为，否则，就不是行政行为。当然，与教育行政机关不同，学校组织是一个特殊组织，学校应具有自身的独立性和自治特征。因此，公立学校应适用法律保留原则，但是不能和行政机关那样完全适用，应该允许公立学校在适当的领域保持其特殊性。

（二）公权力之间的制衡和私权利对公权力的制衡

由于已经对公权力和私权利之间关系进行了分析，所以在权力制衡中这部分主要分析公权力之间如何制衡。《教育法》第三十条规定："学校的教学及其他行政管理，由校长负责"，这实际上是对校长作为学校行政工作的全面负责人的法律赋权。另外，由于校长一般是由上级教育行政主管部门任命的，因而校长的权力还来自上级的授权。从这个意义上讲，校长权力就是代表国家利益和上级教育行政部门对学校进行权威性治理的社会公共权力。校长治理学校，就是按照授权范围进行管理，履行服务社会的公共权力。因此，公权力之间的制约既包括权力机构之间的制约，也包括对领导人权力的制约。保障权利，必须对公权力制约，否则保障权利就是一句空话。

如果没有相应的监督和制约，任何公权力在其运作过程中都可能被滥用，都可能发生腐败。对公权力加以制约，一方面，通过法律对不同的公权力进行权力界定，区分不同权力机构的权力边界，这关键是权力结构的设置要遵循一定的权力机构设置原则，突出对不同权力机构的权力制衡。另一方面，在当前应该设立相应的权力制约程序。权力制约程序既包括国家权力的相互制约，也包括社会公权力对国家公权力的制约；既包括不同公权力行为的制约，也包括同一公权力行为不同过程、步骤之间的相互制约。[①] 这就要求公权力要程序化运作。公权力程序化运作，必然要求信息公开，信息不公开，利益相关人无法参与其中的管理更无法及时保障自己的权利；公权力程序运作，同时要求公权力行使的主体，实施公权力的行为，特别是在影响到相对人利益的行为，应向社会公众，特别是利益相关人说明理由。公权力程序化运作，还要求为利益相关人提供申诉和救济的途径。就学校法人治理过程而言，对公权力的制约主要是对教育行政权力的制约。

四、责任制衡

虽然我们可以通过法律制衡、权利制衡和权力制衡方式对学校法人治理过程的各种权力加以制约和管理，但是在其实施过程中也难免有其不足。不同的权力制衡方式有它自身的优势。法律制衡方式，会受到法律体系是否健全以及执法和司法环境的影响，此外法律制衡的成本也是一个不得不考虑的因素；权利制衡模式，其关键是权利的界定和行使权利以制约权力过程中也有一定的困难；权力制衡权力，特别是公权力制约公权力往往比较松懈，而影响到权力制衡的执行效果。因此，每一种制约权力的方式实际上都需要有其他制衡方式相互协调，共同对权力制约和管理。

（一）责任制衡是事后监督和制约

法律制衡、权利制衡和权力制衡都是主要着眼于对权力运作的过程，而责任制衡更主要是着眼于事后监督和制约。责任制衡依靠权力与相应的责任、利益和能力之间的相互制约来实现权力制衡[②]，是一种责权统一原则[③]。因此，责任制衡关键是建立问责制度。[④] 什么是问责制（accountability）？根据管理原理，享有一定的权力，就应该承担一定的责任，并对没有恰当履行职责的负责人或者机构追究相应的法律责任、专业责任或者政治责任。

由于最近几年频发突发事件，造成了巨大的损失。国务院和党中央对相关负责人实施问责制，于是有关媒体和报刊纷纷撰文认为中国的问责制开始

① 姜明安. 程序正义与社会治理创新［EB/OL］. http：//law-thinker. com/show. asp? id = 2938.

② 刘可非. 中国政治断想之一——引子［EB/OL］. http：//jqrh. top263. net/weekly/072. htm.

③ 梁丰，李小平. 权力制衡机制思考［J］. 理论月刊，2004（2）：143 - 144.

④ 汪玉凯. 建立官员问责制要消除三大障碍［N］. 文汇报，2004 - 05 - 20.

施行[①]，甚至由于部分政府官员因各地相继发生的责任事故而引咎辞职，而被国内媒体报道称之为“问责风暴”。[②] 法治政府应该是一个责任政府，一个负责任的政府，一个能够受公众问责的政府。政府为公众负责，同时也对自己的行为负责，而一个负责任的政府又由各级负责任的公务员来履行职责。根据宪法和法律，政府及其公务员必须承担应由它（他们）承担的责任，包括道义责任、政治责任和法律责任；同时，政府还必须接受来自内部和外部的监督，以保证责任的实现。当前，由于权力约束机制尚不健全，通过问责制而追究政府及其公务员责任，被媒体报道称之为“风暴”，这说明了对官员问责的力度和问责制对官员权力约束的影响力。但是，这种“风暴”式的问责到底能够坚持多久？到底能够有多大效力？这些问题也同样引起人们的关注。正如有学者所言，问责制度可望继党内民主和村民选举后，成为中国政治体制改革的最新看点。但如果不能跟进以根本的制度保证，问责制也有可能扭曲、变形，沦为选择性惩罚以防止责任范围扩大、甚至掩盖更大责任的工具[③]。尽管相关制度机制尚未完善，但是我们也要看到，问责制也是一种非常有效的事后监督权力有效行使的重要方式。

（二）学校治理中责任制衡的必要性

我国学校治理转型过程中关键是学校行政权力和教育行政权力的有效行使问题。新中国成立之初，由于教育处在改造阶段，那时赋予教育行政部门巨大权力，是客观所需。但六十多年过去了，我国社会经济发展发生了巨大变化，执政方式的转变已经成为时代主题，教育行政部门必须转变职能，并重新调整与学校的关系，依法保障学校的办学自主权，发挥学校的办学积极性和主动性，尊重并保障学校其他利益主体的权益，这样才能理顺学校、政府与社会在学校发展过程中的关系，形成合力共同促进学校的发展。

在教育教学实践中却出现了一些引起社会极为关注的问题，如对社会上热议的“择校”和乱收费问题，很大程度上反映出教育行政部门在公立学校和私立学校方面的政策倾向和制度选择。早在 2004 年，就有教育专家保守估算，10 年来我国教育乱收费超过 2000 亿元人民币；2005 年 9 月，发改委

---

① 仲志远．当问责制开始施行——效力究竟多大［J］．资本市场，2006（1－2）：57－58．

② 傅国涌．由“官员问责制”重新认识公共权力［J］．领导文萃，2004（7）：13－16．

③ 刘军宁．中国如何走向真正的问责制［J］．领导文萃，2004（7）：17．

公布全国价格举报的六大热点，教育乱收费蝉联首位；最近几年评选出的中国十大暴利行业，教育年年名列前茅。国家为制止教育乱收费出台了相关的法律法规进行制止，包括出台教育“一费制”等举措。《义务教育法》对此也有明确规定，规定义务教育为免费教育，学校不得乱收费。但是，教育乱收费现象反而愈演愈烈，在国人的怨声载道中“高歌猛进”。群众反映的乱收费问题，主要集中在三个方面：不执行“三限”政策违规收取择校费、赞助费；“一费制”外自立项目乱收费；以改制为名举办“校中校”、“校中班”乱收费。[①] 一项调查结果显示，中小学乱收费主要是地方政府的乱收费。[②] 而教育乱收费的治理主体是地方政府，教育乱收费不仅没有得到治理，反而发生教师因检举学校乱收费被停职下岗的怪象。据《中国青年报》披露：江西省乐平市某中学教师张秀英，向有关部门举报该校乱收费和财务不明，却被乐平市教育主管部门对其课以“停职待岗”的重罚。[③] 由此可见，治理乱收费根源还是责任不明，处罚不力。

治理择校乱收费一直是治理教育乱收费的一个重要问题。中纪委驻教育部纪检组副组长刘金平在2006年4月28日人民网举行的“规范教育收费”网上座谈会上表示，择校问题是治理教育乱收费过程中最头疼的问题，是块硬骨头，但这块硬骨头不啃问题解决不了。[④] 有学者认为从购买力平价的角度出发，目前中国高校的收费，比西方国家，甚至比20世纪三四十年代的贵族高校收费还要高。现在有些高校收费上瘾了，不择手段提高标准，已成为一个严重的社会问题。[⑤]

针对上述问题，特别是教育乱收费涉及的一些问题，如借公立学校转制收费高额学费和赞助费问题，因转制学校被叫停而得以治理，但是其他一些引起社会热议的问题，国家也出台了相关的政策法规予以规制，如《教育规划纲要》将教育均衡发展作为基本国策，保障教育公平，缩小学校之间、区

---

① 陈家兴. 教育是民生之基［N］. 人民日报，2007－04－11.

② 王石川. 教育乱收费是压垮民众的最后稻草［N］. 市场报，2006－07－03（03）.

③ 朱卫华. 教育为何7年连居“价格违法案”榜首［EB/OL］. http：//edu. people. com. cn/GB/4681012. html.

④ 藏文丽. 刘金平：择校是治理乱收费中最头疼的问题［EB/OL］. http：//edu. people. com. cn/GB/4338627. html.

⑤ 曲哲涵. 学校不择手段提高收费标准成严重社会问题［N］. 人民日报，2006－04－09（02）.

域之间的差距，实现教育的均衡发展，以此来缓解“择校”问题，并加大教育投入来遏制教育乱收费。这些教育价值导向和政策举措，一定会对学校发展起到巨大的引导和规范作用。我们认为，在此基础上，治理上述相关问题，在法律制衡、权利制衡、权力制衡的基础上，同样需要责任制衡。

（三）构建学校治理问责机制

1. 问责主体。学校法人治理过程中如何实施问责制呢？首先是要明确问责主体。我们以美国为例。美国对大学进行问责的机构主要有两类。一是，由各州的立法机构指定一批学校外部人士组成的董事会。二是，由各州政府组织的高等教育委员会。校外人员董事会这一机构在美国由来已久，不论公立大学还是私立大学都有这种由立法部门工作人员、牧师和熟悉高校管理的市民代表组成的董事会，其主要职责是对学校大型建设项目的必要性、资金投入等经济问题以及学校发展的其他重大问题进行审议和监督。高等教育委员会通常采用两种方式组成：一是，政府出面采取合作的方式，吸收社会各界熟悉高校管理的人员参与；二是，直接由州政府直接创设并进行管理。从控制论的角度讲，内部控制和外部控制相结合才能实现最佳的控制效果。高校问责制的建立既要注重学校自身的内部管理和监督，更要从外部监督的角度实现问责主体的多元化。美国公立大学的问责制吸收了大量外部精通高等教育管理的人士，又有立法部门的人员参与；既有常设的问责机构，又有立法部门就专项问题进行问责。这种多元化和外部性的问责机制，确保了问责的科学、独立和公正①。

目前，我国不管是高校还是中小学并不缺乏各种内部的监督机构，比如《教育法》第三十条规定，学校及其他教育机构应当按照国家有关规定，通过以教师为主体的教职工代表大会等组织形式，保障教职工参与民主管理和监督。《高等教育法》第四十三条规定，高等学校通过以教师为主体的教职工代表大会等组织形式，依法保障教职工参与民主管理和监督，维护教职工合法权益。第四十四条规定，高等学校的办学水平、教育质量，接受教育行政部门的监督和其他组织的评估。从这些法律条文，我们可以发现，我国学校问责主要是两个渠道。一是内部的教职工代表大会；二是政府部门的行政

---

① 樊钉，吕小明. 高校问责制：美国公立大学权责关系的分析与借鉴［J］. 中国高教研究，2005（3）：62－63.

监督。这说明在完善问责制方面，我们更应该侧重问责主体的多元化，加大外部问责的力度和渠道。

2. 问责途径和方式。学校治理过程中的问责主要是针对行政权力的有效行使，其中，在明确问责主体之后，问责的途径和方式就至关重要。问责途径是指通过何种方式、程序追究行政人员责任。目前，我国除党委依据党纪追究党的干部责任外，主要是行政机关内部问责，行政机关对下级的问责、同级对本部门行政人员的问责，学者们称为“同体问责”，而不重视人大机关的问责，也忽视了社会力量对行政问责的监督和问责信息的公开。此外，各地的问责方式有：诫勉谈话、责令作出书面检查、通报批评、取消当年评优评先资格、公开道歉、公开谴责、限期整改、调整工作单位、停职检查、责令引咎辞职等。[①] 中共中央国务院办公厅于2009年7月印发的《关于实行党政领导干部问责的暂行规定》指出，对决策严重失误造成重大损失或者恶劣影响的，对群体性、突发性事件处置失当，导致事态恶化，造成恶劣影响的等七种情形，将对党政领导干部实行问责，并指出，“对党政领导干部实行问责的方式分为：责令公开道歉、停职检查、引咎辞职、责令辞职、免职”。从中可以看出，目前我国问责途径比较单一，方式也不尽合理，需要进一步完善问责途径和方式，如在巩固同体问责基础上，强化异体问责，人大、民主党派、司法机关、新闻媒体、社会公众等对行政机关和行政人员的问责，异体问责是一种更有效、更具公信力的问责方式。

3. 问责中需要处理的几对关系。学校治理过程中的行政权力有效行使，既包括教育行政部门的行政权力有效行使，也包括对校长权力的有效行使。校长是学校法定代表人，因此，对学校法人实施问责，很大程度上是对校长问责。如何对校长问责？这需要处理好几个关系问题。一是校长负责制和校长问责之间的关系；二是校长问责和学校问责的关系；三是校长问责和行政监督的关系。

（1）校长负责制和校长问责的关系。根据我国教育法律的规定，中小学实行校长负责制，大学是党委领导下的校长负责制。校长负责制和校长问责之间是一种什么样的关系？校长负责制是校内领导体制，校长问责制是涵盖校内和校外的监督体制。因此，校长负责制强调的是校长的权力，而校长问责制突出的是校长的责任，两者相辅相成，缺一不可。由于监督体制的不健

① 艾超．我国行政问责法制化思考［J］．政治与法律，2009（10）：26－34．

全，校长负责制在具体的实施过程中，出现了校长个人权力欲望过度膨胀导致的决策失误等问题。校长问责制正是为了让校长正确行使权力，更有力领导学校，提高学校的教育质量和办学效益而实行的监督。[①]

（2）校长问责和学校问责的关系。校长问责与学校问责是问责主体不同。校长问责主要是对于校长职务履行情况的问责，而学校问责主要是对于学校机构的办学效益和质量的评估和监督。对学校问责，更多的是通过外部力量来监督学校权力的有效行使，而校长问责不仅仅要依靠外部力量来监督和制约，同时还要发挥学校内部的制约机制作用，尤其是发挥教师群体的监督作用。校长问责是学校问责的应有之意，是对学校问责的必然要求。

（3）校长问责和行政监督的关系。行政监督是对校长问责的一种非常有效的形式，比如对一些学校三番五次违反国家的教育法律法规乱收费，教育行政部门就对违规“作案”的校长给以行政处分或者撤职。2003 年以来，全国一共派出了 5.6 万个检查组，检查了 87.6 万多所学校，清退乱收费资金 13.2 亿多元，查处乱收费案件 1.9 万件，受党纪、政纪处分 5931 人，共有 794 名校长被撤职。[②] 当然，对校长问责除了当前的行政监督手段之外，更应该发挥社会监督的作用。

发挥社会的监督作用，关键有两点：一是学校信息要公开；二是校长的遴选机制要开放。学校信息公开，社会公众和家长才能真正行使监督权力，真正了解学校的校长如何行使权力、是否正确行使权力。当然，学校信息公开，并不是所有信息都要公开，但凡是涉及学校和学生利益的信息都应该公开，而且为了保障信息公开的渠道畅通，我国应该制定相关的法律法规规范学校信息公开的内容和方式，以有利于社会更好地监督学校的权力行使。《高等学校信息公开办法》经教育部发布已于 2010 年 9 月 1 日起施行。根据《高等学校信息公开办法》，高校不仅要公布招生考试、学位评定等信息，对于师资建设、财务资产管理等情况也要主动公开。《高等学校信息公开办法》还明确提出，高校重要决策事项征求师生员工意见的期限不少于 10 个工作日。今后高校在开展办学活动和提供社会公共服务过程中产生、制作、获取的信息，也应按有关规定公开。《高等学校信息公开办法》细化了公开的范围和内容，将涉及学校基本情况、发展规划、学生招生考试、学位评定、就

① 李树峰．校长问责制：校长权力的制衡与监督［J］．教育科学，2005（3）：17－20.

② 陆静斐．794 名校长乱收费被撤职　教育遇 4 难题［N］．文汇报，2006－03－01.

业资助、学科专业与教学、师资建设、财务资产管理、自然灾害等突发事件的调查和处理以及对外交流与合作等12类信息纳入了主动公开的范围，并规定了公开的途径和方式，由此推动了高校的信息公开化，有助于规范高校的办学，并为社会力量问责学校提供了一种途径。此外，我国学校校长任命的方式主要还是上级任命为主，这种方式直接导致校长多数是对上负责，而不是对学生、教师和学校负责，这种弊端显而易见。因此，必须要改革现有的校长选拔制度，推行校长公开聘任制，培育职业化校长队伍。

法律制衡、权利制衡、权力制衡和责任制衡在学校法人治理过程中的权力制衡协同起作用。法律规范的一切内容都是围绕着权利和义务展开的。所以，法律制衡重要是通过法律对权力加以制约，其有效实施的前提是法治社会以及法律的不断完善和有效实施。在一个权力不断扩张和人们的权利不断得以张扬的时代，权利制衡方式也非常重要，权力存在的本质就是为了保障权利，问题是在当前的情况下如何行使权利以制约权力，更好地保障权利呢？在学校法人治理过程中，关键是保障学生、教师和家长的权利，特别是制定法定程序来保障学生、教师和家长的权利。权力制衡更具有操作性，其操作性首先体现在可以通过设计权力机构来制约权力，可以通过法律途径限定权力的边界来制约权力，可以通过司法途径对权力进行制约，还可以通过事后责任追究来制约权力，这也就是责任制衡。因此，这些权力制衡机制应该是一个权力制衡体系，通过不同途径和方式来规范学校法人治理过程中各种权力的运作和行使，更好地保障学校利益相关人的利益，更好地促进学校发展。

第六章　基于法人治理的自主办学

学校作为独立法人组织，自主办学既是学校法定权利，也是学校持续发展的内在规律。根据我国社会改革进程以及学校改革与发展的趋势，现阶段保障学校自主办学，首先是要实施学校的法人治理，并在此基础上进一步明晰改革的路径。本章共有七节。第一节和第二节分别对学校法人治理和自主办学的内涵进行分析。第三节则是阐述法人治理与自主办学的关系。第四节和第五节对我国学校自主办学过程中存在的问题及其成因进行了分析。第六节探讨了基于法人治理的自主办学框架。第七节提出了保障学校自主办学的政策建议。

第一节　学校法人治理

法人治理概念的界定在本书第四章学校法人治理结构中作过分析。法人治理主要指公司治理。学校法人治理内涵的理解，需要在公司治理与学校法人治理之间的关联进行区分的基础上，根据学校法人存在之目的进行分析。

一、从公司治理到学校法人治理

按照《凯得伯瑞报告》所提出的基本定义，公司治理主要是指公司赖以指挥与控制的系统。这种观点已经被英国《英国特许公共财务会计师公会》(Chartered Institute of Public Finance and Accountancy，CIPFA）引入公共部门，希望借此能更有效率地改善公共部门的治理。① 作为非营利组织的学校同样也存在类似的问题，需要将有限的资源通过体制和机制的改革与创新，实现学校教育利益和效益的最大化，更好地满足人民群众对优质教育和多元

① 陈林，徐伟宣. 从“非国有化”到“非营利化”：NPO 的法人治理问题［J］. 中国研究（香港），2002（8）.

化教育的需求。《教育规划纲要》第二条中明确指出："要以体制机制改革为重点，鼓励地方和学校大胆探索和试验，加快重要领域和关键环节改革步伐"。"加快解决经济社会发展对高质量多样化人才需要与教育培养能力不足的矛盾、人民群众期盼良好教育与资源相对短缺的矛盾、增强教育活力与体制机制约束的矛盾，为教育事业持续健康发展提供强大动力。"我国不仅在相关的教育法律法规中明确了学校的法人地位，而且《教育规划纲要》对高等学校提出了具体的要求，即要求高等学校要完善治理结构，建设现代大学制度。现阶段，学校如何更好地满足不同利群体利益的同时，实现学校利益的最大化，同样需要由行政化管理向法人治理转型，需要完善学校治理结构，提高学校管理绩效，保障学校自主办学的权利，实现学校自主办学，更好地为人民服务。

二、学校法人治理

20 世纪 80 年代以来，世界各国普遍开始对教育进行改革，并将教育作为提升国家综合国力的一项战略举措。这种竞争在一定程度上已经演变为学校之间的竞争。所谓学校的竞争就是学校教育质量的竞争，是学校培养出来的人才的竞争。提升学校的竞争能力，关键是通过提升学校的治理水平，充分利用各种资源，调动所有利益相关者的积极性和主动性，实现学校改革和发展之目的。同时，在市场经济时代，人们的需求是多元的，如何满足人们的这种多元化利益诉求，也同样需要发挥学校主体的办学积极性和主动性，更好地满足人们的多元化教育需求。因此，学校作为与公司不同的非营利性机构，同样面临有效的制度安排问题即治理问题，而且学校治理所涉及的利益更加多元，更加复杂。

在借鉴公司治理理论成果的基础上，根据学校法人存在之目的，学校法人治理也同样是指学校作为一个法人组织，如何通过一系列的制度安排，来更好满足学校发展过程中不同利益主体的利益诉求，实现学校利益最大化。学校法人治理与公司治理的最大区别就在于学校法人治理的目标是多元的，因而，学校法人治理比公司治理更为复杂。学校法人治理的复杂性一方面体现在学校作为一个法人组织，如何在获取更多资源的基础上能够实现自主办学、自我管理和自我约束；另一方面则体现在学校利益的最大化不仅表现在当下，更要对整个人类社会发展的历史长河负责，既要面对公共利益与个体利益，也要面对短期利益和长远利益以及不同个体的利益。所以，学校法人治理不仅要考虑学校和学生的发展目标，而且要考虑学校外部的利益关系人，包括政府、家长和公众的利益诉求。尽管学校法人治理比公司治理复杂得多，但是学校法人治理与公司治理毕竟在治理理念和制度安排上具有某种共性，即主要是作为一个法人组织，如何在处理内部与外部关系的基础上，发挥法人主体地位，更好地实现组织利益最大化。对于学校法人组织而言，关键是指如何发挥学校法人主体地位，保障学校的自主办学，更好地实现学校组织利益的最大化。

第二节 自主办学

本节主要对我国教育政策法规中有关学校自主办学的相关规定进行分析。在此基础上分析了自主办学与学校自主权之间的关系，进而对自主办学的内涵作出界定，并对保障学校自主办学的意义进行探讨。

一、我国教育政策法规对自主办学的规定

改革开放以后，党和国家领导人都非常重视教育的改革问题。教育改革如同改革开放后其他行业一样，也是急需找到改革的突破口，从主要问题入手加以改革。针对当时教育现状以及迫切需要培养出大批社会主义现代化建设人才、提高国家竞争力这一现实出发，国家出台了一些重要的教育法律法规和教育政策文件，以此规范和引导教育事业走上快速发展的改革之路。

（一）教育政策的相关规定

1.《决定》和《纲要》的要求。扩大学校的办学自主权，规范学校自主办学应该说是我国改革开放以后，党和国家对教育改革一贯坚持的基本原则。相关的教育政策法规中对此都有明确的规定。1985 年公布的《中共中央关于教育体制改革的决定》（以下简称《决定》）就是指导我国新时期教育改革的重要文件。《决定》中明确指出：“中央认为，要从根本上改变这种状况，必须从教育体制入手，有系统地进行改革。改革管理体制，在加强宏观管理的同时，坚决实行简政放权，扩大学校的办学自主权。”这是我国在政策文献中首次提出要扩大学校的办学自主权。这次中央提出要扩大学校的办学自主权是社会主义计划经济发展对学校教育改革和发展的要求，随着国家经济体制的转轨，即由社会主义计划经济向社会主义市场经济转轨后，

学校如何扩大办学自主权呢？1993年2月，中共中央、国务院印发了《中国教育改革和发展纲要》（以下简称《纲要》），这是指导我国20世纪90年代乃至21世纪教育的改革和发展的纲领性文献。《纲要》中对基础教育阶段的学校改革重点是完善“分级办学、分级管理”体制，中小学实行校长负责制；在深化高等教育体制改革时，提出“进行高等教育改革，主要是解决政府与高等学校、中央与地方、国家教委与中央各业务部门之间的关系，逐步建立政府宏观管理、学校面向社会自主办学的体制”。这是国家教育政策中首次使用“自主办学”一词。到底如何扩大学校的办学自主权，规范学校自主办学，在当时仍然是规定“目前是先进行改革试点，逐步到位”①。

2.《教育规划纲要》提出要落实和扩大学校办学自主权。《教育规划纲要》对落实和扩大学校的办学自主权作出了进一步的规定。其第三十九条规定：“落实和扩大学校办学自主权。政府及其部门要树立服务意识，改进管理方式，完善监管机制，减少和规范对学校的行政审批事项，依法保障学校充分行使办学自主权和承担相应责任。高等学校按照国家法律法规和宏观政策，自主开展教学活动、科学研究、技术开发和社会服务，自主设置和调整学科、专业，自主制定学校规划并组织实施，自主设置教学、科研、行政管理机构，自主确定内部收入分配，自主管理和使用人才，自主管理和使用学校财产和经费。扩大普通高中及中等职业学校在办学模式、育人方式、资源配置、人事管理、合作办学、社区服务等方面的自主权。”从中可以看出，指导我国未来10年改革的《教育规划纲要》不仅提出要落实和扩大学校办学自主权，而且对政府、学校的相关权责作出了明确的规定。其中，既要求政府要转变管理职能，进一步下放权力，同时也要求高校要进一步完善内部治理结构，依法自主办学。

（二）教育法律法规的明文规定

1.《教育法》的规定。为了实现扩大学校自主权之目的，必须通过颁布法律来确认学校办学自主权的权限范围和保障条款。通过法律借助国家强制力的手段，以确保学校的办学自主权能够得到贯彻并加以实施。1995年《中华人民共和国教育法》（以下简称《教育法》）颁布实施以后，政府对学校办学的直接干预逐步减少，学校自主确定组织机构、办学宗旨、财务人

① 1993年2月中共中央、国务院印发的《中国教育改革和发展纲要》第十八条。

事、课程、专业设置和招生的能力明显增强。《教育法》作为教育工作的基本法律，对学校办学自主权作了如下表述："第二十八条　学校及其他教育机构行使下列权利：（一）按照章程自主管理；（二）组织实施教育教学活动；（三）招收学生或者其他受教育者；（四）对受教育者进行学籍管理，实施奖励或者处分；（五）对受教育者颁发相应的学业证书；（六）聘任教师及其他职工，实施奖励或者处分；（七）管理、使用本单位的设施和经费；（八）拒绝任何组织和个人对教育教学活动的非法干涉；（九）法律、法规规定的其他权利。国家保护学校及其他教育机构的合法权益不受侵犯。""第三十一条　学校及其他教育机构具备法人条件的，自批准设立或者登记注册之日起取得法人资格。学校及其他教育机构在民事活动中依法享有民事权利，承担民事责任。学校及其他教育机构中的国有资产属于国家所有。"对这些条款加以分析，不难看出，学校办学自主权的获得体现在两方面。其一是对内的自主管理；其二是对外的法人资格。《教育法》之所以对学校办学自主权作如此设定，一方面表现了法律对其自主权的尊重并以国家意志力予以保护；另一方面又通过对学校法人地位的确立来实现对其主体地位的强化，从而防止办学主体在由政府向学校转变的过程中主体地位的缺失。①

《教育法》在我国的教育法律法规体系中处于"母法"的地位，从法律体系和立法意图来看，教育的部门法应该是遵循并体现《教育法》的法律意图和立法宗旨以及立法原则。但是我国教育法律体系建设相对比较滞后，尤其是教育立法滞后于学校教育改革实践。为了在20世纪末解决我国的"两基"问题，改革开放后我国并没有先制定教育的基本大法，而是首先颁布了《中华人民共和国义务教育法》（以下简称《义务教育法》）。《义务教育法》以我国《中华人民共和国宪法》（以下简称《宪法》）为依据，根据《宪法》有关公民受教育权的基本权利和义务的规定，以及国家发展社会主义教育事业的原则规定而制定。《义务教育法》立法宗旨十分明确，就是推行并保障贯彻实施九年制义务教育，因此，当时的立法重点和保障措施基本上都是着眼于如何通过国家、社会、学校和家庭来保障九年制义务教育的贯彻落实；管理体制规定为"地方负责，分级管理"，强化了地方政府在普及义务教育过程中应该承担的责任和义务以及享受的教育管理权限，而相应的学校仍然是设定为政府部门的附属机构，形成了政府与学校之间的管理与被管理的行

① 冯志军．试论我国教育法中的办学自主权及其实现［J］．湖南教育，2003（18）：16－18．

政法律关系。因此，义务教育阶段学校办学自主权并没有较为明确的法律规定。

2.《高等教育法》的明确规定。《中华人民共和国高等教育法》（以下简称《高等教育法》）是在《教育法》颁布之后而制定，对高等学校所享有的办学自主权作出了明确的规定。《高等教育法》第十一条规定："高等学校应该面向社会，依法自主办学，实行民主管理。"第三十条规定："高等学校自批准设立之日起取得法人资格。高等学校的校长为高等学校的法定代表人。高等学校在民事活动中依法享有民事权利，承担民事责任。"《高等教育法》在明确了高等学校作为办学者所具有的独立于举办者与管理者的法律地位之外，还专门规定了高等学校享有的多方面的自主权，确定了高校办学自主权的具体范围。具体如下：一是招生自主权。高等学校有权根据社会需求、办学条件和国家核定的办学规模，制定招生方案，自主调节系科招生比例。二是学科专业设置和教育自主权。高等学校有权依法自主设置和调整学科、专业；有权根据教学需要，自主制定教学计划，选编教材，组织实施教学活动；三是科研开发和社会服务自主权。高等学校有权根据自身条件，自主开展科学研究、技术开发和社会服务。国家鼓励高等学校同企业事业组织在科学研究、技术开发和推广等方面进行多种形式的合作；国家支持具备条件的高等学校成为国家科学研究基地。四是机构设置与人事分配权。高等学校有权根据实际需要和精简、效能的原则自主确定教学、科学研究、行政职能部门等内部组织机构的设置及人员配备；有权按照国家有关规定评聘教师和其他专业技术职务，调整津贴及工资分配。五是财产管理使用权。高等学校对举办者提供的财产、国家财政性资助、受捐赠财产享有依法自主管理和使用的权利。六是自主开展国际交流和合作的权利。高等学校有权按照国家的有关规定，在科学技术文化领域，自主开展与境外高等学校之间的交流与合作。《中共中央国务院关于深化教育改革全面推进素质教育的决定》再次提出，要求要按照《高等教育法》的规定，切实落实和扩大高等学校的办学自主权。

3.《民办教育促进法》的规定。上述教育政策法规对学校办学自主权的规定并没有言及是公立学校还是私立学校。随着我国民办教育事业的飞速发展，规范民办学校办学的法律也随之制定并得以及时出台。民办学校的办学自主权在2002年颁布的《中华人民共和国民办教育促进法》（以下简称《民办教育促进法》）中有明确的规定。《民办教育促进法》第五条规定：

"民办学校与公办学校具有同等的法律地位，国家保障民办学校的办学自主权。"至此，从1985年的《决定》、1993年的《纲要》到1995年的《教育法》和1998年的《高等教育法》、2002年的《民办教育促进法》以及2010年的《教育规划纲要》，可以看出党和国家对学校办学自主权的逐步重视和具体措施的落实。当然，这些相关的政策文件和法律条文对学校办学自主权的规定总体上来说还较为笼统；如何保障学校办学自主权方面的条款比较缺失。这种单一向度的规定，为学校教育实践中如何贯彻落实学校的办学自主权造成了一定的障碍。下文会对此作进一步分析。

二、自主办学与学校办学自主权之间的关系

通过对我国自主办学相关教育政策法规的分析，从中可以发现，关于自主办学的规定，主要使用了两个词语，即"办学自主权"和"自主办学"。在《决定》中是使用"办学自主权"；《纲要》中首次使用"自主办学"。此后颁布的《高等教育法》通过法律条款对此加以确认。《高等教育法》第十一条中规定："高等学校应当面向社会，依法自主办学，实行民主管理。"这是我国法律条文中第一次出现"自主办学"。此外，《高等教育法》第三十二条至三十八条的规定中共用了七次"自主"一词，这七个"自主"正是从第三十二条至三十八条对高等学校办学权的具体权限和范围的规定。

1. "学校办学自主权"与"自主办学"的内涵关系。理解学校办学自主权与自主办学两者之间的关系，有助于我们更好地理解自主办学的内涵。目前研究文献在某种程度上存在对这两个概念的误解和混淆，主要有三种观点。一种观点是，办学自主权是自主办学的资格，是自主办学的前提。办学自主权是一种权利，是高校依法自主办学的资格和可能，自主办学能力则是学校依法自主办学的现实力量，办学自主权只有通过自主办学能力的提高才能得以实现。可见，办学自主权是高等学校面向社会自主办学的基础和前提，缺乏这种资格和权利，就谈不上自主办学，而自主办学能力的高低则体现着办学自主权的实现程度。① 第二种观点是，办学自主权与自主办学是同一概念。高等学校面向社会自主办学与大学的办学自主权是同一概念，只是提法不同。它的基本涵义包括：首先，它是一种教育管理体制，主要用以确

---

① 谭振宇. 关于增强高校自主办学能力的几点哲学思考［J］. 广西社会科学，2000（3）：68－69.

定高等学校同政府的关系，还间接地反映了高等学校同社会的联系。其次，作为一种教育体制，尽管在不同的国家，不同的历史时期其表现形式有所不同，但它的基本构成始终是政府、社会与高校三者关系的对立与统一。再次，由于各国、各个历史时期所实行的政治、经济体制的不同或变化以及科技文化传统的差异，高校自主办学或办学自主权的内涵也会有所不同或变化并形成了不同的特点。[①] 第三种观点，自主办学与西方的大学自治类同。我国高校的自主办学和西方的大学自治，两种思想的共同之处在于，都赋予高等学校法人地位，尊重高等学校自主办学的权利，[②] 有的学者还将西方大学自治权所享有的权限与中国大学自主办学的权限范围作了比较。[③]

2．扩大学校的办学自主权是自主办学的前提。如果对首次在《决定》中使用“办学自主权”的历史背景和当时教育改革的重心加以分析，我们会发现，当时《决定》中之所以使用“办学自主权”，而不是“自主办学”，主要是因为在计划经济时期学校一直是政府或者说教育行政机关的附属物；作为行政机关的附属部门，学校丧失了基本的办学权利，而这些所谓的办学权利是学校自身发展内在要求或者说学校发展的内在逻辑，要求学校所必须享有的基本权利。这种情况下，国家当时就提出“简政放权，扩大学校的办学自主权”。扩大学校办学自主权的必备前提是要改革政府与学校之间的关系，要求政府转变职能，将本属于学校的基本办学权利回归学校。如果学校连本属于自身的基本教育教学等基本权利都不具备，何来自主办学？因此，扩大学校的办学自主权是自主办学的前提，是自主办学的初级阶段。

3．我国的自主办学与西方的大学自治有着本质上的区别。尽管西方的大学自治和我国提出的自主办学都是指赋予学校法人主体地位，尊重高等学校办学的自主权利，但是西方的大学自治与我国提出的自主办学还是有着本质上的不同。这种本质的区别，主要表现在两个方面。其一，自主办学和大

---

① 李如森．高等学校面向社会自主办学的理性思考［J］．中国轻工教育，2002（1）．

② 姚启和．自主办学：高等学校自身发展规律的要求［J］．高等教育研究，1995（5）：31－35．另有作者认为，在西方国家一般称为大学自治或学术自治，但是高等教育自主权的实质“就是要使学校具备能主动适应经济社会发展需求的自我发展和自我约束的能力，而不是在封闭系统里搞自我完善的所谓自治权力”。高等教育自主权是一个历史概念，反映了高等学校与政府之间的权利配比关系。参见：陆兴发．中国高等教育办学自主权问题的研究［D］．吉林：东北师范大学，2002：102－103．

③ 马龙海．论高校自主办学的权力与责任［J］．辽宁教育学院学报，2001（3）：41－44．

学自治提出的时代背景和历史要求不同。西方大学自治的提出者是学校，而不是政府。大学自治的本质是为了保障学术自由，不受政府、教会或者其他社会法人机构的干预和控制，因此，其出发点是大学自身；而我们提出的自主办学是政府主导行为，是在新形势下重构政府与学校关系的一种权力配置机制，其出发点是政府机构的改革和调整，而不是学校自身。由此引出第二个方面的不同，即大学自治的权利和自主办学的权利不同。大学自治思想所包含的办学自主权可以说是大学与生俱来的权利。在历史传统的惯性作用下，西方国家高等教育管理还形成了一种特有的自治文化，这种自治文化不仅存在于大学与政府之间的关系中，而且存在于整个社会。正是这种自治文化，才使得大学的办学自主权得到了可靠的保障。而我国高等学校的办学自主权在很多人看来，实际上是一种有限的自主权，一种被称为与“程序性自治”相当的自主办学权。政府的宏观调控范围、力度及影响都直接决定高等学校办学自主权的大小及其是否能够得到保障。① 因此，自主办学的内涵与大学自治不同，而且其贯彻的路径和保障措施也会明显不同。

三、自主办学的内涵

国家出台的一系列教育政策法规中都提及到自主办学，并对学校自主办学的权利作出了规定。不过，到目前为止并没有对自主办学的内涵作出过界定。这大致可以从两个方面理解。一是，自主办学本身就是一个历史概念，随着社会政治、经济条件的改变以及学校自身发展要求的变化，自主办学的内涵也应该有所不同；二是，自主办学的本质在“自主”，而“自主”应该体现出不同时期、不同地区、不同学校的自主办学要求，所以根本无需，而且也不可能从政策法规方面对此加以规定，如果详细加以规定，那自主办学就又成为变相的政府办学，这将和立法的意图大相径庭。尽管如此，理解自主办学的内涵对于贯彻学校自主办学的原则和保障学校自主办学权仍然非常重要。

1. 自主办学是一种模式的变革。我国自主办学的提出首先是政府主导行为，而且在相关的教育政策法规中有明确的规定，所以，我国著名法律学者、中国政法大学校长徐显明曾经从法律的视角诠释过自主办学的内涵。徐

① 别敦荣. 我国高等学校的自主办学与西方的大学自治［J］. 高等教育研究，1995（5）：31－35.

显明认为，建立现代大学制度、依法自主办学，要处理好以下三个关系：一是大学和政府之间的关系。根据《高等教育法》，大学是办学实体，办学行为属民事活动范畴，政府对大学进行行政管理的主要职责是对大学进行投入、评价，并以此引导大学的办学行为，保障由宪法和法律制定的办学方向。除此之外，其他权利应下放给学校。二是大学和社会之间的关系。也就是大学的使命问题。培养大批高素质的人才，是大学的根本任务。同时，高校还肩负着推动社会经济发展，创造、传播先进文化的重任。而在履行这些使命时，大学需要有进行独立价值选择和判断的权利。价值的选择和判断是很困难的事情，可能面临一系列的冲突：如自身发展方向与政府下达的任务之间的冲突，大学传统与社会要求之间的冲突，大学内部资源配置时公平与效率之间的冲突等。解决冲突，把握好公共管理权力和学术权利之间的关系非常重要。两者间的关系既不同于“官”场，也不同于“商”场，有着自己的独特规律。在大学中，学术权利是主导，公共管理的目的是为学术文化创新活动提供保障。三是大学内部的关系，包括大学与教师、大学与学生、教师与学生、管理人员与教师和学生之间的关系。办学要以教师为本位，教育教学要以学生为主体。[①] 处理好大学与政府、大学与社会以及大学内部的关系，可以说反映了我国之所以在改革开放以后一直将自主办学作为改革教育管理体制的重要突破口和提升学校教育质量的重要转折点的目的。因此，自主办学主要应该是一种制度性安排，是一种模式的变革。具体来说，是对我们传统习以为常的、高度集权的行政管理模式和思维方法的变革。这种变革，既涉及政府主管部门对学校的外部管理，同时还涉及学校的内部管理。[②]

2. 自主办学是一种制度性安排。2011 年召开的全国政协第十一届四次会议上，在谈及贯彻落实《教育规划纲要》中关于“落实和扩大学校办学自主权”的要求时，有政协委员就认为[③]，一方面“这一问题主要涉及三个关系”，“一是中央政府和地方政府之间的关系，教育部应该进一步向地方教育行政部门下放权力，调动和发挥地方教育行政部门管理高等教育的积极性和创造性。二是政府和大学的关系，政府应该进一步转变职能，更多利用政策法规导向、经济杠杆调节、检查监督和信息服务的方式来管理大学，而不

① 徐显明. 从法律视角诠释高校自主办学［N］. 中国教育报，2003－03－11（1）.

② 杜作润. 论我国高校的自主办学［J］. 现代大学教育，2003（5）：8－12.

③ 翟帆，王亮，柯进. 政协委员谈贯彻落实教育规划纲要［N］. 中国教育报，2011－03－13.

是采用行政手段。而在放权的过程中，大学要努力做到自主发展的同时能够自我约束。三是大学内部的关系，优化大学内部的治理结构，创建现代大学制度，处理好学术权力和行政权力之间的关系。”另一方面，落实和扩大学校办学自主权，关键要有一个配套的制度体系，让学校真正做到依法行政、依法办学、依法治校。这些制度包括政府和学校间责权利如何明晰，如何建立一个政府对高校、中央政府对地方政府的公共问责制度等。由此可知，自主办学是指学校作为独立的法人组织，在享有学校法人权利的基础上，自主决策、自主管理和自我约束的一种制度性安排，并通过这种制度性安排来保障学校法人的各种权益。

四、自主办学的意义

改革开放至今，我国始终把扩大学校的办学自主权、保障学校自主办学作为教育改革的重要议题，并且“常抓不懈”。之所以如此，主要是因为自主办学对于我国社会经济发展以及学校自身的未来发展都至关重要。

1. 自主办学是经济社会发展及社会转型对学校教育改革与发展的要求。改革开放以后，我国社会进入改革的快速发展期，特别是中共十四大召开以后，我国由计划经济向社会主义市场经济体制转轨，社会转型对社会的各个方面，包括教育领域，都产生了重要而深刻的影响。学校如何适应这种转型，学校如何在这种新形势下得到更好地发展，这些问题的出现都要求要改革教育管理体制，促使学校由政府机关的附属机构转变为能够更好地适应经济社会发展的自主办学实体，这就要求学校要具有办学自主权。

2. 自主办学是学校应该享有的基本权利和必然发展趋势。改革开放以后，教育改革千头万绪，我国针对当时的教育发展现状和改革目标，提出了学校要自主办学，这不仅是学校教育发展到一定阶段的应然要求，而且是学校发展的应有之义和必然发展趋势，所谓“不独立，无大学”① 正是此意。中国社会经济体制转型，要求政府转变职能，改变管理方式，由大包大揽的直接管理转变为依靠法律、经济等方式来监督和规范学校办学。同时，社会

① 刘道玉，杨福家和朱清时等教育家就《财经》杂志记者的提问，认为，针对中国的高等教育的迫切问题，最重要的改革应该从解决体制入手，关键是三点：爱师爱生、依法办学、无为而治。因此，他们认为，大一统的体制与大学独立自治是对立的。中国教育需要进行一场真正的体制变革，关键是教育部要转变职能，坚决、彻底放权。参见：马国川．不独立，无大学——刘道玉，杨福家，朱清时谈大学教育制度改革［J］．财经，2011（11）．

主义市场经济对学校发展也提出了新的要求，不仅要求学校要培养出更多更好的适应市场经济体制的现代化人才，而且要求学校为经济社会发展作出更大的贡献。因此，学校只有具有办学自主权能才能够更好地适应社会的发展，并在此基础才能更好地服务社会。此外，随着社会经济的发展，人民群众对教育的多元需求，也要求学校办学更具有灵活性，更好地满足人民群众的多元教育需求，这是学校必须具有自主办学能力的客观要求。这些客观要求对于我国学校自主办学能力都是外在促进因素。而学校法人本身存在的目的就是为了传承知识，创造知识，提升素质，根据这种学校存在的内在逻辑，学校本身就应享有其存在之初就应该享有的办学自主权。所以，随着社会经济的发展以及我国对学校教育功能的合理定位，学校自主办学问题就成为我国教育改革的重要问题。

第三节　法人治理与自主办学的关系

分析学校法人治理与自主办学之间的关系，对于理解学校治理转型，进而实施法人治理至关重要。我们认为，自主办学的关键是实施法人治理。

一、学校与政府关系的改革是自主办学的根本性前提

我国从改革开放之初就提出要简政放权，扩大学校的办学自主权，相关的教育法律法规也都对学校的自主办学作出了具体规定。对这些教育政策法规进行分析，我们发现，我国的自主办学和西方国家学校办学自主权的主要出发点是不同的。西方国家的学校一直有自治传统，尤其是大学自治一直是学校生存和发展的法宝。我国长期以来实行的是计划经济，学校一直是作为教育行政机关的附属机构，因此，学校自身是没有什么自主权的。随着改革开放和社会经济的发展，学校发展的环境和社会对学校的要求都发生了根本的变化，此时的学校也必须变革才能适应社会经济发展的要求。

如何改革学校？虽然教育改革千头万绪，但学校改革应该是一个系统工程，必须全面改革学校不适应社会发展的所有方面。从教育的改革与发展来看，改革教育管理体制是当务之急，关键是理顺学校与政府、社会的关系，保障学校的自主办学，让学校教育充满生机活力，提高学校教育教学质量。因此，学校改革首先就是改革学校与政府或者教育行政机关之间的关系。中国人民大学校长纪宝成认为，“判断教育管理体制改革成功失败的最根本的

标志，就是政府与学校的关系，如同当年企业体制改革一样，最根本是政企关系改革。企业不是政府的附属物，高等学校同样不是政府的附属物。政府和学校是独立的法人，这个改革要到位是不容易。这个问题涉及财务体制、人事管理体制和教学科研管理体制等各个方面。”[①] 因此，从学校改革的整体发展趋势来看，学校与政府的关系或者说学校与教育行政机关之间的关系改革一直是教育管理体制改革的重要内容之一，至今仍然是改革的重点。

二、自主办学的关键是实施法人治理

改革学校与政府之间的关系是落实和扩大我国学校办学自主权的重要内容，是学校自主办学的根本性前提，而不是学校自主办学本身。学校自主办学是基于学校是独立的法人组织，可以根据自身的发展需求以及社会对学校的要求，自主决策、自主管理和自主约束的一种制度性设计，通过这种制度性设计保障学校法人的各种权益并促进学校的自主发展。

由于我国正处在社会转型时期，学校和政府的关系问题现在是，并且仍然会是保障学校自主办学需要关注和解决的重要问题之一，甚至是核心问题。问题是，学校与政府关系的改革要受到整个社会的改革，尤其是受到政府机构改革进度和力度的影响，所以，学校自主办学在解决政府和学校关系的同时，应该转变学校治理模式，由政府或者教育行政机关的行政化管理转变为学校法人治理为主，政府行政指导为辅。这种治理的转型，本身就要求政府必须要转变职能，这个过程其实也就是重构学校与政府关系的过程。所以，我国学校要真正能够做到自主办学，关键是要实施法人治理，而不是行政化管理。法人治理才是保障学校自主办学的根本性前提。

第四节　自主办学中存在的问题

尽管我国相关的教育政策法规对学校自主办学都作出了具体规定，但是在学校教育改革实践中，学校没有做到自主办学，由此引发了一些问题。通过对这些问题及其成因分析，有助于我们更清晰地理解我国自主办学的困难之所在，以及未来需要进一步采取的改革路径。

---

① 纪宝成. 教育管理体制改革成败标志是政府与学校关系［EB/OL］. http：//edu. people. com. cn/GB/14081619. html.

分析学校自主办学存在的问题是比较困难的。这种困难体现在两个方面。其一，不同层级的学校和不同类型的学校自主办学过程中遇到的问题是不一样的。中小学和高校自主办学权限不同，面临的问题也不同；公立学校和私立学校发展过程中自主办学遇到的困难也不同。其二，我国法律法规体系正在不断完善之中，不同层级和不同类型的学校在自主办学过程中遇到的问题有时候是显性的，有些比较隐蔽。显性是法律条文比较明确的，隐蔽的一些问题是由于我国相关法律法规还比较笼统，很难将其明确化。这既可以归结到自主办学中存在问题的成因，实际上其本身同样也是问题。

一、不同层级学校自主办学中存在的问题

分析学校自主办学存在的问题主要是从两个维度：不同层级的学校和不同类型的学校。不同层级的学校主要指中小学和高校；不同类型的学校主要指公立学校和私立学校。因此，为了避免交叉，分析不同层级学校自主办学存在的问题时，侧重分析公立中小学和公立高校自主办学过程中存在的一些问题；不同类型学校自主办学中存在的问题则侧重分析民办学校自主办学过程中遇到的一些困难和障碍。

（一）高等学校自主办学中存在的问题

1998 年年底，为了配合 1999 年 1 月 1 日开始实施的《高等教育法》，进一步推进高等教育体制改革，教育部有关部门组织华中理工大学和同济大学的有关人员，就落实高等学校办学自主权的情况和问题，对在北京、上海、天津、南京、杭州、武汉、广州等地 20 余所教育部直属高等学校进行了专题调研。据华中理工大学调研组的调查报告，被调查的很多学校的领导和职能部门负责人，都肯定 10 多年来落实高等学校办学自主权取得了重要进展，学校比以前有了较多的自主权。但是在调查中也发现了高校在自主办学过程中存在一些问题。① 这主要表现在以下方面。（1）招生权问题。在招生工作中，学校没有机动权，研究生招生名额控制过紧等招生权没有真正体现的问题。（2）专业设置和课程规划权。有教育部统一审批高等学校设置新专业，不符合教育规律。（3）学位证书和毕业证书问题。各校对由教育部统一印

① 姚启和. 90 年代中国高等教育改革大潮丛书：高等教育卷［M］. 北京：北京师范大学出版社，2002：83 －87.

制、分发高等学校毕业证书、学位证书，而且审批手续繁琐，意见很大，反映强烈。（4）国际合作和国际交流权。各校认为，关于高等学校拥有国际学术交流自主权没有得到贯彻落实。（5）财务管理权。各校认为目前仍按照1992年招生数下拨教育事业费的做法不合理，而且所收学费的30%上交后返还不及时等有关学校财务管理权问题。

当然，这些问题毕竟是1998年所作的调研报告，反映出了当时高校自主办学中存在的一些问题。随着《高等教育法》的颁布和实施，有些问题已经得到解决，但同时也出现了一些新的问题。这些问题大致可以归结为如下几个方面。第一个方面是政府宏观管理的职能尚未完全转变，过多干预和影响了高校在办学过程中的决策、执行和发展。比如，高校的办学规模、招生人数、招生考试的方式和录取分数线被政府牢牢控制，高校没有自主的余地；政府对学科专业的设置过多、划分过细、口径过窄、管理过死，本科专业的设置仍然由国家的教育行政部门审批等。第二个方面是体制不畅，影响着高校自主权的顺利实现。体制上的障碍也是影响高校办学自主权实现的一大因素。体制上的障碍可以分为三类：一是国家教育部门和省、市级政府部门对高校办学的管理体制问题；二是公办高校办学投资主体具有单一性，不利于社会资本进入公办高校市场；三是公办高校与民办高校不能平等竞争。第三个方面是高校内部的领导体制和关系不协调，存在着党的领导与校长自主办学之间的摩擦。第四个方面是高校缺乏有效的监督约束机制，部分高校曲解自主办学，出于利益驱动，造成高校之间的无序竞争。[①] 从这些问题可以发现，高校自主办学过程中存在的问题大致可以分为两类：一类是教育教学权限范围问题，比如学校享有教育教学权限，具体权限范围，以及通过什么途径来保障这些权限可以得到实现；第二类是体制问题，包括高校内部管理体制，比如治理结构问题，以及高校外部关系问题。高校外部关系问题仍然突出在高校与政府的关系问题方面，两者的关系仍然没有理顺。以南方科技大学为例。南方科技大学作为我国探索大学“去行政化”改革的产物，其一举一动总引起世人的关注。在未获招生资格之后，南方科技大学因首批45

① 黄新宇．我国高校办学自主权实现的障碍及其法律对策［D］．湖南师范大学，2004：16－17．

名学生集体拒绝参加2011年高考再次成为舆论关注的焦点。[①] 南方科技大学今日之所以处在舆论的风口浪尖上，主要原因之一就是其在自主办学过程中如何处理与政府的关系问题，主要是与教育部、深圳市政府的关系问题。在谈及教育部要求学生参加高考一事时，正如校长朱清时所言，学校不能出面抵制学生参加高考，毕竟南科大是市政府办的。[②] 由此可以看出，现阶段学校自主办学的核心还是处理学校与政府的关系问题，只有理顺学校与政府的关系，明确各自在学校办学过程中的权责，学校的自主办学才能说走出了实质性的一步。

（二）中小学自主办学中存在的问题

由改革初期要求所有学校都要扩大办学自主权，最后通过法律条文具体规定高等教育学校要面向社会，依法自主办学，民主管理。[③] 从中可以看出，学校办学自主权最终还是体现在学校的自主办学，保障学校的自主办学是相关教育法律的立法宗旨。高等学校的自主办学有了明确的法律规定。因此，在教育实践和教育研究中，教育实践者和教育研究人员关注更多的是高等学校的自主办学问题。研究和反映中小学自主办学的文献比较少。是不是中小学就不应该享有自主办学权？或者说中小学的自主办学权利就应该比高校少？至少到目前为止并没有相关的法律依据可以说明这一点。相反，根据教育政策和法规，中小学和大学一样都应该扩大自主办学权，都应该自主办学。从社会经济发展对学校教育的要求以及学校自身发展的需求来看，中小学和大学一样都需要自主办学，都需要根据社会的发展变化和学校自身的发展规划及学生的实际需求，可以自主决策，自主管理，并加以自我约束。由于《高等教育法》对高校的办学自主权作了明确的规定，从法律依据来说，高校自主办学的法律依据较为清楚。

1993年公布的《纲要》中具体明确了中等以下教育体制改革，继续完善分级办学、分级管理的体制，同时规定中等及中等以下各类学校实行校长

---

① 梁旭. 南科大45名学生未参加高考　校长称拒考非否定高考［N］. 新京报，2011－06－08.

② 周逸梅. 朱清时：南科大学生拒绝高考　应让许多官员老师汗颜［N］. 京华时报，2011－06－06.

③ 《中华人民共和国高等教育法》第十一条。

负责制。[①]“校长负责制”可以说是中小学自主办学的起点和开始。校长负责制的本质内涵就是校长对内全面负责学校的内部事务，对外全面代表学校。如果从法律依据上来分析中小学校自主办学的依据的话，由于我国现在尚未制定“学校法”，而且由于我国教育法律法规体系还处在不断完善之中，因此到目前为止在教育法律法规体系中具有“母法”地位的《教育法》就成为中小学自主办学的重要法律依据。中小学除了在民事活动中依法享有民事权利之外，还享有《教育法》规定的相关自主办学权。[②]尽管法律有明文规定，但是中小学和高校相比，自主办学的权利极其有限。中小学的教育教学活动相比高校来说更容易受到上级教育行政机关的行政管理和干涉，甚至中小学的教师聘用权也并没有得到完全落实。在一些地方，中小学的教师聘任仍然是上级教育行政部门说了算，仍然由教育行政机关统一管理。

二、不同类型学校自主办学中存在的问题

随着我国办学体制的改革，出现了一些混合制的学校，比如中小学阶段的“国有民办”性质的转制学校以及高校中的独立学院等一些新型的学校。这些学校性质比较难以界定，处于“模糊”阶段。但是，从规范学校办学来看，这些学校性质应该有一个清晰的法律定位。从法律的定位来看，应该将这些学校（学院）归之于公立学校性质。因此，从当前的学校类型来看，主要仍然是两大类：公办学校与民办学校或者说公立学校与私立学校。与公立学校一样，民办学校自主办学问题同样需要引起关注。

《民办教育促进法》第五条规定：“民办学校与公办学校具有同等的法律定位，国家保障民办学校的办学自主权。”从法律条款来看，民办学校和公办学校法律地位平等，而且民办学校的办学自主权同样受到法律的保障。《民办教育促进法》对民办学校应该享有的办学自主权也作了明确的规定，除了享受公办学校所享有的办学自主权以外，民办学校由于是利用非国家财政性经费举办，学校财产属于学校法人所有，所以民办学校还享有法人财产权。民办学校存续期间，所有资产由民办学校依法管理和使用，任何组织和个人不得侵占，并在办学节余中出资人可以取得合理回报。从《民办教育促进法》的这些条款来看，民办学校的办学自主权应该比公办学校自主办学权

① 《中国教育改革和发展纲要》第十七条。

② 《中华人民共和国教育法》第三十一条和第二十八条。

限范围要大。除了享有公办学校的办学自主权以外，民办学校还享有独有的办学自主权，最为突出的是以下三点。（1）享有法人财产权。民办学校对举办者投入民办学校的资产、国有资产、受赠的财产以及办学积累，享有法人财产权。[①]（2）民办学校扣除办学成本、预留发展基金以及按照国家有关规定提取其他的必需的费用后，出资人可以从办学节余中取得合理回报。[②]（3）民办学校享有对学校内部管理体制的选择权。民办学校应当设立学校理事会、董事会或者其他形式的决策机构。[③] 即民办学校设立理事会、董事会还是其他形式的决策机构由学校自主确定。

由于长期受计划经济体制的影响，现实生活中部分干部群众对民办教育在我国社会主义教育事业中的地位和作用仍缺乏认识。特别是一些地方还存在不少对民办教育的歧视性政策，使民办学校在设立、招生、证书发放、办学自主权等方面的权益受到损害。[④] 据网络调查和实地调研情况来看，民办学校对学校权利和教师权益问题反响最为强烈，其中民办学校自主招生权得不到保障的问题普遍而突出。其主要问题表现为两个方面。一是实施学历教育的民办学校招生计划和招生方式缺少自主权。全国大部分地区民办学校招生仍采用计划方式，基本按照公办学校招生政策执行，并受到很多限制。由于近年适龄学生数量锐减，民办学校招生生源空间受到严重挤压，造成了一些民办学校校舍设备大量闲置、教学资源浪费严重，甚至因生源不足而倒闭。二是实施学历教育的民办中小学（重点是民办高中）跨地区招生受到封锁。以经济和教育较为发达的江苏省为例。江苏省教育厅于2010年1月5日出台《省教育厅关于进一步规范义务教育阶段和普通高中招生工作的意见(苏教规［2010］2号文件)》，文件规定：跨市招生必须由生源地市级招生工作管理部门办理录取手续。此政策成为各地保护生源的重要政策依据，各地出台了许多对民办学校，尤其是外地民办学校跨区域招生的限制性政策，有的甚至公开禁止外地民办学校来本地招生，极大限制了民办学校的基本生存空间，严重侵害了民办学校的招生自主权和学生家长选择教育的权利。据

---

① 《中华人民共和国民办教育促进法》第三十五条。

② 《中华人民共和国民办教育促进法》第五十一条。

③ 《中华人民共和国民办教育促进法》第十九条。

④ 裴智勇，杜文娟．依法促进民办教育发展——全国人大常委会教科文卫委员会委员柳斌访谈［EB/OL］．http：//www.people.com.cn/GB/14576/28320/30714/32526/2397609.html.

了解，这样的限制跨区域招生政策在全国比较普遍。[①]

《教育规划纲要》第四十三条充分肯定了“民办教育是教育事业发展的重要增长点和促进教育改革的重要力量”，并明确提出大力支持民办教育，“依法落实民办学校、学生、教师与公办学校、学生、教师平等的法律地位，保障民办学校办学自主权。清理并纠正对民办学校的各类歧视政策。”虽然有关民办学校自主办学的政策法规基本框架已搭建，但民办教育并没有完全获得与公办学校同等的法律地位，没有受到同样的重视。这反映在遇有重大政策调整的时候，有关部门缺乏与民办学校必要的沟通交流，还有些部门不顾民办教育是在市场经济体制背景下生存发展的基本事实，沿用对公办学校的管理模式来规范民办教育的税收、收费等做法。诸如此类的一些现象，暴露出在现代市场经济条件下有关部门缺乏对民办教育进行宏观管理的有效政策工具。[②] 这说明民办学校办学自主权问题的核心仍然是民办学校与公办学校平等的法律地位远没有得到贯彻落实，民办学校的自主办学问题也同样值得关注。

第五节　自主办学中存在问题的成因分析

通过从两个维度，即不同层级的学校自主办学中存在的问题以及不同类型学校自主办学中存在的问题的分析，我们可以发现，学校自主办学中存在的问题主要原因可以归结如下。

一、立法不完善

学校自主办学的权利是学校应该享有的法定权利。但是从教育教学实践来看，学校自主办学中还存在一些问题，其中一个重要方面就是由于立法不完善，学校自主办学权本身规定不完备，比较笼统，缺少相应的实施细则，并缺失相应的救济方式。主要体现在以下几个方面。第一，现有《教育法》《高等教育法》《民办教育法》等法律法规对学校办学自主权的内容规定不

---

① 朱永新. 关于进一步落实民办学校招生自主权的建议（征求意见稿）［EB/OL］. http：//zyx. eduol. cn/archives/2011/1055603. html.

② 吴华. 以法的名义，看当前民办教育的生存环境［EB/OL］. http：//www. cnedb. com/zhao/15084. html.

完全，存在遗漏。比如，《高等教育法》规定，高校拥有招生自主权，各高校可以自主招生。但是各高校的自主招生权包括哪些内容？法律却没有明确的规定。第二，自主权的实现缺乏具体的保障措施与实施细则。比如，《教育法》在学校办学自主权设定上只规定了学校享有权利，而缺失了其他相关主体应尽的义务，因而不够全面。要实现自主办学，必须从政府和学校两个向度上作出努力。而《教育法》只是在学校这个内部向度上作了规范，这样的规范对于学校办学自主权的实现是必要的，但显然是不充分的。由于政府代表国家行使主权范围内的一切事务管辖权，对外是排他的，对内是最高的。这种国家主权体现在政府和学校的行政关系上，则表现出单项性和不对等性，由此，政府在行使教育管理权时，对于一般学校来说是至高无上的，学校处于绝对服从的地位。由于《教育法》并没有对政府在保障学校自主办学权方面作出权责规范，因而就无法保障其不利用其至上权力对学校进行不合理的干涉，学校自主权也无法得到合理体现。① 第三，学校办学自主权缺乏正常有序的救济途径和方式。由于教育法制不健全，我国学校自主办学权受到政府部门“侵犯”的情况还比较多。学校所能采取的救济方式还存在许多法律上的盲点。学校自主办学权受到侵犯以后，学校应该或者是能够采取哪些救济方式和救济手段呢？学校自主办学的权利受到自然人或者非政府组织侵害时，学校可以向有关行政机关和司法部门提出经济上的补偿和民事上的诉讼，甚至可以向侵害人提起刑事诉讼。但是，在现有体制下，学校自主权得不到落实的最大障碍不是来自民间和社会，而是来自政府部门和学校自身。对于政府部门的作为与不作为，大家会用行政或司法手段予以解决，但是，这一种救济的方式和救济的难度在强大的国家权力压制下，显得多么的苍白和无可奈何。② 因此，相关教育法律法规的不完善是我国学校自主办学得不到切实保障的重要原因之一。

二、政府的行政干预

由于长期受计划经济体制的影响，再加上政府改革进程的力度和进度的影响，政府与学校的关系问题仍然是影响学校自主办学的重要因素。其影响

① 冯志军．试论我国教育法中的办学自主权及其实现［J］．湖南教育，2003（18）：16－18.

② 黄新宇．我国高校办学自主权实现的障碍及其法律对策［D］．湖南师范大学，2004：21－22.

从我国提出要扩大学校办学自主权问题到如今都一直客观存在着。这种影响的根据可以从两个方面加以分析。一是，在《决定》中最先提出要扩大学校办学自主权的同时就提出要简政放权。这在一定程度上已经反映出了学校实现自主办学的主要问题就是首先要简政放权。这就说明扩大学校办学自主权的这些权利本来就是学校的，是学校自身发展过程中就应该享有的权利，改革的目的是要放权和归权。所以，衡量学校自主办学实现程度的一个重要指标就是政府有没有简政放权以及简政放权的效果。而从实践来看，非常遗憾，很多时候，政府或者说教育机关仍然喜欢坐在“婆婆”的位置，对学校的自主办学问题加以干涉。二是，由于政府到底应该在学校自主办学过程中承担哪些责任，以及如果政府在管理中出现越权或者缺位时，政府应该承担哪些责任都没有相应的规范，所以这种状况也导致政府在目前情况下仍然习惯于直接管理，而不是法律要求的宏观管理。

三、社会参与治理的途径单一

学校自主办学实现的状况和程度在很大程度上离不开社会。《高等教育法》中就明确规定高等学校要面向社会，依法自主办学。这实际上包含两个层面，一个层面是学校必须要面向社会，才能自主办学，这说明面向社会是学校自主办学的一个重要条件；第二个层面是面向社会也是衡量学校自主办学的一个重要指标。毕竟作为一个独立法人组织的学校得到社会的认可和支持既是其自主办学的内有之意，也是学校自主办学的客观要求。从相关的法律法规和现实来看，社会参与学校治理的途径非常单一。尽管《民办教育促进法》规定国家对民办教育实行积极鼓励、大力支持、正确引导、依法管理的方针，但是政府职能并没有发生根本性的转变，现实中的民办学校和公办学校存在不合理的竞争，民办学校受到政府的过多干涉和不公平待遇，严重影响了社会参与民办学校的积极性。在公办学校中，由于一直是政府统一管理和指挥，已经形成了“内部人”控制的局面，“局外人”对学校的内部发展状况信息非常缺乏，以至于对学校的评价更多的是受到政府的影响，这在一定程度上也会影响到学校的自主办学。

四、学校内部治理结构不合理

学校自主办学需要外部相关的措施加以保障才能得以真正实现，但是学校自主办学本身的意图就是要发挥学校作为独立法人组织在办学过程中的主体地位，真正让学校成为能够遵循教育规律办学的实体组织，而不是政府机构的附属物。而现实中有的学校并没有发挥其主体地位，也没有很好地充分利用其自主办学的权利去实现学校法人利益的最大化。尽管原因是多方面的，但是一个非常重要的因素是学校内部治理结构不合理。比如，中小学一直实行的是校长负责制，而在现实中越来越出现的是所谓的校长专制，教职工的民主参与由于缺乏相关的实施细则，以至于现实中校长的权力无限膨胀，进而影响到各种有利于学校自主办学的因素无法得到有效整合和利用。高校中也存在类似的问题。我国高校实行的是党委领导下的校长负责制，党委和校长尽管其各自的权限和职责在《高等教育法》中有明确的规定，但是学校自主办学是高校未来发展的趋势，而且也是提升学校教育教学质量和竞争力的根本改革方向。而现实中，高校党委和校长之间的关系协调问题也一直是影响高校自主办学的一个重要因素。为此，《教育规划纲要》在提出公办高校要坚持和完善党委领导下的校长负责制的同时，也对完善高校内部治理结构作出了具体的部署，包括健全议事规则与决策程序，依法落实党委、校长职权，完善大学校长选拔任用办法，探索教授治学的有效途径，探索建立高等学校理事会或董事会等方面，以此来规范高校治理结构，保障学校的自主办学。

第六节　基于法人治理的自主办学框架分析

一、自主办学的依据

我国学校自主办学的合法依据就是立法规定。学校是否享有自主办学的权利、学校享有哪些自主办学的权利以及学校自主办学的权利如何才能得到保障并加以实施？这些问题都是学校自主办学最主要的内容。改革开放以后我国教育体制改革的一个重要方面就是要转变政府的管理职能，将直接管理转变为宏观管理，从而扩大学校的办学自主权，促使学校能够自主办学。从我国的教育法律体系来看，《教育法》《高等教育法》《民办教育促进法》等法律基本上对学校应该享有的自主办学权利都作出了相应的规定。通过立法规定学校的办学自主权也是大多数国家所采取的普遍做法。例如，西方一些发达国家都通过立法来确定学校的办学自主权，并通过立法来规范学校自主办学的权限和范围，比如教学自主权、研究自主权、学习自由权、校内人事任免和财务使用的自主权等。[1] 因此，相关的法律规定是学校自主办学权利的合法依据。

除了法定依据，学校章程为学校的自主办学提供了自治规范。我国教育政策法规要求学校在法律规定的框架下依据章程进行自主办学。根据《教育法》《高等教育法》以及相关的法律法规、政策性文件的有关规定，大学章程应该通过规定学校的办学理念和特色、学校发展目标和战略，校内各种关系、学校的领导体制、治理结构、管理模式，教职员工的权利和义务，学生的权利和义务等重要内容，回答包括现代大学治理等现代大学制度的核心问题，为学校依法自主办学提供可行的自治规范。[2] 《教育规划纲要》明确提出，完善中国特色现代大学制度，加强章程建设。各类高校应依法制定章程，依照章程规定管理学校。自主办学权是学校的法定权利，应该受到尊重和保障。当然，自主办学权利的内容不可能是固定不变的，随着时代的发展和学校自身发展需求的变化，自主办学的权利内容也会有所扩大或减少，但是作为学校发展的基本权利，比如学校教学权、研究权和发展权等基本权利是学校发展的客观规律要求。

二、自主办学的原则

（一）自主与自律办学的原则

自主办学的实质为了保障学校独立的教育教学权利，不受任何组织和个人的非法干涉。因此，在教育教学过程中，学校作为独立的法人组织，自主决策、自我管理、自我发展和自我监督，从而提升学校的教育教学质量，更好地满足人民群众的多元教育需求。在这个过程中，学校能够自主作出决策、能够自我管理、自我发展是关键，是根本。但是权利和义务总是对等的，没有义务也就没有权利。那么学校在享有自主办学的各种权利的同时还必须承担相应的义务，这也是学校自主办学的内在规律要求。教育法律法规对此作出了相应的规定。因此，学校自主办学必须是自主办学与自律原则相结合。所谓自律，就是指学校在自主办学的过程中必须承担其应该履行的法

① 霍洪波．西方发达国家教育立法——高校自主办学的根本保证［J］．现代教育科学，2004（1）：42－43．

② 湛中乐．没有大学章程，就没有大学自主权［N］．新京报，2011－04－09．

律义务，在享有自主办学权利的同时，履行其应该承担的社会责任，比如保障学生的受教育权、教育面前人人平等、保障国家的教育主权，等等。学校如何才能在自主办学的同时能够做到自律呢？关键是要完善学校的内部治理结构，并在此基础上建立激励与约束并存的权力制衡机制。

（二）利益相关者参与治理

计划经济时期，学校是国家教育行政机构的附属物，其管理的根本出发点是服从国家的安排和指挥，保障国家的利益。社会主义市场经济条件下的学校，本身就是一个利益相关者的组织，因此，学校自主办学，首先就是要确认学校的独立办学实体地位，保障学校的自主办学权利，更好地适应市场经济体制下不同利益主体的要求，反映出不同利益主体的利益诉求，这就必然要求学校利益相关者参与学校治理。通过利益相关者参与学校治理，并通过一系列制度设计以平衡学校利益相关者的利益，进而全面提升学校的教育教学质量，实现学校利益的最大化。

（三）多元化与特色化的原则

自主办学的实质内涵是学校作为一个独立法人组织，能够面向社会，根据社会的多元教育需求，办出多元化、富有个性的学校，满足人们在市场经济体制下的多元利益需求，从而更好地提升国民素质和国家综合国力。所以，自主办学的一个重要原则就是要面向社会，办出多元化学校，让学校焕发出各自的光彩，因此与多元化如影相随的是学校的特色化。多元就意味着学校自主办学必须要结合自在的现有办学资源，满足学校的利益相关者的多元需求；学校只有具有一定的办学特色，才能体现出学校的自主办学，这也是学校自主办学的必然要求。

第七节　保障学校自主办学的建议

保障学校自主办学需要多管齐下，其中四方面的工作至关重要，包括进一步完善相关的法律法规、重塑政府角色、建立非政府评估和学校治理进行转型。

一、立法保障学校的办学自主权

学校自主办学需要一些条件加以保障才能得以顺利和有效地实施。尽管学校自主办学的实现应该是多方面因素共同作用的结果，比如，需要整个社会转变观念，有赖于政府职能的转变和学校自主办学能力的提高等，但是根本性的保障，或者说最为重要的保障仍然是立法途径。这有两个方面的原因。

一是从国外来看，西方主要发达国家的普遍做法都是通过立法来确立学校自主办学的主体地位，以及通过立法明确学校自主办学的权限。例如，法国1984年的《高等教育法》明确规定："公共高等教育事业是中立的，不受任何政治、经济、宗教或意识形态的支配；他坚持知识的客观性，尊重观点的多样性，主要保证教育与科研能够科学地、创造性地、批判性地自由发展，科学、文化和职业公立高等学校是享有法人资格，在教学、科学、行政、财务方面享有自主权的国立高等教育和科研机构"。在德国，所有高等院校都是公共的法人团体。法律规定高等学校"在州法律监视下，按大学的标准，自己负责管理学校的事务……在处理学习安排和学生毕业事项（授予学位、发证明书等）上，高校必须保持最大可能的独立自主权"。英国的学校传统上就是独立的自治机构。1988年《教育改革法》规定，原由地方当局管理的高等教育机构，在脱离地方前，要成为一个法人团体。美国的大学更是高度自治的法人组织，联邦政府无权干涉大学内部事务活动，在法律上不能对大学的性质作出明确的规定。① 日本高校也一直在推行国立大学法人化制度改革，以保障大学的独立办学自主权。

不仅是大学，国外的一些发达国家也都非常注重通过立法来保障中小学的办学自主权，依此推进中小学的自主办学。英国的直接拨款学校、美国的特许学校等都是国家通过制定相关的法律来保障中小学的自主办学。英国的直接拨款学校，通过"拨款委员会"将教学经费直接拨给学校，由校长支配，各级政府无权干涉学校正常教育教学活动，使学校在基建、招聘教师、教材选编等方面都充分享有办学自主权，依靠自身有利条件，创办自我特色的学校。相应的政府职能也必然发生转变，国家通过建立"中小学教学大纲与评价总局"和"英国教育标准局"等机构对学校自主办学的情况加以评

① 霍洪波. 西方发达国家教育立法——高校办学自主权的根本保证 [J]. 现代教育科学, 2004 (1): 42－43.

估。[①] 美国特许学校本身是一个具有自主权力的法律实体。尽管各州制定的《特许学校法》内容未必完全相同，但是法律都规定特许学校不受学区教育行政繁文缛节的约束，特许学校在人员聘用、课程设置、经费使用等方面具有更大的自主权。[②]

二是，我国长期实行的是计划经济体制，学校一直是政府机构的附属物，没有自主办学的权利和可能。随着社会的发展和学校自身发展的需要，现在我国相关的教育法律法规也对学校自主办学的权利作出了一些规定。但是相关法律法规疏漏比较多，有法不依的行为屡禁不止，有权不用的现象频繁出现。[③] 因此，需要对我国现有的法律法规作出适当的修订，依此保障学校自主办学权利的实现。另一方面，从我国现有的教育法律法规来看，整体上立法比较滞后，立法往往是针对教育实践中出现的一些问题而加以规制，这本身就带有一定的局限性。而学校作为独立的办学主体到底应该享有哪些自主办学的权利，应该说可以在部门法中加以具体规定，也可以在教育基本法中加以规范，但是现有的法律体系中恰恰是缺失最为基本的一部法律，那就是《学校法》。《学校法》应该是一部依据《宪法》《教育法》制定的关于学校办学的法律。这部法律应该解决长期以来政府集举办者、管理者、办学者于一身、学校是政府行政附属物的问题，要重塑政府的角色，调适学校角色并得到归位，以适应完善的市场经济体制要求，使学校成为依法自主办学的主体，承担应具有的权利和责任，增强学校办学活力，提高教育教学质量。[④]

（一）修订《教育法》

1. 修订的途径。《教育法》对学校办学自主权有具体规定，但是从相关的条款来看，有需要加以修订之处，依此来规范学校的自主办学。在市场经济条件下，学校自主办学的权利如同企业的经营自主权，是学校适应社会发展而得以持续健康发展的根本保障。企业的经营自主权在《宪法》上有明确的规定，而《宪法》对国家的教育问题，只是简单规定了国家和社会的教育权以及公民的受教育权受国家宪法的保护，而就学校的自主办学却没有明确

---

① 岑建君. 英国基础教育改革浅析［EB/OL］. http：//www. edu. cn/20060705/3198491. shtml.

② 张维平，马立武. 美国教育法研究［M］. 北京：中国法制出版社，2004：267.

③ 黄新宇. 我国高校办学自主权实现的障碍及其法律对策［D］. 湖南师范大学，2004：23.

④ 邱连波. 关于《学校法》立法的建议［EB/OL］. http：//www. china. org. cn/chinese/MATERIAL/658273. htm.

的规定。这种国家根本大法对学校自主办学确认的缺位，使得人们对自主办学的重视程度不够，不利于学校的健康发展。[①]这可以有两个途径加以解决。一是有必要将学校自主办学权写入《宪法》，使之上升到《宪法》保护的高度；[②]二是修订在教育法律体系中具有“母法”地位的《教育法》，对学校自主办学的主体地位、权利以及义务应该有非常明确的规定。后者更为可行。1995 年制定并颁布的《教育法》有些条款需要根据社会发展的需求和学校发展的趋势作出某些条款的修订，以更好规范并保障我国教育事业的健康发展。

2. 修订的主要内容。有关学校自主办学权利条款的修订，《教育法》可以侧重修订三个方面的内容。一是学校的法人主体地位。《教育法》第三十一条规定：“学校及其他教育机构具备法人条件的，自批准设立或者登记注册之日起取得法人资格。”这种规定实际上是一种附带条件的规定。而根据《民法通则》和《教育法》第二十六条规定，学校设立的条件来看，需要满足四条要求，分别如下：（1）有组织机构和章程；（2）有合格的教师；（3）有符合规定标准的教学场所及设施、设备等；（4）有必备的办学资金和稳定的经费来源。从设立学校及其他教育机构的四条标准来看，学校本身就是一个法人组织。而根据《教育法》制定的《高等教育法》和《民办教育促进法》对高等学校的法人地位和民办学校的法人地位都有了明确的规定，其他学校，特别是公立中小学的法人地位则在某种程度上引起争议。其实，只要稍加分析便可发现，我国的学校，包括公立中小学校都应该是法人组织。即便如此，还不完善，学校不仅是一个法人，还应该具体规定到底是属于什么性质的法人。由于学校是以公益为目的，行使的权利是教育权，属于公共权力，因而学校法人在法人的形态分类中应属于公法人，在这一点上，同其他国家类似。[③]

二是学校的自主办学权利需要细化，增加可操作性。这不仅是指《教育法》，也应包括根据教育法制定的《高等教育法》和《民办教育促进法》。比如，对学校的自主管理，应在法律条文中作进一步的规范，以建立董事会或评议会制度来优化学校的治理结构，对校内行政、监督、学术（教学）权力进行重组，弱化学校对政府的政治回应，强化学校的主体意识。[④]《教育规划纲要》提出：“落实和扩大学校办学自主权”，“完善中国特色现代大学

①② 黄新宇. 我国高校办学自主权实现的障碍及其法律对策［D］. 湖南师范大学，2004：23.

③④ 冯志军. 试论我国教育法中的办学自主权及其实现［J］. 湖南教育，2003（18）：16－18.

制度。完善治理结构。”“探索建立高等学校理事会或董事会，健全社会支持和监督学校发展的长效机制”。这些条款的操作性需要在教育部公布的 26 所试点学校改革经验总结的基础上，在修订《教育法》时加以明确和细化。

三是在规定学校自主办学权利的同时，也应该规定相关义务主体应该承担的义务及其法律责任。改革开放以后，国家为了保障学校的自主办学出台了一些法律法规，但是从教育实践来看，效果远不尽如人意。从法律的角度来分析，在一定程度上就是由于法律规定了权利，而没有规定保障这些权利的义务实现的主体和渠道，至少可以说规定得不完善。既然我们从改革之初提出要扩大学校的办学自主权的前提就是要简政放权，这本身就涉及要协调和规范学校与政府以及教育行政机关各自的权利和义务问题。而在《教育法》中恰恰没有从这个角度着眼，遗漏了政府在保障学校自主办学过程中应该承担的责任。正是由于这种忽视，所以在《教育法》中也没有规定社会中介机构在自主办学中的作用和地位。这也是政府转变职能，转变学校与政府之间关系的一个重要环节。从西方发达国家保障学校自主办学权利的实践看，很大程度上得力于独立的非政府评估，这使得政府职能转换后的一些职责由独立的社会中介组织来承担，更有利于学校自主办学权利的实现。

（二）制定《中华人民共和国学校法》

1. 《中华人民共和国学校法》（以下简称《学校法》）已列入教育立法规划。这是因为从我国教育法律法规体系来看，实际上法律框架还是粗线条的，仍然是宏观的规定多于微观的规定，而且现有的法律规定也比较原则化，操作性不是很强，因此，除了修改教育法律以外，还应该制定一部具体指导办学的《学校法》。作为教育机构的学校载体到目前为止并没有一部具体规定学校的权利与义务的法律，所以制定《学校法》应该是规范自主办学的当务之急。教育部已将《中华人民共和国学校法》（草案）的调研、起草工作列入了教育立法规划之中。受教育部委托，中国政法大学、西南师范大学两所高校共同担纲了《中华人民共和国学校法》（草案）的调研和专家建议稿的起草工作。[①]

2. 《学校法》要重点解决三个问题。在借鉴其他国家一些立法经验和做

---

① 陈文喜.《学校法》研讨会在北碚教师进修学校举行［EB/OL］. http：//www.bben.cn/Article_Show.asp？ArticleID＝1308.

法的基础上，应该根据我国的国情和学校发展面临的困境来制定《学校法》。因此，制定《学校法》的过程中需要着力解决好三个问题。

第一个是立法选择问题。根据国外制定学校法的路径选择，学校立法存在两种选择：一是仅仅关注学校自身的活动，将学校作为一种教育机构，着重规范学校自身的活动和学校内各种法律关系主体的活动，包括其举办、类型、结构、组织、成员关系、运行机制等方面。二是关注学校的教育活动，关注学校与社会的互动，试图规范学校系统或制度在社会中并且与社会各其他法律关系主体之间的关系。比如，它甚至应该规范教师的法律地位和工资，规范政府对学校的财政拨款和管理等。第一种是狭义的学校立法，具有静态的特点；第二种是广义的学校立法，呈动态特点。① 由于我国社会法治环境还有待于完善，依法治国的方略正在实施中，这和一些西方发达国家法制比较健全、社会法治理念比较普及的国情不同，所以我国制定《学校法》不能仅仅着眼于学校自身，而应该在规范学校享有办学权利的同时，规范相关法律主体应该承担的义务。因此，适宜选择广义的学校立法。

第二个是《学校法》与现在的教育法律体系之间的关系问题。《学校法》应该是《教育法》的下位法，对于《教育法》规定的较为笼统的地方再加以具体，同时要补充一些具体规定，这涉及《学校法》的法律范围问题。那么，《学校法》与其他教育法规的关系如何处理呢？两者处于一种什么样的法律关系？这必须在《学校法》中明确，以体现法律体系的完整以及不同法律的规范范畴。

第三个是《学校法》的可操作性问题。在某种程度上我们国家不是缺少相关的法律规定，而是法律规定太过于笼统、太过于原则化，操作性不强。比如《教育法》《高等教育法》《民办教育促进法》等法律都对学校自主办学作出了规定，但是法律却处于虚化状态，② 以至于法律实施的效果受到严重影响。

二、重塑政府角色

保障学校自主办学权，需要通过法律来规定学校的权利和义务，而同时

① 胡劲松．德国学校法的基本内容及其立法特点——以勃兰登堡、黑森和巴伐利亚三州学校法为例［J］．比较教育研究，2004（8）：1－6．

② 黄新宇．我国高校办学自主权实现的障碍及其法律对策［D］．湖南师范大学，2004：18．

在我国，学校办学自主权的实现的一个重要保障条件就是需要重新理顺政府与学校的关系，需要重新界定政府在学校实现法人治理过程中应该履行哪些义务，享有哪些权利，并且据此重塑政府角色，以保障学校真正能够做到自主办学。

这就涉及两个问题：政府为什么要重塑角色以及如何重塑角色。

（一）重塑政府角色的依据

1．社会转型要求政府转变角色。计划经济时期，学校事务由国家负责并统一管理，政府的这种行政化管理模式①表明国家非常重视学校教育事业，但是却没有摆正政府与学校之间的关系。② 这种管理模式下的学校长期形成了“等、靠、要”的思想，学校的主动性和积极性都没有得到很好的发挥，由此导致我国长期以来所谓的“千校一面”的学校发展格局。我国由社会主

---

① 根据国家的法律法规，有人把我国教育行政机关拥有的权力概括为五个方面。（1）制定和发布具有普遍约束力的规范性文件的权力，其中，教育部可以依据法律、行政法规制定和发布教育规章，属于教育行政立法权力。（2）教育行政执法权力。主要是采取教育行政措施、教育行政处罚、教育行政强制执行权等权力。（3）主管事项决定权力。即组织与管理学校和其他教育机构的权力，如事业规划、人事任免、审核经费、学校管理等。（4）指导、监督权力。即对下级人民政府及其他教育行政部门、学校教育部门的教育业务的协调和行政执法监督。（5）建议权力。即就教育发展和改革中的重大问题向同级人民政府提出建议。在实际工作中，这五种权力具体表现为十二个方面：（1）制定和发布具有普遍约束力的规范性文件权；（2）教育机构设置、调整审批权；（3）教育计划、课程、教科书和学生用书审定权；（4）学校管理权（教学、财务、人事）；（5）招生、考试、录取、学籍管理权；（6）教育、教学人员技术职称授予权；（7）学位授予权；（8）主管教育机构的人事任免权；（9）对下级人民政府及其教育行政部门教育工作和学校教育工作的指导、监督权；（10）对同级其他行政部门的教育工作的协调、监督权；（11）对违反教育法行为的处罚权和强制权；（12）对同级人民政府教育工作的建议权。这“五项”、“十二种”权力表明，我国政府及其教育行政部门对学校的管理采用的是行政管理模式。参见：黄崴．关于政府与学校关系模式及其变革问题［J］．华南师范大学学报：社会科学版，1998（6）：46－53．

② 近期教育“去行政化”成为社会关注的热点话题。关于高校“去行政化”的纷争由来已久。在《教育规划纲要》征求意见时也被吵得沸沸扬扬。支持者认为，这是“中国特色大学管理体系”，反对者认为，这将让大学校长与同级别官员对话时“矮人一截”。最终公布的《教育规划纲要》明确指出：“探索建立符合学校特点的管理制度和配套政策，克服行政化倾向，取消实际存在的行政级别和行政化管理模式”，标志着中央决策层力图破解这一冰层的决心。高校的行政化倾向从根本上来说是源于政府与学校的关系，也就是说我们要重新来认识和重构政府与高等学校的关系，这个关系如果能够处理好，目前高校的行政化倾向就可以得到有效遏制。如果处理不好，这个问题就会阻碍我们高校进一步发展。参见：马海燕．教育去行政化：碎步改革不停步［EB/OL］．http：//edu. people. com. cn/GB/12308420. html．劳凯声．教育去行政化改革关键是政府要放权［EB/OL］．http：//news. qq. com/a/20100305/002883. htm．

义计划经济体制向社会主义市场经济体制转轨，政府改革的目标就是要适应市场经济体制的要求，依法行政，由人治向法治转变，转型为法治政府、责任政府，并且是有限责任政府。学校与政府之间本质上是一种行政法律关系。不可能因为社会转型，而将学校完全推向市场。这就是说，学校与政府的关系也必须调整，以更好地适应市场经济体制对政府的要求和对学校的期望。因此，重塑政府角色，是保障学校自主权的关键一环。

2. 学校自主办学权要受到监督和监控。重塑政府角色，是因为学校自主办学的权利也是有限权利（权力），同样需要受到监督和有效监控。政府在市场经济条件下，并不是不需要对学校自主办学权利加以任何约束，实际上社会主义市场经济条件下，政府的责任不是减轻，而应该是加强。问题是政府如果还按照原来的管理方式，势必会带来一些问题，诸如出现政府的越位和缺位问题、政府包办代替等问题，这将影响到学校自主办学权力的有效实施。这本质是由于社会转型要求政府必须转变角色。

国家为了保障学校办学自主权利能够有效实现，在出台相关的政策法规时也同时对政府提出了相应的要求。这就对政府的权力以及应该承担的职责提出了新的要求。同时《中国教育改革和发展纲要》中第十八条也提到了“在政府与学校的关系上，要按照政事分开的原则，通过立法，明确高等学校的权利和义务，使高等学校真正成为面向社会自主办学的法人实体。”这是对政府与学校，主要是指高校与政府之间关系的直接表述，要求政府要通过立法等手段，来重新构建与学校之间的关系，由原来的微观管理转变为宏观管理。这种关系在后来颁布的教育法规中得到了进一步确认。2010 年发布实施的《教育规划纲要》第三十八条指出：“推进政校分开、管办分离。适应中国国情和时代要求，建设依法办学、自主管理、民主监督、社会参与的现代学校制度，构建政府、学校、社会之间新型关系。适应国家行政管理体制改革要求，明确政府管理权限和职责，明确各级各类学校办学权利和责任”。“随着国家事业单位分类改革推进，探索建立符合学校特点的管理制度和配套政策，克服行政化倾向，取消实际存在的行政级别和行政化管理模式”。在此基础上，《教育规划纲要》提出要“落实和扩大学校办学自主权”，并具体列举了学校自主办学的范围。

（二）重塑政府角色的内容

1. 政府角色的重新定位。政府与学校的关系中，政府处在优势地位，政府的角色定位和职能转换是政校关系调整和优化的关键。因此，政府角色重塑的内容首先应该是政府角色的定位调整。计划经济时期，政府是公共管理唯一的负责人，统管社会的一切事务。政府既是公共管理的裁判者，同时又是运动员的角色。实行社会主义市场经济，社会资源的配置不再是由政府统一计划并管理，而主要是由市场配置，政府不再是公共管理的唯一主体，非政府组织以及个人都在社会公共事务中承担重要的职责。因此，政府的角色发生了变化，由过去的全能政府向有限责任政府转变，政府由过去的掌舵和划桨的双重角色转变为公共管理的掌舵人，主要从事社会事务的宏观管理和监控。国家也出台了一系列的政策法规来规范政府的运作。比如，《中华人民共和国行政许可法》等法律的出台，就是为了规范行政机关的行为，规定政府机关要依法行政，在法定权限和范围内履行其职责。

2. 管理模式的变革。在调整与规范政府与学校关系的过程中，应该主要着眼于如何保障和监控学校的办学自主权。① 当然，不同层级和不同类型的学校所享有的办学自主权的内容会有所区别，比如，根据教育法律规定，公立学校和私立学校所享有的办学自主权内容就不同；同样，高等学校与中小学所享有自主办学的权限也会有所不同。私立学校比公立学校自主办学的权限更大；中小学与高校相比，在实际运作过程中只享有有限的自主权。② 政府直接管理学校办学事务，其弊端有四：一是背离了政府的目的、职能和任务，把监管权和办学权混为一体；二是既不能有效地履行国家所赋予其的教育行政职责，也管理不好学校的事务。三是既压抑了学校办学的主体性，又养成了学校对政府的依赖性；四是忽视了社会力量对学校的影响。在市场化、信息化和全球化社会中，学校不仅仅同政府发生联系，还与社会发生广泛的联系，受市场经济体制直接或间接制约。社会的教育需求才是学校发展的基础和动力。《教育规划纲要》第二条中指出：“树立科学的质量观，把促进人的全面发展、适应社会需要作为衡量教育质量的根本标准。树立以提高质量为核心的教育发展观，注重教育内涵发展，鼓励学校办出特色、办出水平，出名师，育英才。建立以提高教育质量为导向的管理制度和工作机制，把教育资源配置和学校工作重点集中到强化教学环节、提高教育质量上来”。这就要求学校要由规模化、注重外延发展向注重内涵、特色发展转变。

---

① 褚宏启. 政府与学校的关系重构［J］. 教育科学研究，2005（1）：41－45.

② 张驰，韩强. 学校法律治理研究［M］. 上海：上海交通大学出版社，2005：6.

这既是对新形势下对学校自主办学的新要求，同时也必然要求政府转变职能。《教育规划纲要》第四十七条指出："转变政府教育管理职能。各级政府要切实履行统筹规划、政策引导、监督管理和提供公共教育服务的职责，建立健全公共教育服务体系，逐步实现基本公共教育服务均等化，维护教育公平和教育秩序。改变直接管理学校的单一方式，综合应用立法、拨款、规划、信息服务、政策指导和必要的行政措施，减少不必要的行政干预"。因此，政府要由过去单一的管理模式转变为统筹规划、政策指导、立法规范等方式指导学校的办学，政府是监控主体，而不是直接办学的主体。政府职能的转变就必然要求政府管理的方式或政府行使其职权的方式变革。第一，由原来对学校具体办学活动直接干预和微观管理转变为运用政策、拨款等手段进行间接干预和宏观管理。政府在一个更高的"空间"距离上，对学校发展进行必要的干预，为学校发展提供宽松的环境。第二，由人治型管理转变为法治型管理，政府依法行政，学校依法办学，政府依法规范学校办学行为，监督学校办学质量。政府和学校都在法治的平台上，进行有序的互动。第三，由控制型管理转变为服务型管理，建立健全公共教育服务体系，指导学校制定发展规划，为学校提供决策咨询及信息服务。政府在一个较高的道德层面上，以服务于学校发展的道德形象，建构新型的政校关系。①

三、建立非政府评估制度

为了保障学校的自主办学，政府职能必须转变，在重塑角色的过程中，必须对其职能进行重新定位，同时改变其管理方式。在这个过程中，政府职能的有效发挥还需要大力培育非政府组织，将本来由政府承担的一部分职责和管理任务委托非政府组织来承担，充分发挥非政府组织在学校自主办学过程中的作用。从当前来看，为了保障学校自主办学权力的有效实施，在发挥非政府组织作用方面，特别需要建立一套符合我国实际的非政府评价制度，即学校办学水平如何应该由学校不同利益主体共同协商认可，而不能仅仅由政府来评价，否则学校的自主办学权仍然无法得到贯彻落实，学校为了得到发展资源只好再次迎合政府的需求。主要从事教育事业的评价和评估的非政府组织或者说非营利组织，学界一般称其为教育中介组织。目前，全国共有

① 褚宏启. 政府与学校的关系重构［J］. 教育科学研究，2005（1）：41－45.

独立设置的省级教育评估机构12家，学校评建机构300余家。[①] 学校评建机构属于高校内设机构。省级教育评估机构虽然定位是教育中介组织，但多数隶属于教育行政部门，是事业单位编制的机构。

(一) 我国教育中介组织的作用与现状

1. 中介组织的定位。教育中介组织是介于政府和学校之外的第三方，因此，其不应该是行政性质的组织，不具有管理的职能；也不应该是学校性质的组织，不具有育人的功能。[②] 那么，教育中介组织在政府和学校之间应该承担什么样的职责呢？教育中介组织的职责定位依据就是处理其和政府以及高校关系的定位。教育中介组织和政府之间的法律关系应当是行政委托关系。由于教育公共事务和行政事务的庞大、复杂和专业化，教育行政部门已经没有足够的人力、能力和财力直接操作和管理各项教育事务，于是将一部分职权，如拨款、各种评估委托给教育中介组织，借助中介机构的专业人才和知识来完成相应的教育管理，这样就形成了政府和教育中介组织之间的行政委托关系。教育中介组织和学校之间的关系应当是一种行政管理关系。首先不管是何种类型的教育中介机构，它的成立和活动必须有教育行政部门的认可。这种认可同样赋予其一定程度的行政权力。教育中介组织便可以以教育行政部门的名义行使这种行政权力，因此，它便拥有了对学校的管理权和监督权。[③]

2. 中介组织的作用。从教育中介组织与政府和学校之间的法律关系可以看出，教育中介组织的作用主要体现在三个方面。一是沟通。即沟通政府与学校，起到缓冲的作用，减少或者说降低学校与政府的冲突，更好履行各自的职责。二是服务。教育中介组织既要服务于政府，又要服务于学校。当然其服务的目的和内容有所区别。教育中介组织服务于政府部门是为了帮助政府更好对学校加以监督和管理；服务于学校是为了帮助学校更好地履行学校的职责，更好地实现其教育教学目的，更好地完成政府的任务。由于服务的目的和内容不同，服务的方式也应该有所不同。三是评估鉴定的作用。学校办学水平如何，不应该完全由政府说了算，特别是在市场经济条件下，学

---

① 唐景莉. 以提高质量为核心　建设科学规范评估制度 [N]. 中国教育报，2010-11-02.

② 毕国军. 亟待发展的教育中介组织 [J]. 中小学管理，1998 (7-8)：17-19.

③ 张峰. 谈教育中介机构的法律地位 [J]. 理工高教研究，2004 (2)：23-24.

校不同利益主体都应该有自己的发言权和表达自己利益诉求的机制，教育中介组织的评估和鉴定就是反映社会参与学校治理，反映社会不同利益群体的一个重要途径。从教育实践来看，教育中介组织的作用仍然主要体现在提供社会信息服务为主的层面，而在沟通和评估鉴定职能方面并没有得到有效发挥。教育中介组织这种沟通和评估鉴定职能的发挥尤其需要制度来加以保障。

3．中介组织的发展现状。从当前的一些教育中介组织的实际作用来看，主要还存在下面几个问题：第一，政府的干预过多，独立性不强。考察我国教育中介组织的发展历程，可以发现目前绝大多数的教育中介组织是在国家教育主管部门的推动和组织下建立的，受政府指令或要求开展有关工作，行政依附色彩较浓。① 第二是主体单一。我国现有的教育中介组织大多由教育行政机关、事业单位和社会团体创办，多属全民所有制或者挂靠在某一教育行政机关，成为事业性质的单位。由此带来的直接后果是影响到非政府性质的教育中介组织的建立和发展。第三法规不全。由于没有健全的有关法规，教育中介组织的性质、地位不够明确，行为也不规范，中介活动的范围和领域比较狭窄。② 除了1990年出台的《普通高等学校教育评估暂行规定》（以下简称《暂行规定》），到目前为止，我国还没有专门的教育评估法律或者教育评估条例。《暂行规定》对高等教育评估的相关工作提出了具体的指导性意见和明确规定，这对于我国高等教育评估事业起到了很好的推动作用。《暂行规定》第六条明确规定了普通高等学校评估是国家对高等学校实行监督的重要形式，由各级人民政府及其教育行政部门组织实施，却并未对教育中介组织进行规定。

教育中介组织存在的这些问题直接影响到其在保障学校自主办学权实施过程中作用的发挥。根据目前教育中介组织存在的问题以及保障学校自主办学的实现，迫切需要大力发展非政府教育中介组织，建立非政府评价制度。《教育规划纲要》在要求政府转变职能时，第四十七条指出："培育专业教育服务机构。完善教育中介组织的准入、资助、监管和行业自律制度。积极发挥行业协会、专业学会、基金会等各类社会组织在教育公共治理中的作用。"

---

① 张振宇．教育中介组织分析——NGO的视角［J］．煤炭高等教育，2005（1）：13－15．

② 毕国军．亟待发展的教育中介组织［J］．中小学管理，1998（7－8）：17－19．

（二）西方发达国家中介组织的定位与类型

1. 中介组织的定位与作用。教育中介组织比较发达的西方国家，教育中介组织创建主体多元，而且服务方式多样化。西方一些以分权制为特征的国家的教育中介组织的产生，是针对学校过分独立并与政府形成对立的传统而采取的一种对策，旨在强化政府对学校的控制，强化社会各方面对学校教育的参与，以便使学校教育能更多满足社会整体需要。一些集权制国家则设立中介组织，把教育部分推向市场，来缓冲政府与学校的某些对立关系。我国国情与他们有着本质的区别，政府和学校在目标和根本利益上是一致的，不存在对立关系。①

2. 中介组织的类型与关系。发达国家教育中介组织大致可以分为评估中介机构、拨款中介机构、咨询中介机构、人才和信息交流中介机构、后勤服务机构、高校权益保护和自律性组织、监督高校的中介机构七大类。而每一类中介组织因国别不同又可以分为不同的类型和层次，如美国用一个综合性的高等教育评估机构来统领全国分散的专业评估机构，所有的机构都是非官方性质的。此外，美国还有 70 多个全国性教育评估组织，包括各种基金、学生团体等，对各级各类学校质量进行评估。② 它们之间的关系如图 6.1 所示。

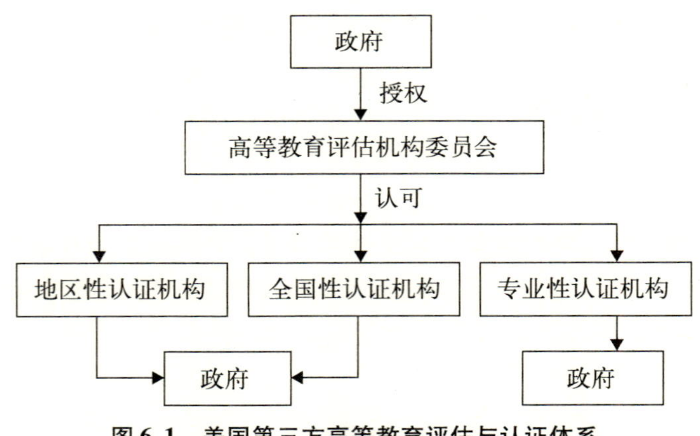

图 6.1　美国第三方高等教育评估与认证体系

① 毕国军．亟待发展的教育中介组织［J］．中小学管理，1998（7－8）：17－19．

② 李丙龙．中外高等教育中介组织的比较研究［J］．煤炭高等教育，2005（3）：70－73．

美国都是由教育界或专门职业界自己组织和承认的几十个评估与认证机构分头进行高等教育评估与认证的。认证以自评和同行评审为主，基本上是一种自治行为，这与美国高等教育的多样性和自治特性相呼应。从图6.1可知，政府先授权高等教育评估机构委员会评估全国的高等院校及其高等教育各专业；然后由高等教育评估机构委员会认可地区性以及全国性认证机构和专业认证机构；再由这些机构具体到各个学校、院系进行认证；最后对认证结果面向学生、家长、社会等利益相关主体进行宣传。① 英国则是亲官方机构与亲民机构并存。法国国家评估委员会虽然属于官方性质，但它既独立于教育部，也独立于高校，直接向总统负责。②

3. 中介组织参与学校治理的形式。在利用社会中介组织提供教育服务上，单就教育中介组织参与学校经营管理方面看，除近年来国内研究较多的特许学校以外，西方发达国家还采用了以下几种形式。(1) 管理合约：指政府或教育行政部门与民间组织签订合约，双方就办学目标、时间、内容、方式、学生评价等达成协议，政府负担教育经费，中介组织依合约具体管理、经营学校事务，并依其经营能力赚取管理经费；(2) 承包管理：教育中介组织向政府承包合约，自主经营学校，自负盈亏，并定期向政府交纳承包费；(3) 建设运营—转移模式（Build，Operate &Transfer，简称BOT模式），即政府提供土地，教育中介组织兴建学校，完成后，政府依特许方式交由中介组织经营一定时间，以作为其投资回报，经营期满，中介组织将校产与设施等转移给政府。③

相比较而言，我国的教育中介组织主体非常单一，而且服务方式也比较有限。从保障学校自主办学的角度出发，当前我们国家应借鉴西方发达国家发展教育中介组织的做法，官方的、非官方的，甚至可以是官方和非官方的教育中介组织合作来共同为学校自主办学服务，并扩大教育中介组织的权限和服务方式，保障学校自主办学，更好为学校自主办学服务，促进学校发展。

---

① 尚虎平．非政府评价的政府管理效果：美国高校基于利益相关主体参与的第三方评价对我国的启示［J］．内蒙古社会科学：汉文版，2007（9）：119－124．

② 李丙龙．中外高等教育中介组织的比较研究［J］．煤炭高等教育，2005（3）：70－73．

③ 范国睿．政府·社会·学校——基于校本管理理念的现代学校制度设计［J］．教育发展研究，2005（1）：12－17．

（三）建立非政府评估制度

1．政府评估向非政府评估转变。《教育法》第二章第二十四条规定："国家实行教育督导制度和学校及其他教育机构教育评估制度。"这是我国以法律的形式明确规定了教育评估是我国的一项基本教育制度。教育评估是指各级教育行政部门或者经过教育行政部门认可的社会组织，对学校及其他教育机构的办学水平、办学质量、办学条件等方面进行综合的或者单项的考核和评定的制度。从实践来看，我国当前开展的各类评估基本都是政府评估。政府评估主要是指评估活动由政府直接组织实施或者授权其直属单位进行组织实施的一种评估活动。也有学者将这种评估活动称为行政评估。行政评估包括了行政部门直接组织开展、行政部门授权委托开展以及以行政部门名义开展的各类评估。① 高等教育评估较为典型。我国有计划地开展高等教育评估工作、探索建立有中国特色的高等教育评估制度始于1985年，并且为了规范高等教育评估，于1990年出台了《暂行规定》。《暂行规定》虽然鼓励学术机构、社会团体参加教育评估，但是其第六条明确规定："普通高等学校教育评估是国家对高等学校实行监督的重要形式，由各级人民政府及其教育行政部门组织实施"。由教育部组织的本科教学评估工作在高校教育教学实践中产生了重要影响，但是也一直处在争议之中。最根本的争议是本科教学评估是一种政府评估。这种行政化的评估不能解决高等教育质量问题，应该去除行政"关怀"，还科学评估本来面目。② 评估具有导向、激励作用，由政府组织开展的评估对教育的推动十分明显。但是随着社会体制转轨和政府职能的转变，这种政府评估急需向非政府评估转变，大力发挥非政府评估的作用，通过非政府评估重建高校与政府的关系，保障学校自主办学。

非政府评估就是非政府组织依法对学校教育教学质量以及治理水平的评价。也有学者将其称为"第三方评价"。"第三方评价"就是指大学、政府以外中立的专业团体的评价。③ 非政府组织（Non-Governmental Organization，NGO），亦称为企业—市场体制和政府—国家体制之外的"第三部门"（The

① 严正广．试论教育的行政评估［J］．教育科学研究，2002（10）：23－26．

② 熊丙奇．行政评估无法化解高等教育质量危机［J］．中国改革，2007（9）：58－59．

③ 有本章．变化中的日本学术评价体系：从自我评价向第三方评价的转换［J］．国家教育行政学院学报，2006（12）：86．

Third Sector）或“非营利组织”（Non-Profit Organization，NPO）。它一般指那些非政府的、非营利的、致力于公益事业的社会中介组织，显示了在政府体系和利润导向的企业部门之外的社会组织的力量。[①] 因此，非政府组织在法律定位上应该是独立于政府和学校，并且作为教育行政部门和学校之间的第三方必须具有独立地位。其独立地位可以保证非政府组织对学校的评估不受政府和教育行政部门的直接影响，而更客观和公正，也容易得到学校的支持以及家长的认可。

2. 开展非政府评估的几个关键环节。发展非政府教育中介组织，建立非政府评价，在当前需要做好以下几方面工作，把握好几个关键环节。

（1）立法保障教育中介组织的法律地位。修改教育法规中有关教育中介组织的相关条款，或制定有关教育中介组织的法律规范，或在制定《学校法》中专列一章规范教育中介组织的使命、权利和义务等，依此通过立法来明确教育中介组织的合法地位，保障教育中介组织的独立地位，充分发挥教育中介组织在保障学校自主办学过程中的作用。《教育法》和《高等教育法》等法规都提到了教育评估制度，如《教育法》第二十四条规定“国家实行教育督导制度和学校及其他教育机构教育评估制度”，《高等教育法》第四十四条规定“高等学校的办学水平、教育质量，接受教育行政部门的监督和由其组织的评估”。这些法律规定表述过于简单，体现的是政府对学校办学水平以及教育质量的评估，政府仍然是评估活动的组织者。《教育规划纲要》多达20条、37处提到了各级各类教育方面的评估工作，如建立科学的教育质量评价体系，全面实施高中学业水平考试和综合评价；建立健全职业教育质量保障体系，吸收企业参加教育质量评估；改进高校教学评估；加强继续教育的监管和评估等。但是，《教育规划纲要》却没有提及教育评估的重要主体——教育中介组织的地位、权利与义务，仅是宽泛提出“完善教育中介组织的准入、资助、监管和行业自律制度”。《教育规划纲要》第四十条指出：“推进专业评价。鼓励专门机构和社会中介机构对高等学校学科、专业、课程等水平和质量进行评估。建立科学、规范的评估制度。探索与国际高水平教育评价机构合作，形成中国特色学校评价模式”。从此条文中可以看出，中介机构参与评估仍然是定位不清，缺乏实质性和操作性的具体保障举措。因此，要对《教育法》和《高等教育法》等教育法律中有关评估

① 张振宇．教育中介组织分析——NGO的视角［J］．煤炭高等教育，2005（1）：13－15．

的条款加以修订，或者在制定《学校法》中专列一章规定评估机构的使命、性质、权利和义务等，凸显非政府评估在保障学校自主办学过程中的作用。

（2）评估主体的多元化和服务方式的多样化。从我国教育中介组织的发展现状和教育改革进程以及经济社会发展对教育中介组织的需求来看，教育中介组织发展明显滞后。一方面是创建教育中介组织的主体非常单一。就目前情况来看，大多数都还是隶属于教育行政部门的事业单位，非政府的、公益的、独立的教育中介组织亟待培育和发展。另一方面现有的教育中介组织服务方式较为单一，主要是接受政府委托的任务比较多，主动服务学校自主办学的项目比较少。如教育部基础教育质量监测中心除基本的人头经费、办公经费外，每年根据监测任务预算由教育部拨付项目经费，2008 年监测 50 个区（县）拨付经费近 900 万元，2009 年监测 45 个区（县）拨付经费为 800 多万元。北京市教育科学研究院基础教育科学研究所开展的教育评估项目基本上是政府委托项目，其经费来源于政府划拨的项目经费，2007—2009 年每年划拨经费约 1000 万元。上海市教育评估院组织开展的评估项目中约有 60% 来自上海市教育委员会委托，这部分项目由上海市教育委员会划拨专项评估经费。[①] 因此，非政府评估不仅要求评估主体多元，而且评估形式和方法也应该多种多样，可以是评估，也可以是审核和认证等形式，从学校自主办学需求出发，促进学校的自主发展和可持续发展。

四、学校治理转型

1985 年发布的《中共中央关于教育体制改革的决定》中就指出："改革管理体制，在加强宏观管理的同时，坚决实行简政放权，扩大学校的办学自主权。"这说明学校自主办学的重要一环就是要简政放权。这种提法，并将其作为改革突破口的一个重要原因就是学校一直是隶属于教育行政机关，法律地位不明确，没有自主办学的权利。因此，改革的一个主要意图就是要改变学校与政府的关系。改变学校与政府的关系，涉及两个方面的根本问题。一是要改变学校的治理方式，二是要重塑政府角色。这两个方面是紧密相关的，重塑政府角色、转变政府职能是学校治理转型的前提和基础，学校治理

① 重庆市教育评估院．政策保障、规范管理、专业引领，促进教育评估事业科学发展——重庆市教育评估院筹建与发展调研报告［EB/OL］．http：//cee. gov. cn/pgy/detail. seam？webContentInfoId = 66&cid = 54978.

转型也是转变政府职能的必然结果。

在计划经济体制时期，学校隶属于政府机构，所以没有独立性，也没有自主性。其管理方式就是政府的行政化管理。学校的大事小事都是政府说了算，由政府加以直接管理。改革开放以后，国家一直在致力于改革这种过于集权化的教育管理体制，试图给学校松绑，将属于学校的权利“还权”于学校，与此同时要求学校承担其应负的责任。由于基础教育阶段实行的是“分级管理，地方负责”原则，因此，基础教育改革的路径是中央权力下放给地方政府，而地方政府有没有将权力下放给学校，并没有相关的政策法规规范；校长负责制被看成是基础教育阶段扩大自主办学权的开始，但是校长负责制的弊端也很明显。一是校长负责制在某种程度上已经变成了“一长制”，校长过于专权和独裁的倾向比较突出。二是校长的选拔体制导致校长仍然是对上负责，而不是对下负责。因此，基础教育阶段，学校自主办学的能力受到影响。高等教育改革的路径与基础教育不同。改革开放以后，我国高等教育管理体制改革经历了计划经济时期管理模式向市场经济管理模式转型的重大变革。其间，政府要求高等学校的“办学体制和管理体制分别不同情况，采用继续由中央部门办、中央部门和地方政府联合办、地方政府办、企业集团参与和管理等不同办法”。由此，在实践中形成了5种改革形式，即“共建、合作、合并、协作、划转”。1998年政府又进一步提出了“共建、调整、合作、合并”的八字方针，最终形成了“中央和省级政府两级管理、以省级政府管理为主”和“高等学校面向社会依法自主办学”的管理体制。在不同的社会发展时期，政府的管理模式不同，高校相应的自主办学权限是不同的，具体见表6.1。

从表6.1可以看出，在计划经济时期政府以行政命令实施管制，直接管理大学，大学基本没有自主权；由计划经济向社会主义市场经济转型时期，中央政府和地方政府分级管理，高校拥有了部分自主权，并通过《教育法》和《高等教育法》等法律法规予以明确。理想的大学治理模式应该是高校依法自主办学，政府运用法律、经费、评估等间接手段宏观管理。

我国高等教育管理体制改革的突破性进展主要体现在政府间关系的解决上[①]，而政府与高校之间的关系并无实质性变化，行政化管理倾向严重，阻

① 马陆亭．我国高等教育管理体制改革30年——历程、经验与思考［J］．中国高教研究，2008（11）：12－17．

表 6.1　大学治理模式的比较

模式类型 比较项目	计划模式	转型期模式	理想模式
模式的总体特征	中央政府集权管理、政府垄断高等教育	政府主导、市场和社会有限参与、大学自主权增加	政府宏观管理，市场适度介入，社会全面参与，大学自主办学
大学与社会的总体关系	社会边缘	从边缘走向中心	处于社会中心
政府与大学的关系	管理大学。中央政府直接以行政命令实施管制，大学基本无自主权	管理大学。中央与地方分级管理，大学拥有部分自主权，且呈扩大趋势。	治理大学。政府权力边界清晰，运用法律、经费、评估等间接手段，大学拥有充分自主权
政府力量作用方式	举办者，宏观、微观管理	举办者，宏观管理	举办者，依靠评估信息拨款
市场力量作用方式	缺位	市场部分介入，逐步增强	市场全面适度介入
社会力量作用方式	通过政府间接作用	社会资金和人才需求影响大学	以董事会等方式全面参与办学和管理
大学教育质量监控	高等统一的、同质性的教学计划	以行政性评估和监控为主的标准	多元化的质量观和评价指标系统

资料来源：刘晖．转型期的地方大学治理［M］．北京：中国社会科学出版社，2008：225．

碍了高校依法自主办学。“在今后一段时间，鉴于政府与高校的公益属性，在政府对高校的管理关系上，契约模式是尊重双方运行规则、有效实现各自使命要求的一种可取模式。通过加强对高等学校发展的总体设计、加强高等学校的‘建章立制’工作、积极发展政府与高校间的契约关系等路径选择，推动高等学校实现依法自主办学。”① 因此，在建设现代大学制度、保障高校自主办学的过程中，一方面要重构高校与政府的新型关系，改变政府的管理

① 马陆亭．我国高等教育管理体制改革 30 年——历程、经验与思考［J］．中国高教研究，2008（11）：12－17．

模式；另一方面高校治理必须转型，向法人治理转变，实现依法自主办学。

根据教育法律规定，学校作为一个独立的法人组织，应该享有相应的权利，当然也应该履行法人的职责。在这个基础上，实行法人治理，是将学校作为一个独立的法人组织，有关学校的内部事务都应该由学校法人自主决策、自主管理、自我约束。

结　语

改革开放以来，特别是在由计划经济向社会主义市场经济体制转轨的时代背景下，学校发展的要求也必然发生转变，这种转变要求学校必须重新理顺其外部的关系，同时又要重新规范其内部的关系。这些问题的解决关键之一就是要重新认识学校的法人地位，实现学校治理转型。尽管我国的《教育法》《高等教育法》以及《民办教育促进法》等相关教育法律法规对学校的法人地位作出过规定，但是其法律定位比较模糊，立法意图不清晰，导致在实践中出现的一系列问题都无法根据学校的法人地位来加以处理。因此，首先需要对学校法人加以界定和分类，并根据不同类型学校以及在与其他国家学校性质比较的基础上对我国学校法人的基本性质进一步加以分析，在此基础上对学校法人制度进行重新设计。

分析学校法人的基本性质仅仅是学校实现治理转型的一个理论前提。学校治理转型是一个很复杂的问题，特别是在社会转型时期，学校如何更好地适应这种社会转型背景下的各种利益主体的诉求，并能实现学校法人的利益最大化，一个关键问题就是要完善学校法人治理结构。学校法人治理结构需要对学校发展过程中的各个利益相关者的权利配置，并规范其机构设置及其运行机制。学校法人治理结构不仅要对学校的内部运行机制作出全面的界定，使其内部能够达到一种相互制约和平衡，而且要规范和协调学校与其外部各权利主体的关系及其管理机制。通过学校内部治理结构和学校外部治理结构完善学校法人中各权利主体在学校发展过程中的责、权、利，实施法人治理，进而理顺学校与政府、社会之间的关系，促进学校自主发展。学校法人治理结构在对各个利益相关者的权利配置的过程，实质上也是一种权力制衡。但是学校法人治理过程中的权力制衡路径选择应该是多元的，包括法律制衡、权力制衡、权利制衡和责任制衡。制衡的目的主要是为了保障学校的独立法人地位，保障学校的自主办学。

学校作为独立法人组织，自主办学既是学校法定权利，也是学校持续发展的内在规律。学校自主办学是基于学校是独立的法人，可以根据自身的发展需求以及社会对学校的要求，自主决策、自主管理和自主约束的一种制度性设计，通过这种制度性设计以保障学校法人的各种权益并促进学校的自主发展。由于我国正处在社会转型时期，所以学校和政府的关系问题现在是，并且仍然会是保障学校自主办学需要关注和解决的重要问题之一。问题是，这种改革要受到整个社会的改革，尤其是受到政府机构改革进度和力度的影响，所以，学校自主办学在解决政府和学校关系的同时，应该转变学校治理模式，由政府或者说教育行政机关的行政化管理转变为学校法人治理为主，政府行政指导为辅。这种治理的转型，本身就要求政府必须要转变职能，这个过程其实也就是重构学校与政府关系的过程。所以，我国学校要真正能够做到自主办学，关键是要能够法人治理，而不是行政化管理。实现学校法人治理，同时还需要规范和扩大社会参与治理学校的方式和途径，建立非政府评估制度，并通过立法来加以完善。

学校法人治理不仅仅涉及上述治理过程中的几个核心问题，而且需要配套的制度来完善。学校法人治理在本质上也是社会转型对学校发展的一种必然要求，是社会转型背景下的学校治理改革。这必然会受到社会大环境改革的影响，特别是受到社会改革进程，尤其是政府机构改革进程的影响，同时也必然会受到相关的法律法规的影响。这种影响从当前的社会发展和改革趋势来看是有助于学校治理转型，是学校治理转型的一种外在要求，也是学校治理转型的基础。

学校治理转型可以说是当下社会和教育理论界都比较关注的问题。对这个问题的关注说明社会转型中的学校管理体制既需要遵循教育发展的规律，同时又必须要适应社会发展的要求，反映时代发展的主旋律。当然，对这一问题的关注或者说研究，可能会有不同的视角，并由此导致不同的研究重心。但是，从我国改革开放以来，学校教育改革发展的重心以及改革的路径来看，关键还是要由当前的行政化管理向法人治理转变。由行政化管理向法人治理转型，并不是“急进式”的改革，而是一种“渐进式”的改革过程，我们应当正视到在相当的一段时期内政府行政化管理存在的现实，以及学校法人的特殊性，需要建立协调法人治理与行政化管理协调的制度和机制，最终促使学校实现真正意义上的法人治理。

此外，学校治理转型过程中，不同类型的学校必然会面临一些共性问题。这些共性问题是所有学校转型过程中都首先会遇到并需要加以解决的问题，这也正是本研究的出发点和立足点。但是，不同类型学校法人的目的和要求必然会有所区别，如何在治理过程中加以体现，这还需要“分门别类”地加以研究，才能真正做到有的放矢。这将是下一步需要研究的问题。

后　记

一

教育法学在我国是一个新兴的研究领域，随着改革开放进程的加快以及社会转型中教育改革与发展之所需，其研究成果日益成为教育变革的重要理论基础。我对教育法学的热爱和迷恋，是跟随导师作课题研究的过程中收获的副产品。攻读博士研究生阶段，在导师的引领下，我开始了对学校管理改革的思考、对学校组织转型的分析，进而专注如何推进学校治理转型，研究的思路逐渐变得清晰和明朗；随着研究的逐步推进，发觉自己相关的法学知识比较欠缺，便一头扎进了法学的天地，从对我国法律体系的系统自学，到萌生参加司法考试、进而闭关在华东师范大学图书馆备战三月，最后迫于写作博士论文的压力和对未来职业定位的思考，而回归常规线路，专攻教育法学及学校法人治理问题的研究。这是博士论文选题确定之后，我的思考和行动轨迹。

我对教育法学，尤其是对学校法人问题的研究，由最初的关注、到后来的投入、直至今日的挚爱，正是我博士论文从选题、写作到答辩，及今日回首修改的过程。由此，我对中国教育法制的发展过程，及学校管理体制改革的未来发展方向，作出了自己的初步判断，即学校最终将随着我国社会改革的推进及教育发展的需求走向法人治理，实现学校管理的转型。这中间学校管理会发生怎样的变革，学校走向法人治理的路途有多远，到底需要哪些外在及内在的变革才会最终促使学校成功转型？实现法人治理，是否就能解决目前学校发展过程中遇到的问题，是否法人治理就是学校管理的理想模式？这一系列问题一直萦绕心头。虽然经历了查阅大量资料、导师点拨、同学讨论、论文答辩及自己苦苦思考的过程，时至今日，我仍然不敢说自己在这个领域有多高深的研究，但正是经历了这样的一个炼狱般的过程，我对教育法学、对学校法人问题的理解有了质的飞跃。此时，蓦然回首，才发现，自己是那样地挚爱和眷恋它！

正是由于对教育法学、对学校法人问题研究的挚爱，使得我曾经梦想应该继续作博士后研究，对此进行深入的探讨，并借机再上一层楼。可惜，最后是理想回归现实，我的人生出现了新的转折，促使我走向了今天，开始了新的研究领域。但是曾经的挚爱和投入，常常使得我对今天的工作和研究，用一种法学的眼光来审视和思考。

华东师范大学是我走向学术道路的人生起点。而立之年后，再次回到母校攻读研究生，并且由硕士研究生直升博士研究生，整整度过了六年的时光。这六年的光阴在人生的长河中或许仅是弹指一挥间，但对于我而言，它既改变了我的人生，也改变了我的职业发展方向。当然，这其中有个人的选择及价值观的取向问题，但是谁又能说读书的过程不正是对人的心灵进行潜移默化的过程呢？在此过程中，值得我感谢的人很多，我的导师范国睿教授、公共管理学院的陈玉琨教授、吴志宏教授、陈永明教授、戚业国教授、魏志春教授等诸多老师对我博士论文进行过指导，同时也要感谢沈阳师范大学的孙绵涛教授在我博士论文答辩时所给予的启迪。

二

我博士论文主要研究的是学校治理转型过程中的一些共性问题，“分门别类”地深入研究是我博士论文后续研究的设想。经过分析和思考，最终我选定将公立高校的法人治理问题作为我进一步研究的方向。2009 年，我以此为题申报了上海市教育科学“十一五”规划课题，并成功获准立项给予资助。在开题过程中，我得到了我的导师华东师范大学范国睿教授、复旦大学熊庆年教授、上海市教育科学研究院谢仁业教授和江彦桥教授的大力指导，他们对如何研究公立高校法人治理问题提出了许多宝贵的意见和建议，他们甚至为我“出谋划策”，寻找研究的突破口。我感觉很温暖，也很感动。的确，高校治理问题不仅是教育研究中的前沿问题，同时也是国内外相关领域研究者共同关注的问题，但是，中外高校治理的核心和重点是不同的，在中国这种语境下，如何推进高校治理的研究，并进而为高校管理体制改革提供相关的理论支撑和实践指导，确实是富有一定挑战性的课题。

我的“知难而上”并不完全是我个人学术兴趣之所在，学校治理模式转型也是我国教育改革和发展过程中亟待突破的理论瓶颈和现实问题。2007—2009 年，仅从立项题名上判断，全国教育科学“十一五”规划课题就资助了公立高校内部治理结构、利益相关者参与逻辑下的大学治理研究、学校治理结构变革的研究等相关课题的研究。同时，北京、上海、江苏、广东、湖南等省市也对此类课题进行过资助。2009 年 12 月 4—6 日，中国教育学会教育政策与法律研究分会第六届学术年会在广州华南师范大学召开，本届年会的主题是“办学体制改革与学校发展：现实问题与政策、法律创新”，其中，有关学校法人问题的研究不仅设立了专门的分会场，而且到场的参与人员众多，与会人员对学校法人问题的研究极为关注。应该说，这些既是博士论文完成后，我对学校法人治理问题研究的后续关注和思考，同时也是我进一步修改博士论文准备出版的基础工作。

三

本书是在我 2007 年春天完成的博士学位论文基础上修改而成的；说是修改，其实并没有大的调整。本想“原汁原味”地呈现，接受读者的批评和指正，但是，从 2007 年至今，我国的教育改革进入了一个新的发展阶段，特别是 2010 年《国家中长期教育改革和发展规划纲要（2010—2020 年）》的发布与实施，有关学校治理的相关问题，从最初的朦胧和争议，到如今形成一个具有公共政策意义的问题，应该说有关学校法人治理问题的研究环境和现实情况发生了很大的变化。国家明确指出在建设现代学校制度的过程中，不仅要构建政府、学校、社会之间新型关系，而且要取消实际存在的行政级别和行政化管理模式，完善高校治理结构，实现治理转型。这对于研究者而言，是一个惊喜，当初做博士论文过程中的很多困惑，在一定程度上看到了黎明的曙光，看到了改革的未来走向和学校管理体制改革的未来发展趋势。在此情形下，我对博士论文作了适当的修改，在相关的章节增加了反映新形势和新要求的内容。至于高校治理相关问题的研究成果表述将是后话了，在此暂不赘述。当然，对学校治理的关注和研究，仍然是我今后学术研究中的一个重要领域，我还会继续下去。

我要特别感谢我的导师范国睿教授，师从导师六年，导师对我已经超越了单纯意义上的师生情，更有着亦师亦兄的关心和帮助！没有导师的帮助和督促，就没有这本书的面世。同时，我也要感谢本书的责任编辑吴莉莉女士，感谢她为本书顺利出版所付出的辛勤劳动！每次和她通话，总能感受到她的轻言细语和热情指导，虽然至今未曾谋面，但是她给予我的温暖却常常萦绕心间！

时光悄悄从指尖溜走的时候，自己恍然不知；花开花谢之时，也仅仅是匆匆一瞥；春去夏至的时日，才再次感受到时光如流水，又是一个毕业季，而我已经远离了那青葱岁月，开始了新的生活。

2011 年 6 月

于上海静安寓所

出 版 人　所广一
责任编辑　吴莉莉
版式设计　贾艳凤
责任校对　曲凤玲
责任印制　曲凤玲

图书在版编目（CIP）数据

治理与制衡：学校法人论／杨琼著．—北京：教育科学出版社，2011．9
（新世纪教育管理与学校发展丛书／范国睿主编）
ISBN 978－7－5041－5972－4

Ⅰ．①治…　Ⅱ．①杨…　Ⅲ．①学校管理—法人治理结构—研究—中国　Ⅳ．①G521

中国版本图书馆 CIP 数据核字（2011）第 154839 号

新世纪教育管理与学校发展丛书
治理与制衡：学校法人论
ZHILI YU ZHIHENG：XUEXIAO FAREN LUN

出版发行	教育科学出版社	**市场部电话**	010－64989009
社　　址	北京·朝阳区安慧北里安园甲 9 号	**编辑部电话**	010－64981252
邮　　编	100101	**网　　址**	http://www.esph.com.cn
传　　真	010－64891796		
经　　销	各地新华书店		
制　　作	北京腾飞图文设计工作室		
印　　刷	北京中科印刷有限公司		
开　　本	169 毫米×239 毫米　16 开	**版　　次**	2011 年 9 月第 1 版
印　　张	14.5	**印　　次**	2011 年 9 月第 1 次印刷
字　　数	237 千	**定　　价**	32.00 元